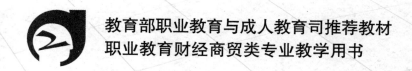

教育部职业教育与成人教育司推荐教材

职业教育财经商贸类专业教学用书

国际贸易概论

（第四版）

主　编　何民乐

副主编　李小可

主　审　高建宁　童宏祥

U0330935

华东师范大学出版社

·上海·

图书在版编目(CIP)数据

国际贸易概论/何民乐主编. —4 版. —上海:华东师范
大学出版社,2020
ISBN 978 - 7 - 5675 - 7323 - 9

Ⅰ.①国… Ⅱ.①何… Ⅲ.①国际贸易—教材
Ⅳ.①F74

中国版本图书馆 CIP 数据核字(2020)第 033219 号

国际贸易概论(第四版)

主　　编　何民乐
责任编辑　陈文帆
项目编辑　陈文帆　孔　凡
审读编辑　郭　红
责任校对　李　琳　时东明
装帧设计　庄玉侠

出版发行　华东师范大学出版社
社　　址　上海市中山北路 3663 号　邮编 200062
网　　址　www.ecnupress.com.cn
电　　话　021 - 60821666　行政传真 021 - 62572105
客服电话　021 - 62865537　门市(邮购)电话 021 - 62869887
地　　址　上海市中山北路 3663 号华东师范大学校内先锋路口
网　　店　http://hdsdcbs.tmall.com

印 刷 者　上海龙腾印务有限公司
开　　本　787 毫米×1092 毫米　1/16
印　　张　15
字　　数　425 千字
版　　次　2020 年 10 月第 4 版
印　　次　2023 年 7 月第 4 次
书　　号　ISBN 978 - 7 - 5675 - 7323 - 9
定　　价　35.00 元

出 版 人　王　焰

(如发现本版图书有印订质量问题,请寄回本社客服中心调换或电话 021 - 62865537 联系)

出版说明（第四版）

CHUBANSHUOMING

　　本书是"教育部职业教育与成人教育司推荐教材"，职业教育财经商贸类专业的教学用书。该书知识体系和选用材料新颖，针对性强，专门为中职学生而编写的。

　　本书共分十一章，每章节设计了如下栏目：

　　导入案例：列举小案例，提出小问题，饶有趣味地引出每章正文。

　　小资料：举例阐明正文里的概念，补充、细化相关信息，丰富内容。

　　小知识：进一步向纵深拓展正文信息，切实联系现实问题。

　　小思考：针对教材内容提出问题，引发学生思考。

　　趣味案例：切合文中概念、理论，举出生动的案例，理论联系实际。

　　观念运用：配合文中概念列举案例，引导学生运用知识点分析问题。

　　本章学习路径：简要勾勒本章学习框架，使重要知识点一目了然。

　　知识扩充：在每章末补充本章中的一些知识点。

　　为了方便老师的教学活动，本书还配套有：

　　《国际贸易概论·习题集（第四版）》：题型全面，针对性强，既可供学生练习，又可作为教师的命题参考书。

华东师范大学出版社

2020 年 3 月

前　言（第四版）

中国的经济改革与对外开放已将近半个世纪,加入世界贸易组织也将迈入第二十个年头。在这几十年来,尤其是进入当今的新时代,中国人民在党中央的正确领导下,加快经济体制改革、扩大对外开放,合理利用国际多边组织的规则,经济规模与对外贸易都已进入世界前列,取得了举世瞩目的成绩。

但是,国际形势依然严峻,对中国来说,既是挑战,也是机遇。这关系到中国以及其他新兴国家如何在经济全球化趋势中制定正确的政策,正确处理对外贸易关系,正确把握发展时机,谋划本国经济,造福本国人民。我们坚定地认为,在经济贸易全球化的今天,我们只有对内深化经济改革、对外不断合理扩大开放,自觉学习不断出现的新规则,主动适应不断变化的外部世界,主动融入世界,并且恪守多边国际组织规则,才能实现中国与世界共赢,营造人类命运共同体。我们国家还需要大量熟悉国际规则、善于同外界合作的人才,以帮助中国运用知识与技能在国际贸易领域中获得更大进步。这次再版的《国际贸易概论》就是想为国际贸易领域培养人才作出微薄的贡献。

本书再版力图选用最新的经济信息,较简明系统的知识体系,介绍国际贸易的基本理论、政策及其措施等内容。根据职业教育特点和学生认知规律,选用导入案例引入新课,通过趣味案例、观念运用等栏目帮助学生将理论与实际相结合,学会如何运用小资料、小知识、小思考等内容拓展眼界、补充信息,以引导学生思考,启迪学生思维,创新学生思路。

此次改版主要做了以下修改:对国际贸易领域出现的新变化作了补充介绍(删去了不合时宜的内容),更新了部分数据,使教材能体现时代变化;根据用书教师的建议和作者的使用体验,对前版中的文字和措辞进行了调整,使教材内容表述更清晰、准确。

本书由何民乐主编,李小可副主编。参加编写的有:何民乐(第一、八章),苏昌蕾(第二、五章),赵东雪(第四章),李小可(第三、十一章),倪瑞娟(第六章),龚影(第七、九、十章)。全书最后由倪瑞娟总纂定稿,由高建宁教授和童宏祥教授主审。

本书在再版过程中,吸收了一些专家的有关成果,均已作了注释说明。在此一并表示诚挚的感谢。

何民乐

2020 年 3 月

目 录

第一章 国际贸易引论

对于经过15年艰苦谈判最终进入世界贸易组织的中国来说，当时民间普遍担心中国在与经历了数百年发展的资本主义世界的竞争中有可能"惨败"。

2017年中国主要经济数据：GDP破80万亿元，前三季度，同比增长6.9%左右，2017年全球经济增长的三分之一来自中国；截至2017年末，外汇储备超过3.11万亿美元，是2001年的15倍，位居世界首位；2017年，我国货物贸易进出口总值27.79万亿人民币，货物进出口贸易规模已稳居全球第一。这些数据表明，中国加入世贸组织后不仅未在竞争中被打败，反而不断超越，现在已经成为世界经济发展的"领头羊"之一。

中国之所以在加入世贸组织后能持续健康发展，其重要原因之一就是不断熟悉世界经济规则，深入把握并充分利用国际贸易发展变化的规律，推动本国在全球经济发展中与竞争对手、合作伙伴实现共赢。

本章主要阐释国际贸易最基本的概念与原理，介绍国际贸易的特点和作用，以及整体把握该课程的学习方法，为帮助学生掌握国际贸易的知识奠定基础。

导入案例

　　2018年4月27日中国常驻联合国代表团和联合国经社部在联合国总部共同举办"支持多边主义、维护多边贸易体制和规则"研讨会。

　　联合国常务副秘书长阿米娜·穆罕默德发言指出多边主义是联合国的始终宗旨，多边贸易体系对现代经济意义重大。世界的和平与繁荣取决于各国贯彻多边主义、维护多边贸易体系的决心。

　　中国常驻联合国代表马朝旭也表示中国愿同世界各方共同努力，坚持开放共赢，支持多边主义，维护多边贸易体制和规则，向着构建人类命运共同体的目标不断迈进。

　　部分国家驻联合国代表外交官、联合国官员、国际组织代表等40余人出席会议。会议传达出的坚持国际贸易多边主义的意愿必然影响国际贸易的走向。

第一节　国际贸易的产生与发展

一、什么是国际贸易

国际贸易（international trade）是指不同的国家和地区之间的货物与服务的交换活动。国际贸易囊括了世界各国的进出口贸易。如果从一个国家或地区的角度而言，该国（或地区）同其他国家（或地区）之间的贸易称为该国的进出口贸易或对外贸易，它由出口和进口两部分组成。

由此我们可以看出：国际贸易的主体是指分布于不同国家或地区的经济体，而这里的国家或地区通常以关境为界；国际贸易的客体，长期以来主要是指货物，也称有形商品，但随着各国经济的发展和产业结构的调整转型，技术、服务贸易（无形商品）的比重有上升的趋势，在一些发达国家和少数发展中国家，服务贸易已经占了该国对外贸易中的较高比重；同时，国际贸易行为不仅仅是跨越国境或关境的货物或服务的简单移动，它必须以等价交换为特征。

二、国际贸易的产生

国际贸易是人类社会发展到一定阶段的产物。贸易活动从偶尔的产品交换开始，逐渐在一个国家或地区内形成较大规模的商品流通，最终发展到跨越关境或国界的货物与服务的有偿移动，这才形成了真正意义上的国际贸易。因此，国际贸易的产生必须具备几个最基本的条件：经济条件、政治条件和一定的技术条件。

在原始社会初期，人类社会生产力水平低下，人们的基本生活都很难维持，不可能有剩余产品，因此也不可能有商品交换。在人类社会第一次大分工后，随着生产力水平的提高，个别地区有了少量的剩余产品，才在氏族公社、部落之间出现了剩余产品的交换。当手工业从农业中分离出来后，发生了人类社会第二次大分工，产生了直接以交换为目的的生产——商品生产。随着商品生产和商品交换的不断扩大，产生了货币，物物交换演变成以货币为媒介的商品流通。随着剩余产品的逐渐增多，商品交换的规模不断扩大，出现了专门从事贸易的商人阶层，发生了人类社会的第三次大分工：商业与手工业相分离。

同时，在生产力不断进步的基础上，财产私有制得到巩固。原始社会末期，氏族公社逐渐分化瓦解并形成了独立的国家。这时，商人的贸易借助于运输条件的改善，开始超出国家和地区的界限，产生了最早的国际贸易——国家间的对外贸易。

小思考

为什么在原始社会没有国际贸易？

三、国际贸易的发展

早期的国际贸易发生于奴隶社会。由于当时生产力水平和社会文化都有了一定的发展，对外贸易便从部分国家和地区展开。

奴隶社会时期的对外贸易主要集中于地中海沿岸国家。在公元前 2000 多年以前，腓尼基、亚历山大、希腊和罗马就已成为贸易中心。当时，那里的手工业已相当发达，能够制造出玻璃器皿、家具、纺织品等各类手工业品，再加上地中海水路交通方便，所以贸易比较繁荣。奴隶社会中对外交易的货物主要是宝石、香料、丝绸、金属装饰品等奴隶主所追求的奢侈品和奴隶社会特有的交易对象——奴隶。奴隶社会是以奴隶主占有生产资料和奴隶为主要特征的社会，自然经济占统治地位。生产的目的主要是为了消费，而不是流通。同时，由于生产技术还比较落后，交通工具简陋，对外贸易的范围还不是很大。但这时的贸易还是刺激了手工业的发展，进而促进了商品经济的发展。

到了封建社会，尽管经济形态还是产品经济，商品生产还是处于从属地位，但生产力已经比奴隶社会有了一定的提高。尤其是封建社会中期以后，封建地租由劳务和实物形式转变为货币形式，城市手工业有了较快发展，对外贸易已相当繁荣。当时对外贸易的主要商品仍然是奢侈品，只是手工业品的比重较以前有了较大提高。公元11世纪后，地中海、北海、波罗的海和黑海沿岸的各大城市都已成为贸易中心。商品经济和对外贸易的这种扩展，促进了社会经济的进步，刺激了资本主义因素的发展。

在资本主义社会以前，由于自然经济占统治地位，生产方式和交通条件也较为落后，国际贸易不可能有很大发展。一直到了资本主义生产方式确立，国际贸易才开始迅速发展。

资本主义生产方式的建立，需要具备两个条件：一是一无所有的雇佣劳动者；二是大量的货币资本。封建社会内部自然经济的解体和商品生产者的分化已经孕育了这些条件，而当时的国际贸易则加速了这些条件的形成：一方面因为当时英国毛纺工业的发达，羊毛与毛纺织品成为当时主要的出口商品，而且销路非常好。因此，满足养羊业扩张的圈地运动迫使农民与土地分离，从而为英国资本主义发展造就了庞大的劳动力大军。另一方面，地理大发现后，欧洲资产阶级主要通过掠夺性的对外贸易，以低价收购、高价出售的不等价交换，以及利用土著劳动力挖掘贵金属后运到欧洲等手段，为欧洲资本主义生产方式的建立准备了大量资本。反过来，资本主义生产方式的建立为国际贸易的迅速发展创造了条件：一方面，资本主义的社会化大生产使劳动生产率大幅度提高，加上产业革命和科技革命的强力推动，经济巨幅增长，工业品生产能力极大提高，促进了国际贸易的增长；另一方面，运输业和信息传输技术的进步使各大洲、各国之间的贸易往来更加便利，贸易范围更大，商品流通更为便捷。

整个资本主义时期的国际贸易呈现两个特点：一是贸易量、贸易额大幅增长。从18世纪初到一战前的两百年间，国际贸易额增长数十倍以上。二是国际贸易的商品结构从原来的以消费品为主逐渐转变为以资本品为主。

四、当代国际贸易

资本主义经济与国际贸易的发展在20世纪初受到了打击。两次世界大战和1929年至1933年的世界经济大危机使各主要资本主义国家的经济和贸易陷入普遍衰退与萧条之中。从1913年到1938年间，世界贸易量的平均增长率仅为0.7%，世界贸易值减少了32%，英、法、德等国的出口值均减少10%以上。

第二次世界大战结束以来，虽然时有局部战争爆发，世界性经济危机也呈规律性地在影响着各国，1997年亚洲金融危机和2008年美国次货危机造成世界经济发展表现出波动性和不平衡性。但总体上来说，整个世界进入了一个相对稳定的和平与发展时期，为世界经济和国际贸易的增长创造了良好的环境。战后国际贸易发展迅速，有如下特点：

1. 国际贸易规模呈现周期性增长

从全球进出口贸易总额的增长来看,第二次世界大战后的 1948 年为 1200 亿美元,经过经济比较平稳发展的半个世纪,到 1998 年,已经达到 11.33 万亿美元的规模。1998 年爆发亚洲金融危机后的第二年,下滑到 11.18 万亿美元。之后的十年,由于中国加入世贸后的快速发展,对世界贸易作出了巨大贡献(中国对外贸易从 1998 年的 3239 亿美元到 2008 年的 25632 亿美元),全球贸易也爆发式地增长到 32.73 万亿的规模。2008 年爆发了以美国次贷危机为代表的国际金融危机,2009 年,全球贸易规模锐减 7.35 万亿美元,下跌了 22.59%。经过最近几年的慢慢复苏,才恢复到了 2015 年的 33.25 万亿美元。

小资料

中国外贸依存度的变化

外贸依存度是一国进出口总值占该国 GDP 的比重,它直接反映了一国与世界经济的联系程度。我国改革开放后的外贸依存度呈一条由低向高、再由高回落的曲线。1978 年即中国改革开放第一年,中国的外贸依存度为 8.98%,以后曲线一路走高(除了爆发亚洲金融危机的 1989 年),2006 年达到 65.2% 的高峰,然后开始掉头向下,到 2019 年上半年,降到 32% 以下。期间外贸依存度上升是因为这一阶段,我国的外贸增长远远快于 GDP 增长;回落则是因为外贸增速缓慢,甚至有下降趋势,但 GDP 仍以较高速度增长。

国际贸易在第二次世界大战后五十年的高速增长主要归结于以微电子、核技术为代表的技术革命和自由贸易政策、GATT 多伦关税减让谈判的成功。进入 21 世纪后国际贸易的快速增长除了有互联网、人工智能等新技术的推动外,中国的经济增长起了很大作用。而两次贸易规模的快速下滑则主要归因于局部与全球金融危机的爆发以及贸易保护的抬头。

近年来互联网的快速发展、数字技术与人工智能被广泛运用,又推动国际贸易规模有所增长,到 2019 年末,世界贸易额达到近 39 万余亿美元。

2. 国际贸易的商品结构明显优化

在第二次世界大战以前,工业制成品贸易在全部商品贸易中所占的比重从未超过 50%,到了 1953 年,工业制成品贸易与初级产品贸易的比例第一次出现 51% 比 49%,到了 20 世纪 90 年代,工业制成品贸易已超过 70%。近十年来,科技含量、知识含量和技术程度等科技要素成为衡量和界定世界贸易商品结构的主要指标。以高技术产品和高价值技术为对象的现代技术贸易成为世界贸易商品结构变化的基础,它引导着整个世界由生产要素投入为标准的传统结构向智力资源占用为主导的知识结构性转变。具体表现为:

(1) 制成品贸易增长速度高于初级产品增长速度,目前制成品贸易的比重远远超过商品贸易的 80%,数字化、智能化商品增长明显,而初级产品贸易比率越来越低。

(2) 技术贸易在世界贸易中占主导地位,成为牵动世界贸易增长的重要因素。

(3) 国际贸易商品结构中"绿色"比重日益提高,增长速度已超过两位数。

3. 服务贸易日益成为国际贸易新的增长点

20 世纪 80 年代以来,由于各国对服务领域的陆续放开,服务贸易快速发展。服务贸易占全球贸易比重由 1980 年的 16.6% 上升到 2015 年的 22.4%。但自金融危机以来,世界经济格局深入调整,各个国家经济低迷,需求减弱,以加工贸易为主的传统货物贸易受到明显冲击。在世界各国产业结构深化、经济结构调整的驱动下,全球贸易逐渐向以金融服务、文化教育等为主的服务贸易转变。2013 年到 2015 年全球服务贸易与货物贸易增长率分别为 5.5％、6.3％、－5.4％和 2.5％、0.3％、－13.3％。服务贸易的增长超过货物贸易的增长已成为趋势。

 小资料

中国高新技术产品贸易快速增长

海关总署公开的信息,2018 年全年,中国出口的高新技术产品贸易总额高达 93714 亿元人民币(约 13,781 亿美元)。

1. 初步核算,全年国内生产总值 99.0865 万亿元,按可比价格计算,比上年增长 6.1％,符合 6％～6.5％的预期目标。分季度看,一季度同比增长 6.4％,二季度增长 6.2％,三季度增长 6.0％,四季度增长 6.0％。(国家统计局网站)

2. 中国物流与采购联合会今天(6 日)发布的数据显示,2019 年亚洲对全球经济增长的贡献率超过三分之二,其中中国对全球经济增长的贡献率达到 39％。

3. 据海关统计,2019 年我国货物贸易进出口总值 31.54 万亿元,比 2018 年增长 3.4％。其中,出口 17.23 万亿元,增长 5％;进口 14.31 万亿元,增长 1.6％;贸易顺差 2.92 万亿元,扩大 25.4％。

4. 2019 年末,我国外汇储备规模比年初增加 352 亿美元,达到 31079 亿美元。回顾全年数据不难发现,外汇储备始终稳定在 3 万亿美元以上,整体呈现稳中有升态势。

5. 自 2006 年以来,我国外贸依存度持续下降。2019 年,我国外贸依存度进一步降至不到 33％,其中出口依存度降至不到 18％。(中国产业经济信息网)

6.《2019 世界贸易报告》指出,服务贸易已成为全球贸易最具活力的组成部分,在全球经济中发挥着越来越重要的作用,能够促进更有效的资源配置和规模经济,增强本国企业竞争力,并有助于减少经济不平等和实现包容性增长。2005 年至 2017 年,全球服务贸易增长速度超过货物贸易,平均每年增长 5.4％,发展中国家,特别是中国,在这一增长中发挥了很大作用。国家高端智库商务部研究院发布了《全球服务贸易发展指数报告 2019》。报告显示,中国服务贸易综合发展指数在全球排名第 20 位,是唯一一个进入前 20 的发展中国家。通过模拟预测,到 2040 年,服务贸易在全球贸易中的份额将增长至 50％。

7. 据海关公开的信息,2019 年中国进出口总值为 45753 亿美元,其中出口总值为 24984.1 亿美元,进口商品总值为 20758.9 亿美元。进口商品中"高新技术产品"总金额为 6376.5 亿美元,占中国进口商品总金额的 30.72％。

4. 发展中国家在全球贸易中的地位和重要性日益提高

第二次世界大战后,由于科学技术、基础设施、资金、制度等方面的先天不足,发展中国家的经济发展远落后于发达国家,贸易规模明显不及发达国家。20 世纪八九十年代,科学技术迅速发展,世界生产力得到飞速发展,在跨国公司的主导下,国际产业链由水平分工向垂直分工转变。发展中国家依靠自然资源、劳动力成本等方面的优势,以承接发达国家跨国公司的投资设厂、外包加工等不同方式,参与到全球产业链中来,进行产品的生产、制造与组装等。这种参与方式使发展中国家的对外贸易规模取得了长足进步。数据显示,发展中国家经济体占全球贸易的份额由 1980 年的 28% 增长到 2015 年的 45%。在发展中国家贸易地位提升的同时,全球贸易模式结构也由"南北贸易"、"北北贸易"逐渐转变为"南北贸易"、"北北贸易"和"南南贸易"并重。1995 年,"南南贸易""南北贸易""北北贸易"占全球贸易的比重分别为 12%、37% 和 51%,到了 2014 年,这一数据则分别为 26%、39% 和 35%。将来,随着"一带一路""亚投行"等项目的推进,发展中国家之间及发展中国家与发达国家之间的经济联系将更加密切,发展中国家成为国际贸易主力将成为新常态。

5. 区域贸易发展遍及全球

近年来,经济区域化和全球化的相互促进、互为补充以及阶段化的交替发展,成为当代国际贸易的新特点。

一方面,在贸易自由化、生产国际化和经济一体化不断突破国家和地域限制,各国、各地区之间经济联系日益增强的条件下,世界贸易组织的建立和运作协调并规范了国际贸易秩序,推动经济全球化进入了一个新的发展阶段。

另一方面,由于多边贸易体制存在着一定的局限性(如多哈回合谈判止步不前、困难重重),而双边和区域层次上的贸易自由化的努力却十分活跃,由此促进地区经济一体化的发展。

据世界贸易组织秘书处的统计,截止到 2009 年 5 月,全球向世贸组织通报的区域贸易协定有 158 个,其中欧洲 77 个、美洲 22 个、亚太地区 32 个、跨区域 27 个,未来还将进一步增长。

6. 跨境电商改变了传统的国际贸易

跨境电商是客户可以通过其平台实现电子支付并完成商品送达信息的全球性、无形性、无纸化贸易方式。目前,全球跨境电商交易排在前列的国家分别是中国、美国、英国、德国、巴西和澳大利亚等国。2014 年,我国跨境电商交易规模达 3.75 万亿人民币,占当年进出口贸易比例为 15.1%,跨境电商平台企业超过 5000 家,境内通过各类平台开展跨境电子商务的企业超过 20 万家。据联合国贸易与发展会议预计,2015 年的全球跨境商务将占到世界贸易总额的 30%—40%,之后占有率会更高。

跨境电商改变并促进了国际贸易。它简化了国际贸易业务流程、转变了国际贸易监管方式、促进了国际贸易经营主体多元化。具体而言:第一,它开辟了国际贸易新的增长点,促使国际贸易转型升级;第二,它降低了国际贸易的门槛,推动了中小企业进入国际市场;第三,它优化了国际贸易流程,提升了中小企业的经济效益。

7. 多边贸易体制日趋成熟,但贸易自由化进程面临严峻的挑战

1947 年签署生效的关税与贸易总协定,是第二次世界大战以后多边贸易体制建立的标志。关贸总协定旨在重建国际贸易新秩序,以自由贸易为目标,力图对恢复世界经济与国际贸易起法律保障作用。

关贸总协定主持的八轮多边贸易谈判使缔约方相互间的关税大幅度下降。关贸总协定原始缔约方 23 个,到 1994 年年底完成其历史使命前,已发展到 124 个。1995 年世界贸易组织(简称 WTO)成立后,其成员增加至 148 个,截止到 2009 年 7 月,世界贸易组织成员国为 153 个,所有成员国都受 WTO 规则约束。这些国家和地区的贸易额占世界贸易额的 90% 以上。

上述关贸总协定及世界贸易组织的功能使国际贸易活动更秩序化、规范化,有力地推动了国际贸易的健康发展。

但不得不注意的一个新倾向是：2008年国际金融危机爆发以后，国际贸易成了此次危机和全球经济衰退的首要受害者。作为应对危机和衰退措施的重要组成部分，各国政府不断调整贸易政策，力图通过限制贸易的措施保护本国产业与就业。英国经济政策研究中心数据库的资料显示，2008年11月至2010年1月，各国出台的与贸易相关的措施有713项，其中615项是限制贸易措施。WTO发布过4份关于全球贸易措施监督报告，报告表明，全球贸易保护压力增大，现在"全球存在着朝贸易保护主义严重滑落的趋势"。而且发达国家和发展中国家都卷入了贸易保护主义潮流，世界银行2009年3月的一份报告指出，自2008年11月以来，G20中的17个国家已实行47项保护措施，其中发达国家12项、发展中国家35项。

鉴于全球失业率居高不下和经济复苏前景仍具不确定性，贸易保护主义在短时间内不会消除。因此，各国政府需要继续在防范贸易保护方面保持高度警惕。

第二节　国际贸易的特点与作用

一、国际贸易的特点

国际贸易同国内贸易一样，同属社会生产与再生产中的流通环节，是生产与消费之间不可或缺的中间桥梁。国际贸易与国内贸易的内容是一样的，都是商品与服务的交换，其交换过程也大致相同，只是国际贸易多了出入境环节；它们的经营目的都是为了获取最大限度的利润。但由于国际贸易涉及两个或更多的国家或地区，因此与国内贸易相比，存在不少差异。

（一）国际贸易比较困难

1. 社会人文环境不同

世界上有200多个国家和地区，有数十个民族和为数不少的宗教派别。这就导致一国贸易商要面临不同贸易对象所处的不同社会人文环境，而不像国内贸易这么简单。

首先是语言不同。国内贸易基本使用一种语言，但国际贸易不同。尽管英语比较通行，但还是有不少国家或地区不使用，这就会引起语言交流上的障碍。

其次是民族习俗与宗教信仰不同。不同民族都有其历史上传承下来的不同于其他民族的习俗，比如对数字、颜色、图案的不同喜恶。同时，各种宗教也有各自的信仰，这些信仰反映在贸易上也会形成各种忌讳与偏好。

还有就是由不同物质文化基础引起的价值观的差异。这对商品价格、性能等方面的判断会产生较大影响。

2. 经济环境不同

在国内贸易中，面对的都是熟悉且较稳定的国内经济环境。但在国际贸易中，则必须了解并

你知道为什么在我国质量优良的"白象牌"电池在国外却无人问津吗？

熟悉相对陌生且变化较大的国际经济环境和国别经济环境，如：世界经济周期的波动、国际性贸易保护主义的反复、区域性乃至全球性金融危机的爆发等。这种因素会对一国对外贸

国际贸易概论

易乃至国际贸易产生很大影响。20世纪90年代中后期的东南亚金融危机和2008年国际金融危机就曾极大地影响了我国当时的出口贸易。

此外,一国的收入水平、货币汇率、物价状况、商业习惯等都会给贸易对方造成贸易障碍。

3. 政治环境不同

一国商品要进入别国市场,必须顾及对方的贸易政策和商业法规等因素。

由于各国经济发展程度不同,现在世界上还有为数不少的国家和地区对贸易(主要是进口贸易)控制较严,实行贸易保护政策,这就阻碍了他国的出口。比如:近年来以中国为代表的新兴市场国家在国际贸易领域的突出表现和迅猛的发展势头让一些西方传统贸易大国颇感不适,引发了各种贸易限制。同时,一国特殊的商业法规也会给贸易带来困难。比如:有的国家规定在使用托收方式时,必须等货到才能付款,结果引起出口方资金周转不便。

小思考

包括中国在内的许多国家为什么每年不惜花费巨资派军舰前往亚丁湾等地护航?

由于各国法律制度不同,立法依据各异,往往在就贸易纠纷进行法律诉讼时,外国贸易商的利益得不到保护。一国法律的不健全或执法不严会导致正常的贸易活动不能顺利进行。

一国开展对外贸易,还会因对方国家路途遥远、排外观念作祟等原因,难以进行市场调研、发布产品广告,从而影响贸易开展。

(二) 国际贸易比较复杂

1. 各国的货币制度和度量衡制度不同

国内贸易通常只用一种货币结算货款,但在国际贸易中,不同国家使用不同的货币。除了部分国家间签有支付协定外,采用何种货币计价、结算,货币之间如何兑换,外汇是否存在管制等都是在国际贸易中会遇到的问题。另外,国际上现存数种度量衡制度,如在实行不同度量衡制度的国家之间进行贸易,还必须在计量上先行换算。

2. 海关制度、出入境检验检疫制度不同

进出口贸易都要通过海关,而各国的海关制度差异也是很大的(如各国海关估价制度的不同),如事先不了解清楚,可能无法顺利通关。

由于现在各国盛行非关税壁垒,其中在进出口货物的检验检疫方面各国的规定大相径庭,稍有差错,就可能遭到退货。

3. 国际贸易货物运输、保险繁复

国际贸易中的进出口双方往往相距遥远,因此货物运输是很重要的环节。国际货物运输不仅距离远、环节多、手续复杂,而且途中不可预知的风险也较多(如近年来频频发生的货船被索马里海盗扣押,索取赎金事件),还需要办理国际货运保险,一旦出险,还涉及国际理赔,这些也加剧了国际贸易的复杂性。

(三) 国际贸易风险大

1. 信用风险

国内贸易也有信用风险,但国际贸易风险更大。因为国际贸易双方地处两个不同的国

家,客户资信调研比较困难,不易准确掌握对方信息,容易发生商业风险(如进口商无理拒收货物或拒付货款,出口商交货与样品不符等)。此外,国际贸易中还隐藏着银行信用风险(如银企联合欺诈、银行倒闭等),这都可能给贸易商带来很大损失。

2. 交易价格风险

由于国际市场风云莫测,加上国际市场调研困难,贸易双方签约后,市场价格仍会出现上涨或下跌,甚至波动很大。因此,贸易双方都可能承担较大的价格波动风险。

3. 汇兑风险

国际贸易不同于国内贸易,货款计价、结算一般以外币进行,这就涉及到货币的兑换。由于国际外汇市场供需经常变动,导致汇率变化频繁,贸易双方中任何一方一旦未能正确预测汇市或是货币保值措施不力,就将承担汇率风险。

4. 国际运输风险

国际贸易货物运输路线长、环节多,有时还要转运,因此可能遭受的运输风险概率明显高于国内贸易运输。

5. 政治风险

一些国家政权经常变更,民族纠纷、宗教冲突甚至战争不断。这些情况的发生会导致有些国家朝令夕改,贸易环境恶化,或使贸易对方无所适从,贸易无法正常进行。

上述国际贸易的困难、复杂、多风险对国际贸易从业人员提出了很高的要求。他们不仅需要具备从事国际贸易必须掌握的专业知识和业务能力,还应不断提高外语水平,增强国际市场调研能力,具备丰富的国际商务知识和国际金融知识,要有熟练的外贸业务技能等。这样,才能背靠企业和国家,在国际贸易活动中游刃有余。

二、国际贸易的作用

国际贸易源于经济、政治与科学技术的进步。随着社会生产力的发展、生产规模的扩大,要求开辟日益广阔的销售市场和发掘生产要素来源,这就使社会分工和国内市场冲破国家和地区的界限形成了国际分工和世界市场,从而大大推动国际贸易的发展。反过来,国际贸易的发展无论是对一国经济还是对世界经济都产生了不可低估的作用。

(一) 国际贸易对一国经济的作用

1. 刺激生产技术和劳动生产率的提高

在国际贸易中,各国都想在国际市场上占有一席之地。但在贸易自由化的今天,国际市场竞争异常激烈,要想将自己的产品打入国际市场并不断扩大市场份额,就必须在产品质量与生产成本上下工夫。这就要求各厂商在商品生产中尽可能运用新技术来提高产品质量,创新产品功能,还要努力改进技术,降低成本,这样才能生产出质量优异、价格合理的商品,战胜竞争对手。

同时,通过国际贸易,各贸易国的先进技术得到广泛和深入的交流。不仅发达国家之间各自的技术在国际技术贸易中相互促进,不少发展中国家也越来越深刻地意识到先进技术对提高劳动生产率的作用,从而大量引进先进技术,通过技术进步来调整本国的产业结构,提高生产技术,促进生产力发展。

2. 可以使贸易参加国获得比较利益

国际贸易的实践证实了比较成本理论。各国在对外贸易中,都出口本国最具生产优势

(即生产成本最低)的产品,进口在国内不具生产优势(即生产成本较高)的产品。比如以前中国劳动力成本较低,而技术和资本相对贫乏,就可用劳动力密集型产品去交换技术或资本密集型产品。因此,有了国际贸易渠道,各国就能通过交换获得比较利益。

3. 有利于生产要素的充分利用和有效配置

生产要素是进行社会生产的基本条件,它包括土地、矿藏、劳动力、技术和资本等。这些生产要素或资源在各国的分布以及需求都是不均衡的,有的国家或地区大量拥有某种生产要素,但本国生产需求却不大,对某种拥有量稀少的生产要素却大量需要,其他国家也有类似情况。在没有国际贸易的情况下,就出现一国某些要素大量过剩,而另一国却严重缺少这种要素。通过国际贸易,这一问题就可以通过交换得以解决,最终使世界资源得到有效配置。

4. 有利于满足各国生产和消费的需求

社会化大生产追求规模效益,即要做到产品的生产投入最少、成本最低,而产出最大。这需要解决两大问题:一是获得足够的生产要素;二是需求旺盛的商品市场。国际贸易可以帮助一国厂商通过交换从境外获得大量廉价、本国稀缺的生产要素,以满足大规模生产的需要,又能通过国际市场销售本国生产的优势产品。国际贸易不仅解决了规模化生产的要素需求,也满足了消费者的多样化消费需求。

5. 发挥贸易乘数效应、带动整个经济发展

国民经济各部门、各行业存在着相互关联、相互依存的关系。一国对外贸易的发展必然产生乘数效应,带动其他经济部门与行业的发展,从而推动整个国民经济的发展。比如,某一产品的大量出口,必然要求生产该产品的原料供应、机器设备和劳动力增加,这就带动了生产要素的增长。同时,一国发展对外贸易,还会带动包装业、运输业、保险业等服务部门的经济增长。这些部门以及直接生产出口产品部门的扩张,需要增加大量工作岗位,这就创造了就业机会,解决了由劳动生产率提高带来的劳动力过剩的问题。以我国为例,一般每出口价值1亿元人民币的工业品,就可直接增加1万个工作岗位(不包括间接创造的就业数)。

(二) 国际贸易在世界经济关系中的地位

1. 是世界各国对外关系的核心

世界经济发展到今天,越来越呈现出全球化的趋势。它表现为世界各国的经济贸易、金融投资等已不可分割,且联系日益紧密。除此之外,在国际政治、科学技术、文化教育、体育卫生等方面都在加强合作。但所有这些交往与联系都以国际贸易为核心,因为所有这些往来都以种类各异的有形商品和技术服务贸易为活动中枢。通过国际贸易,相同的与不同的社会制度的国家或地区、经济发展水平接近与有较大差异的国家或地区都能互通有无,相互利用资金、技术发展本国的经济,满足人民的消费需要,促进各方面的进步。

2. 是世界经济盛衰的重要传递渠道

在世界经济联系日益紧密的今天,一国或一个地区的经济盛衰必然影响到其他国家或地区。在这一过程中,国际贸易扮演了重要角色。

这一传递过程表现为:世界(或地区)经济繁荣→国际(或地区)市场商品畅销→国际市场价格上涨、利润丰厚→国内开放经济部门(主要是外贸部门)商品价格上涨→扩大投资、增

加就业、提高产量→国内其他部门商品价格上涨→扩大投资、增加就业、提高产量→带动整个国民经济繁荣。当世界经济出现周期性危机时,也会通过对外贸易进行传递,先是抑制出口,然后导致国内同行业及相关产业部门的产品滞销,引发社会性的生产过剩,开工不足、失业增加,引起整个国民经济的停滞。20世纪50年代美国经济的兴盛就曾带动了欧、日经济的腾飞;反之,20世纪末的东南亚金融危机与2008年的国际金融危机都通过外贸传递影响了一批国家的经济下滑。

当然,对外贸易的传递作用和影响程度受多种因素制约,引起的结果在各个国家也不尽相同。这些制约因素主要有:一国(或地区)的对外开放程度,以及它的外贸依存度;一国贸易规模在国际贸易总额中的比重及一国对大宗商品的供求在该种商品的世界总供求中的比重;双边贸易与多边贸易关系;各国的经济政策等。

3. 是各国处理政治经济关系的重要手段

(1) 通过对外贸易巩固各国政权。例如,从历史上看,苏俄社会主义革命胜利与中国无产阶级政权建立后,当时的西方资本主义国家都曾采用过中断贸易关系、实行禁运等经济封锁手段,企图以资本主义制度颠覆社会主义政权。社会主义国家就在彼此间开展贸易,或是通过第三方与资本主义国家发生间接贸易来增长自己的经济,巩固社会主义政权。

(2) 建立或加入经济贸易集团以提高本国的国际竞争力。第二次世界大战以后区域经济合作与经济贸易集团化逐渐演变为一种趋势。这也是源于各国(尤其是发展中国家)都想通过与他国在对外贸易上的分工、合作,借助集团或经济组织的整体力量,扩大市场份额,提高本国的国际竞争力。

(3) 运用贸易手段维护世界和平。世界贸易组织、区域性的经济组织和一些主持正义的国家,对世界上一些藐视联合国宪章或其他国际准则、实行种族歧视或灭绝的国家政权,以断绝贸易关系、实行商品禁运等手段辅以其他措施进行制裁以主持正义、维护世界和平。

(4) 通过对外贸易改善本国经济发展的外部环境。在一国的对外贸易中,通过向别国提供紧缺的商品或技术服务,向对方开放市场,以贸易带动其他方面的合作,不仅可以促进双边或多边的经济合作与发展,还能扩大多渠道、多方位的交往,为本国的社会、经济发展创造良好的外部环境。

第三节 国际贸易统计指标

一、国际贸易的基本概念

(一) 国际贸易额与国际贸易量(value and quantum of international trade)

国际贸易额(value of international trade)是世界各国以货币表示的在一定时期内出口贸易的总值,也叫国际贸易值。国际贸易额的统计通常以一年为时间单位,一般以美元表示。因为世界各国统计的进口值都包括国际运费和保险费,因此,以世界各国的出口值加总作为国际贸易额。若要统计一国对外贸易的规模,则用对外贸易额(value of foreign trade)的概念:以金额表示的一国对外贸易规模,也称对外贸易值。一定时期内一国从国外进口货物和服务的全部价值,称为进口贸易总额;一定时期内一国向国外出口的货物和服务的全部价值,称为出口贸易总额,两者相加即为一国的对外贸易总额。

国际贸易量(quantum of international trade)是用各种计量单位表示的国际贸易规模。因为参加国际贸易的各种商品的计量单位不统一,无法加总,因此只能以一定时期的不变价格为基准来计算各个时期的国际贸易值,即用出口价格指数去除各时期的出口值,得出按不变价格计算的国际贸易实际规模的近似值。国际贸易量可以消除因货币价值波动而不能反映国际贸易实际规模的缺陷。同样,若要统计一国对外贸易的实际规模,则用对外贸易量(quantum of foreign trade)的概念:用一定时期的不变价格为基准计算各个时期该国的对外贸易值,即用进、出口价格指数去除各时期该国的进、出口额,得出该国一定时期内对外贸易的实际规模。

(二) 对外贸易差额(balance of foreign trade)

对外贸易差额是指一国(或地区)在一定时期内(通常为一年)出口额与进口额相比较的差额。如果出口额大于进口额,称为贸易顺差;反之,则称为贸易逆差。贸易差额是衡量一个国家(或地区)对外贸易状况的重要指标,也能反映该国经济状况和国际收支情况。从一国经济发展的长远利益考虑,贸易差额应保持在基本平衡、略有盈余的状态。

表 1-1 2007—2016 年中国对美贸易顺差 (单位:亿美元,%)			
年　份	对世界贸易差额	对美国	
		贸易差额	占中国贸易顺差比重
2007	2622.0	1633.2	62.2
2008	2954.6	1708.6	57.8
2009	1961.1	1433.7	73.0
2010	1815	2730	123.5
2011	1549	2023.7	130.6
2012	2303	1460.7	63.4
2013	2590	2316.3	89.4
2014	3824	3426	89.6
2015	5900	3657	62
2016	5360	3470.4	64.7

资料来源:《中国商务年鉴》,中国商务部主编

(三) 国际贸易商品结构(composition of international trade)

国际贸易商品结构是指初级产品和工业制成品在国际贸易中所占的比重。初级产品是指没有经过工业加工或只经过很少加工的农、林、牧、副、渔、矿产品等;工业制成品是指经过机器完全加工的产品。《联合国国际贸易标准分类》把国际贸易

小思考

为何美国对华贸易逆差居高不下?

国际贸易概论

商品分为 10 大类,其中 0～4 类为初级产品,5～9 类为工业制成品(如表 1-2 所示)。就一国而言,其对外贸易商品结构是指该国对外贸易中初级产品和工业品所占的比重,它可以反映该国的工业化水平。一般来说,工业品,尤其是高附加值的工业品在出口中占的比重越大,说明该国的国际竞争力越强。

表 1-2　商品分类表	
序　号	商品名称
0	食品及主要食用的活动物
1	饮料及烟类
2	燃料以外的非食用粗原料
3	矿物燃料、润滑油及有关原料
4	动植物油脂
5	未列明的化学品及有关制成品
6	主要按原料分类的制成品
7	机械及运输设备
8	杂项制品
9	没有分类的其他商品

(四) 国际贸易地区分布(international trade by regions)

　　国际贸易地区分布是指各地区、各国在国际贸易中所占的比重。通常用它们的出口额(或进口额)占世界出口(或进口)总额的比重来表示。它表明各地区、各国家的经济地位。而就某一个地区或国家而言,对外贸易地区分布是指该地区或国家进口商品原产国和出口商品消费国的分布情况,表明该地区或该国家同世界各地区、各国家之间经济贸易联系的程度。

(五) 国际贸易条件(terms of international trade)

　　国际贸易条件是指一个国家的出口商品价格与进口商品价格的对比关系。它是反映一个国家出口价格对该国贸易是否有利的重要指标,用贸易条件指数来衡量。其计算公式如下:

小思考
你知道中国有哪些优势出口产品吗?

$$贸易条件指数 = \frac{出口价格指数}{进口价格指数} \times 100\%$$

如果指数大于 1,表明贸易条件有利;反之,则不利。

二、国际贸易的分类

　　国际贸易的对象、内容、形式纷繁复杂,类别很多,一般可以从以下几方面划分:

（一）按统计标准划分

1. 总贸易（general trade）

总贸易是指以国境为标准划分和统计的进出口贸易。凡进入一国国境的外购商品或服务，全部列为进口，称为总进口（general import）；凡离开一国国境的外销商品或服务，全部列为出口，称为总出口（general export）。总进口额与总出口额相加就是一国的总贸易额。我国和英、美、日、加拿大等国都采用这种贸易统计标准。

2. 专门贸易（special trade）

专门贸易是指以关境为标准划分和统计的进出口贸易。凡进入一国关境的外购商品，一律列为进口，称为专门进口（special import）；凡从国内运出关境的外销商品，列为出口，称为专门出口（special export）。专门进口额与专门出口额相加即为专门贸易额。现在意大利、瑞士、法国、德国等国都采用这种贸易统计标准。

由此看出，总贸易与专门贸易的区别仅在于国境与关境的不同。一般来说，一国的海关是设在国境上的，这样，关境即是国境。但也有一些国家因为建有自由贸易区或保税区，从而产生一国的进口货物进入国境后，暂时存放在保税区不进入关境，或者出了关境的外销商品却没有出国境的情况。前者在总贸易下算作进口，在专门贸易下不算进口；后者在专门贸易下算作出口，在总贸易下不能算作出口。正因为统计标准不同，所以各国在公布各自的进出口贸易额时，要注明采用的是哪种统计方法。

小资料

中国国际贸易条件优化

2017 年，中国机电产品出口8.95万亿美元，占总出口额的58.4%。大宗商品进口量保持增长，由于大宗商品进口价格下降较多，2017 年中国贸易条件指数为112.1，表明中国出口一定数量的商品可以多换回12.1%的进口商品，贸易条件进一步改善。

（二）按贸易客体的移动方向划分

1. 出口贸易（export trade）

出口贸易是指将本国生产或加工的货物输出国外市场销售，也称输出贸易。有些商品从国外输入后，既未在本国消费，也未加工，又输往国外的，叫做复出口贸易（re-export trade）。

2. 进口贸易（import trade）

进口贸易是指将外国生产或加工的货物购入本国市场销售、消费，也称输入贸易。有些货物输出国外后，未在外国消费，也未加工，又输入国内，叫做复进口贸易（re-import trade）。

3. 过境贸易（transit trade）

过境贸易是指从甲国经过丙国向乙国输送、销售货物，货物所有权不属于丙国。这种贸易对丙国而言，既不是进口贸易，也不是出口贸易，只是过境贸易。有些内陆国家同非邻国开展贸易，其货物只能通过第三国向外出口。

国际贸易概论

（三）按贸易客体的不同划分

1. 货物贸易（goods trade）

货物贸易也称有形商品贸易（tangible goods trade），是指那些可以看得见物质属性的商品贸易活动。国际贸易中的货物种类繁多，为便于统计，联合国秘书处于 1950 年出版了《联合国国际贸易标准分类》（英文简称 SITC），该标准分类经历了四次修改，第四次修订版于 2006 年由联合国统计委员会通过。在 2006 年的修订本里，把货物分为 10 大类、67 章、262 组、1023 个分组和 2970 个基本项目。在标准分类中，目录编号采用 5 位数：第一位数表示分类，第二位数表示章，第三位数表示组，第四位数表示分组，第五位数表示项目。

海关合作理事会于 1983 年通过了《商品名称及编码协调制度》（英文简称 HS），以供海关、统计、进出口管理及与国际贸易有关各方共同使用的商品分类编码体系。我国从 1992 年 1 月 1 日起采用 HS 分类，并根据我国实际情况编制了新的商品目录。货物贸易的进出口要办理通关手续，并反映在海关的贸易统计上。

2. 国际服务贸易（international service trade）

国际服务贸易是指不同国家之间所进行的服务交易的活动，例如，运输、国际旅游、商业销售、金融、教育卫生、通信、娱乐、建筑、环境等服务。国际服务贸易不办理海关手续，一般不反映在海关统计资料中（详见第九章）。

3. 国际技术贸易（international technology trade）

国际技术贸易是指不同国家之间按一般商业条件转让技术使用权的贸易行为（详见第十章）。

（四）按贸易对象划分

1. 直接贸易（direct trade）

直接贸易是指商品生产国与商品消费国直接交易商品（没有第三国参与）的贸易行为。商品由生产国直接卖给消费国。对生产国而言，是直接出口贸易；对消费国而言，是直接进口贸易。

2. 间接贸易（indirect trade）

间接贸易是指商品生产国与商品消费国之间通过第三国进行交易的贸易行为。商品由生产国通过第三国销售到消费国，对生产国而言是间接出口，对消费国来说是间接进口。有一些发展中国家，其进出口贸易受外资控制、操纵，这些国家的贸易也是间接贸易。

3. 转口贸易（entrepot trade）

转口贸易是指商品生产国与商品消费国通过第三国进行的贸易，对第三国来说就是转口贸易，它是间接贸易的主要形式。即使商品直接从生产国运往消费国，只要是通过第三国签订进口合同和出口合同达成的交易，仍属转口贸易。

转口贸易可以直接运输，直接贸易也可以间接转运。

（五）按贸易结算方式划分

1. 现汇贸易（cash trade）

现汇贸易是指以货币作为清偿工具的贸易方式。在国际贸易中，用作清偿工具的货币主要是美元、英镑、欧元、日元等自由外汇。世界上大多数国家采用现汇贸易，我国对欧美和东南亚地区的贸易也主要采用这种方式。

2. 易货贸易 (barter trade)

易货贸易是指以经过计价的货物作为清偿工具的贸易，又称换货贸易。它的特点是进出口贸易对等进行，有一笔出口贸易，必有一笔进口贸易，两者在数量上可以不等，但在金额上应该相等。易货贸易是一种古老的贸易方式，但现今与一些自由外汇短缺的国家开展贸易，也多采用这种方式。

（六）按经济发展水平划分

1. 水平贸易 (horizontal trade)

水平贸易是指经济发展水平相近的国家之间开展的贸易，比如：发展中国家之间，或者是发达国家之间开展的贸易都属水平贸易。

2. 垂直贸易 (vertical trade)

垂直贸易是指经济发展水平有较大差异的国家之间开展的贸易，比如：发展中国家与发达国家之间开展的贸易。

第四节 国际贸易课程的任务、学习意义与方法

由前述可知，国际贸易是人类社会发展到一定阶段而产生的一种经济活动，对这种经济活动的描述、分析，并揭示其内在的运动规律和特点，形成了国际贸易学科。

一、国际贸易课程的任务和内容

国际贸易课程的任务是研究国际贸易的产生和发展，揭示国际贸易发展过程中的运动规律及变化的特点。

国际贸易课程的任务决定了它的主要内容有四个方面：

第一，国际贸易课程首先研究的是国际贸易产生、发展、变化的基本原因和历史条件，以及国际贸易运动的内在规律，从而帮助我们分析国际贸易活动的现象。

第二，对国际贸易活动分析研究的不同出发点导致了不同国际贸易理论的诞生。国际贸易课程为我们介绍各种国际贸易学说及其产生的历史条件，以便我们客观地认识各种理论对国际贸易活动产生的作用。

第三，国际贸易课程还分析和研究不同国家在各个不同历史时期推行的不同贸易政策，研究国际贸易组织，认识国际贸易组织的作用，了解积极参与国际贸易组织活动的意义，帮助我们理解和执行中国政府实施的贸易政策。

第四，国际贸易课程还揭示当代世界贸易的发展趋势及各个国家、贸易集团对外贸易的特点。

小思考

2007 年中国各大媒体报道了涉及中国 20 家企业、金额达 5000 余万美元的中国入世后中美纺织品反倾销第一大案——中美聚酯短纤反倾销案，最终美国商务部作出了终审裁定，中方应诉的宁波江南化纤有限公司获得"零税率"。请问：这个裁定一定意义上反映了什么？

国际贸易是世界经济的重要方面,它与世界经济其他领域密切相关、相辅相成、相互制约。通过对世界经济的分析可以发现国际贸易发展的趋势。同时,当今世界已不再是发达国家独占国际贸易领域的时代,他们尽管可以凭借资本、技术优势在国际贸易中占据重要地位,但发展中国家在国家独立后,通过调整其产业结构和科技进步,改善了自己在国际贸易中的地位。发达国家与发展中国家在国际贸易领域中各自发挥自己的优势,显现出不同的特点。

二、国际贸易课程的学习意义与方法

(一) 国际贸易课程的学习意义

1. 认识国际贸易发展的规律,有助于认清国际贸易形势

国际贸易活动是一种比较复杂的经济现象,它涉及面广、变化多端,不仅受制于国际市场的供求状况,还受各国政府政策、制度的影响。一旦世界经济发生较大变化,国际贸易首当其冲被波及。所以,国际上时而自由贸易呼声一浪高过一浪,时而贸易保护主义思潮抬头,各种贸易壁垒高耸林立,让人无所适从。但只要了解了国际贸易基本知识,掌握了国际贸易发展变化的内在规律,就不难认清表面现象背后的本质,从而正确制定相应对策。

2. 了解世界贸易组织及其原则,有利于保护和发展本国的对外贸易

我国的对外贸易依存度越来越高,与世界经济的联系日益密切,尤其是加入世界贸易组织后,我国已更大范围、更深程度地实行对外开放。为保证我国在对外贸易活动中能合理、合法利用国际经济规则来推动、发展我国经济,我们必须了解并熟悉国际贸易规则、世界贸易组织原则。例如,如何正确运用贸易争端解决机制来处理国际贸易纠纷;运用对发展中国家的特殊优惠待遇原则来保护国内产业与市场等。

(二) 国际贸易课程的学习方法

1. 以相关经济理论知识为基础

国际贸易理论课程理论性较强,涉及内容较宏观,尤其是理论部分较为艰深。所以,要求学生对基础理论知识掌握扎实,并结合已学过的基础经济理论(如经济学基础等),来理解国际贸易理论,以便融会贯通。

2. 运用比较研究的方法

国际贸易从理论、政策到措施,都有一个历史演变过程。同时,因为国际贸易几乎涵盖世界每一个国家或地区。因此,正确进行古今比较和中外比较,可以发现先进的科学理论和政策及其措施,还可以找出前人和其他国家走过的弯路,以作前车之鉴。

3. 坚持理论以实践为基础的原则

所有研究国际贸易现象与本质、揭示国际贸易产生与发展变化规律的理论都有其合理的成分,它们都是从对各个国家或各个阶段的对外贸易活动的分析研究中建立起来的。我们今天在学习过程中,既不能全盘否定,也不要完全照搬前人理论。一定要根据当今国际贸易的实际情况,吸收前人理论的科学成果来分析、研究国际贸易现状。

★★★★★ 本章学习路径 ★★★★★

一、国际贸易的产生
├─ 经济条件——生产力提高,出现可用作交换的剩余产品
├─ 政治条件——私有制出现,国家产生
└─ 技术条件——交通便利,运输进步

二、国际贸易的发展
├─ 奴隶社会——贸易量小,贸易对象为奢侈品和奴隶
├─ 封建社会——贸易量有所增加,进出口贸易增多
├─ 资本主义社会——贸易量大幅增长、贸易结构优化
└─ 当代贸易
　　├─ 贸易规模呈现周期性增长
　　├─ 贸易结构以工业品为主
　　├─ 服务贸易成为国际贸易新的增长点
　　├─ 发展中国家在国际贸易中地位日益提高
　　├─ 区域贸易发展遍及全球
　　├─ 电子商务引发国际贸易手段的革命
　　└─ 多边贸易体制日趋成熟,自由贸易面临挑战

三、国际贸易的特点
├─ 困难——人文经济政治环境原因
├─ 复杂——货币度量制度不同,运输环节繁多
└─ 风险大——信用、交易价格、汇兑、运输、政治风险

四、国际贸易对一国的作用
├─ 刺激劳动生产率提高
├─ 获得比较利益
├─ 生产要素有效配置
├─ 满足生产和消费需求
└─ 创造就业机会,发展经济

五、国际贸易的地位
├─ 是世界各国对外关系的核心
├─ 是传递世界经济盛衰的主要渠道
└─ 是各国处理政治经济关系的重要手段

六、国际贸易的基本概念
├─ 国际贸易额及国际贸易量
├─ 对外贸易差额
├─ 国际(对外)贸易商品结构
├─ 国际(对外)贸易地区分布
└─ 国际贸易条件

七、国际贸易的分类
├─ 总贸易与专门贸易
├─ 出口贸易、进口贸易与过境贸易
├─ 货物贸易、服务贸易与技术贸易
├─ 直接贸易、间接贸易与转口贸易
└─ 水平贸易与垂直贸易

八、国际贸易课程
的任务内容
├─ 任务——研究国际贸易的产生和发展,揭示其运动规律及特点
└─ 内容
　　├─ 国际贸易产生、发展原因及其规律
　　├─ 国际贸易理论
　　├─ 国际贸易政策及其措施
　　└─ 各国对外贸易特点

九、国际贸易课程的学习意义
├─ 认清国际贸易形势
└─ 保护和发展本国外贸

十、国际贸易的学习方法
├─ 以相关经济理论为基础
├─ 运用比较研究方法
└─ 坚持以实践为基础的原则

本章复习思考题:

1. 国际贸易的产生和发展需要具备哪些主要条件?
2. 当代国际贸易的主要特点是什么?
3. 国际贸易与国内贸易有哪些主要区别?
4. 国际贸易对贸易国经济发生什么作用? 在世界经济中处于什么地位?
5. 国际贸易概论的研究对象是什么?

知识扩充

《1933 年买美国货法》和 2009 年"买美国货"条款

在 20 世纪 30 年代世界经济大萧条时,美国的贸易保护主义者推出了《1933 年买美国货法》,该法要求美国联邦政府在采购中应购买国产货,即在美国生产的或是在美国国内的增值比例必须在 50％以上的货物。只有当美国商品国内供不应求或者仅是为了转售赚取佣金以及国产货的成本"不合理地高"时,才可以作为例外购买外国货。该法至今仍然有效。

2009 年 2 月 13 日美国参众两院通过并由美国总统批准颁发了《2009 年美国复兴与再投资法》。其中第 1605 节是"买美国货"条款。该条款规定,使用美国经济刺激方案等规定下资金建设的公共建筑和公共工程只能使用在美国生产的钢铁和其他制成品。与《1933 年买美国货法》相比,该条款具有更强的保护主义色彩。在保护的范围上,它不仅涵盖了联邦政府直接购买的商品,而且涵盖了使用联邦政府拨款购买的商品。同时,新的条款没有提及任何原产地增值标准,从而加大了条款执行的不确定性,在不合理高价例外方面使用了比《1933 年买美国货法》更严格的标准。所以,它是美国新世纪的新贸易保护主义。

第 二 章　国际分工

　　国际贸易的基础是参与贸易的各国有可供交换的剩余产品，而它又是以国际分工为前提的。没有国际分工，就没有国际间的商品交换，当然也就没有国际贸易；反过来，没有国际贸易，国际分工也无法存在和发展。国际贸易和国际分工互为条件、互相促进。

　　本章系统地分析了国际分工的产生与发展、各种国际分工理论、影响国际分工的主要因素以及国际分工对国际贸易的影响。

导入案例

空中客车公司是业界领先的飞机制造商，目前已牢固地掌握了全球约一半的民用飞机订单。2017年11月15日，空中客车斩获航空史上最大订单之一，430架飞机495亿美元。

空中客车公司是一家全球性企业，全球员工约54000人，在30个国家拥有约1500名供货商网络。法国航宇公司生产含驾驶舱的机头段，中机身下半部分和发动机挂架，并负责最后总装；英国航宇公司生产机翼主体；德国空中客车工业公司生产机身其余部分和垂尾；荷兰福克公司生产机翼前后缘和各活动翼面；西班牙航空公司生产客舱门、起落架舱门和平尾，等等。

你认为空中客车是属于哪一种国际分工的类型？（你可以在本章后面的学习中找到答案）

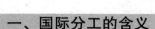

第一节　国际分工概述

一、国际分工的含义

国际分工(international division of labour)是指世界上各国之间的劳动分工。劳动分工，简称分工，是各种社会劳动的划分与独立化，它经历了自然分工、社会分工和国际分工几个发展阶段。社会分工是指社会不同部门之间和各部门内部的分工，是各种社会形态所共有的。随着社会分工发展到一定阶段，国民经济部门内部分工超越国家界限向纵深发展，就产生了国际分工。它是国际贸易和世界市场的基础。其表现形式是各国货物、服务等的交换。

二、国际分工的类型

按照参加国际分工国家的经济发展水平不同，国际分工可分为以下几种类型。

（一）垂直型国际分工

垂直型国际分工，即经济发展水平相差悬殊的国家之间的分工，主要指发达国家与发展中国家之间制造业与农业、工业制成品与初级产品、资本技术密集型产品与劳动密集型产品之间的分工，如国际分工萌芽阶段的宗主国与殖民地国家之间的分工就属于这种类型。

（二）水平型国际分工

水平型国际分工，即经济发展水平大体相同的国家之间的分工，如对某些产品生产的不同环节进行专业化协作。发展中国家之间、发达国家之间以及发达国家与部分发展中国家之间广泛地存在着这种国际分工。

（三）混合型国际分工

混合型国际分工，即由垂直型和水平型两者结合的分工形式。具体而言，就是一个国家在国际分工体系中既参与"垂直型"的分工，也参与"水平型"的分工。由于历史原因，加上新的生产组织方式的影响，目前世界上绝大多数国家都同时参与垂直型和水平型国际分工。

三、国际分工的发展

（一）国际分工的萌芽阶段（16 世纪至18 世纪中叶）

在资本主义社会形成之前，由于生产力水平较低，各国的生产方式差距不大，劳动分工仅仅是社会分工的初级阶段。随着 15 世纪末至 16 世纪上半叶的地理大发现及大规模的殖民地开拓，资本主义进入了资本原始积累时期，社会分工开始转向国际分工。这一时期，西欧殖民主义者用暴力等强制手段在拉丁美洲、亚洲和非洲进行掠夺：开矿山、建立各种农作物的种植园，把非洲变为猎取黑奴的场所。他们发展了以奴隶劳动为基础、为世界市场而生产的农场主制度，从而建立了早期的资本主义国际专业化生产，扩大了各国的经济联系。

萌芽阶段的国际分工特征是宗主国与殖民地国家之间垂直型的不合理分工。西欧殖民宗主国把殖民地纳入到对自己有利的分工中来，让殖民地生产宗主国不生产的廉价的农作物、原料等产品。

（二）国际分工的形成阶段（18 世纪60 年代至19 世纪60 年代）

第一次产业革命是以机器大工业代替工场手工业的革命，它使社会生产力得到了空前的发展，从而使国际分工进入形成阶段。

产业革命最早出现在英国，随后法、德、美等国也实现了产业革命，建立了机器大工业。最终确立了资本主义经济体系，加快了商品经济的发展和社会分工的发展，也促进了国际分工的形成。

其中，机器大工业为国际分工的发展奠定了物质基础，具体体现在：①机器大工业使生产规模不断扩大，创造出来的众多商品使国内市场饱和，需要到更大的国外市场去消化；同时，生产的急剧膨胀又引起对原料的需求大量增加，使得开辟国外原料基地成为必要。②机器大工业促进了交通运输事业、电报及海底电缆等现代化通信手段的发展，加强了世界各国的经济联系，使国际分工成为可能。③机器大工业生产的物美价廉的产品开拓了国外市场，使得这些商品输入国不得不改变它们的产业结构，打破了该国自给自足、闭关自守的生产格局，把各种类型的国家都带到国际分工中去。

这一时期国际分工的基本格局以英国为中心。由于英国最早完成工业革命，特别是在它实行全面的自由贸易政策以后，经济实力、贸易实力大大增强，逐渐成为"世界工厂"。到19 世纪中叶，英国一半以上的工业品需到国外市场销售，而其他广大地区处于"世界农村"的地位。此时，世界市场上交换的商品已由大宗商品，如小麦、羊毛、咖啡、铜等代替了原来用于满足贵族和商人需要的奢侈品。

小知识

历史上的"世界工厂"

所谓世界工厂，不单是世界主要的制造基地和出口基地，还要有领导世界制造业潮流的创新产品。一般来说，只有 19 世纪下半叶的英国被称为"世界工厂"，后来的美国和日本，人们并不称之为"世界工厂"，而是称之为"世界经济增长的重心"。

19 世纪中叶，随着工业革命的完成和机器大工业的普遍建立，英国就以其发达的纺织业、采煤业、炼铁业、机器制造业和海运业确立了它的"世界工厂"地位和世界贸易中心地位。英国不仅是世界各国工业消费品的主要供应者，而且也是生产资料的主要供应者。19 世纪上半叶，英国的煤、铁、机器的输出不断增加。从 1760 年至 1830 年，英国制造业占世界总量从 1.9% 上升到 9.5%，1860 年更是达到了 19.9%，这一年英国生产了全世界 53% 的铁、50% 的煤。在 19 世纪的前 70 年里，仅占世界人口 2% 左右的英国，一直把世界工业生产的 1/3～1/2 和世界贸易的 1/5～1/4 掌握在自己手中。这一时期先后发生在美国和欧洲大陆各国的工业革命，都是在不同程度上依靠从英国输入的技术装备进行的。

从整体上说,形成阶段的国际分工是以英国为首的资本主义国家与广大亚、非、拉国家和殖民地国家之间的垂直型国际分工。

（三）国际分工的发展阶段（19世纪中叶至第二次世界大战）

从19世纪末到20世纪初,爆发了第二次产业革命,资本主义由自由竞争阶段过渡到垄断阶段,资本主义生产的迅猛发展带动了国际分工体系的迅速发展。国际分工也产生了一些变化。

世界各国对国际分工的依赖性增强。每个国家在为世界市场提供产品的同时,也消费着其他国家提供的产品。以德国为例,德国的铁制品、皮革制品销往欧洲其他各国,同时它又从美国进口猪油,从西非获得可可豆,从中国购买茶叶等等。

亚、非、拉国家逐渐变成畸形的单一经济国家。由于殖民地国家被迫按照宗主国的生产、消费需要改变其产业结构,最终它们的主要作物和出口货物只限于一两种或两三种产品。而且由于这些产品大部分要销售到工业发达国家去,又造成了亚非拉国家对世界市场尤其是对发达国家市场的高度依赖。

国际分工的中心从英国变为一组发达国家。同时,它们之间也开始形成互为市场的关系。它们的国际分工主要在经济部门之间进行。

由此可以看出,这一阶段的国际分工主要还是工业发达国家与农业国家的垂直型国际分工,另外也出现了发达国家之间的水平型国际分工。

（四）国际分工的深化阶段（第二次世界大战后至今）

第二次世界大战后发生的第三次科技革命,标志着世界生产力又发展到了一个新的时期。跨国公司的迅速发展,殖民体系的瓦解,发展中国家的崛起,一批社会主义国家的成立,都推动着国际分工向纵深发展。

工业国之间的分工逐渐占主导地位。第三次科技革命成果的广泛应用,使第二次世界大战前以自然资源为基础的工业国与农业国、矿业国之间的国际分工格局逐步发展为以现代化技术为基础的工业国之间的分工为主导的国际分工格局。另外,随着科学技术的进步、各工业部门技术密集度的提高,工业部门内部的分工有逐渐增强的趋势。

发达国家与发展中国家之间的工业分工也在发展。第二次世界大战前,宗主国主要从事工业产品的生产,而殖民地国家、落后国家主要从事农业或矿业生产。第二次世界大战后发达国家与发展中国家之间也出现了高精尖工业与一般工业的分工。

参加国际分工的国家类型增多。第二次世界大战后不仅发达的资本主义国家,广大的发展中国家和社会主义国家也积极加入到当代国际分工中来。

总之,目前国际分工正由第二次世界大战前以自然资源为基础的垂直型国际分工向以现代工艺、技术为基础的水平型国际分工过渡。

第二节 国际分工的基本理论

一、亚当·斯密的绝对利益理论

亚当·斯密(Adam Smith,1723—1790)是国际分工理论的创始者,是倡导自由贸易的领头人。在 1776 年出版的《国民财富的性质和原因的研究》〔*An Inquiry into the Nature and Causes of the Wealth of Nations*，简称《国富论》（*The Wealth of Nations*）〕一书中，斯密在国际分工方面提出了主张自由贸易的绝对利益理论（The Theory of Absolute Advantage）。

斯密十分强调分工的利益，他认为分工能提高劳动的熟练程度，使每个人专门从事某项作业以节省时间，有利于发明创造和改进工具，提高劳动生产率，最终增加国家的财富。

同样的分工原理也适用于各国，每个国家都会在某种商品的生产上具有其他国家所没有的绝对优势（即生产成本绝对低）。如果每个国家都对其具有绝对优势的商品进行专业化生产，然后彼此进行交换，则各国的劳动力等资源将会得到最有效的利用，劳动生产率会大大提高、物质财富有所增加，各国都将取得其绝对利益。

现以英国和德国生产棉布和皮手套为例，对斯密的有关国际分工的绝对利益理论分析如下。

表 2-1　绝对利益理论的简单例证				
国　家 产　品	英　国	德　国	总　产　出	
			分工前	分工后
棉布（匹/工时）	4	2	6	8
皮手套（双/工时）	1	2	3	4

表 2-1 表明，英国在棉布生产上处于绝对优势，因为在英国每工时可生产 4 匹棉布，而在德国每工时只能生产 2 匹棉布，即英国生产棉布的成本低于德国。同理，德国在皮手套生产上处于绝对优势，因为在德国每工时可生产 2 双皮手套，而在英国每工时只能生产 1 双皮手套，即德国生产皮手套的成本低于英国。根据斯密的观点，这时英国应专门生产棉布并出口一部分以换取德国的皮手套，德国则应专门从事皮手套生产并出口一部分以换取英国的棉布。

如果英国专门生产棉布，2 工时可生产出 8 匹棉布；德国专门从事皮手套生产，2 工时可生产出 4 双皮手套。两国若将其中 1 工时生产的产品相互交换，则英国在国际分工、交换后可获得 4 匹棉布、2 双皮手套，比分工前多获得 1 双皮手套；而德国在分工后可获得 2 双皮手套、4 匹棉布，比分工前多获得 2 匹棉布。可见国际分工后，劳动生产率得到提高、国际总产量增加，各国都取得了绝对利益。

亚当·斯密的国际分工理论含有科学的成分。他的绝对利益理论说明国际分工能使资源得到更有效的利用、使交易双方都能获得利益，从而为自由贸易政策奠定了理论基础。

但绝对利益理论也存在着一定的局限性。事实上世界各国由于经济发展水平悬殊，有些落后国家可能连一种绝对优势的商品也没有，而有些先进国家可能在所有商品的生产上都具有绝对优势，在这种情况下还会发生国际分工吗？斯密之后的经济学家大卫·李嘉图的比较利益理论对这一重要问题作了阐述。

小知识

亚当·斯密、大卫·李嘉图简介

　　亚当·斯密(1723—1790),是英国古典经济学的主要代表之一。他出生在苏格兰的一个海关官吏家庭,曾先后在格拉斯哥和牛津大学学习,主修哲学,毕业后长期在大学任教,教修辞和文学。亚当·斯密在格拉斯哥一直居住到 1764 年,这对他的经济学说的形成起了重要的作用,因为该地当时是苏格兰的工业中心。1764 年,亚当·斯密辞去大学教授的工作,到欧洲大陆旅行,在巴黎结识了重农主义者魁奈。受魁奈的影响,亚当·斯密在法国旅游期间决定写一部经济学著作。他于 1767 年回到家乡后就开始专心从事这项写作,这部建立古典经济学理论体系的著作写了近 10 年的时间,经多次修改后终于在 1776 年出版。这就是著名的《国富论》(即《国民财富的性质和原因的研究》),集当时一切经济思想之大成,形成了统一和完整的科学体系,被称为西方经济学史上的"第一次革命",俗话叫"革重商主义的命"。亚当·斯密也成为资本主义经济学的鼻祖。亚当·斯密一生中只发表过一本经济学著作,即《国富论》。但是该著作出版后,立即轰动一时,并被译成多国文字。在中国,该书于 1901 年最先由严复译成中文,名为《原富》,在 1963 年又由郭大力、王亚南重译出版,名为《国富论》。

　　古典经济学的另一个代表人物是大卫·李嘉图。大卫·李嘉图(David Ricardo,1772—1823),1772 年出生于伦敦一个有钱的交易所经纪人家庭。早年受到的教育很不完备,14 岁起随父从事交易所的活动。25 岁时由于交易所的投机而致富,成为拥资百万英镑的大资产者,才开始致力于学习和科学研究。他最初热心于自然科学,1799 年当他阅读了《国富论》后,对经济学问题发生了兴趣,但真正研究经济学问题是在 10 年以后,即 1809 年。他的第一篇经济学论文是《黄金的价格》,匿名发表在 1809 年 8 月 29 日的《英国晨报》上。该论文批评了当时英格兰银行滥发纸币的政策,这奠定了他的货币数量论的基础。1910 年他又将其改写成小册子,名为《金块价格高昂是银行券贬值的证明》,由此博得货币流通理论家的美誉。

二、大卫·李嘉图的比较利益理论

　　每个经济理论的产生往往都有其历史背景。比较利益理论就是在英国资产阶级争取自由贸易的斗争中产生与发展起来的。1815 年英国政府为维护地主贵族阶级的利益修订实行了《谷物法》,该法规定必须在国内谷物价格上涨到限额以上时才准进口,而且这个价格限额要不断地提高。这使得英国粮价上涨,地租猛增,它对地主贵族有利但严重损害了工业资产阶级的利益。为了维护各自的利益,地主贵族与工业资产阶级进行了激烈的斗争,地主贵族利用绝对利益理论的局限性,提出既然英国能够自己生产粮食,而且粮价甚至比其他国家更便宜,就无需从外国进口粮食。面对挑战,大卫·李嘉图在《政治经济学及赋税原理》(*Principles on Political Economy and Taxation*)一书中提出了比较利益理论(The Theory of Comparative Advantage),支持国际分工、倡导自由贸易,为工业资产阶级的斗争提供了有力的理论武器。

　　李嘉图的比较利益理论是在斯密的绝对利益理论的基础上发展起来的。斯密认为由于地域等自然条件不同,各国均有一种产品生产成本低于他国而具有绝对优势,按绝对优势原则进行国际分工和交换,各国均可获得绝对利益。比较利益理论则认为,即使一个国家在所

国际贸易概论

有商品的生产上与另一个国家相比都有绝对优势,但所占优势程度可能有大有小。换言之,两个国家都有各自的比较优势,即在国际贸易中提供某种商品比提供其他商品相对来说更为便宜合算。所以,各国应该专门生产自己有比较优势(优势最大或劣势最小)的商品,然后进行交换,则各国都可取得比较利益,国际生产总量也会有所增加。

下面以英国和俄国生产棉布、小麦为例对李嘉图的比较利益理论分析如下。

表 2-2　比较利益理论的简单例证

产品 \ 国家	英 国	俄 国	总 产 出 分工前	总 产 出 分工后
棉布(匹/工时)	8	2	10	16
小麦(吨/工时)	4	2	6	4

表 2-2 表明,英国每工时能生产 8 匹棉布,俄国每工时只能生产 2 匹棉布;英国每工时可生产 4 吨小麦,俄国只能生产 2 吨。英国在两种产品的生产上都处于绝对优势,俄国在两种产品生产上都处于绝对劣势。但英国在棉布生产上所占的优势更大一些,俄国在小麦生产上所占的劣势更小一些,即两国各自具有比较优势:英国在棉布生产上具有比较优势,俄国在小麦生产上具有比较优势。根据比较利益理论,英国应专门从事棉布生产并出口部分棉布换取俄国的小麦,俄国则应专门从事小麦生产并出口部分小麦以换取英国的棉布。如果两国间棉布和小麦的交换比例为 1.5:1,英国 2 工时全部生产棉布可生产 16 匹棉布,用 6 匹棉布换俄国的 4 吨小麦,还有 10 匹,比分工前多获得 2 匹棉布;俄国 2 工时全部生产小麦可生产出 4 吨小麦,可与英国交换得到 6 匹棉布,比俄国用 2 工时全部生产棉布多出来 2 匹棉布。可见,只要两个国家各有比较优势,通过国际分工与贸易,双方均可获得比较利益。

小知识

比较优势陷阱

所谓"比较优势陷阱",是指一国(尤其是发展中国家)完全按照比较优势生产并出口初级产品和劳动密集型产品,其在与技术和资本密集型产品出口为主的经济发达国家的国际贸易中虽然能获得利益,但贸易结构不稳定,总是处于不利地位,从而落入"比较优势陷阱"。比较优势陷阱可以分为两种类型:第一种是初级产品比较优势陷阱。它是指执行比较优势战略时,发展中国家完全按照机会成本的大小来确定本国在国际分工中的位置,运用劳动力资源和自然资源优势参与国际分工,从而只能获得相对较低的附加值。由于初级产品的需求弹性小,加上初级产品的国际价格下滑,发展中国家贸易条件恶化,甚至是贫困化增长等现象的出现就不可避免。第二种类型是制成品比较优势陷阱。由于初级产品出口的形势恶化,发展中国家开始以制成品来替代初级产品的出口,利用技术进步来促进产业升级。由于自身基础薄弱,发展中国家主要通过大量引进、模仿先进技术等手段来改善自身在国际分工中的地位,但是这种改良型的比较优势战略由于过度依赖技术引进,使自主创新能力长期得不到提高,无法发挥后发优势,只能依赖发达国家的技术进步。

三、赫克歇尔-俄林的要素禀赋理论

以亚当·斯密、大卫·李嘉图为代表的古典学派在分析国际分工产生的原因时,认为商品的价值是由生产商品所用劳动时间决定的。事实上,生产商品所需的生产要素并不只是劳动力一种。以赫克歇尔(Eli Filip Heckscher, 1879—1952)、俄林(Bertil Gotthard Ohlin, 1899—1979)为代表的新古典学派考虑到了这一点,他们用多种生产要素理论代替了单一生产要素的劳动价值理论。

要素禀赋论是俄林在采用其老师赫克歇尔主要观点的基础上创立起来的。该理论以各国间要素禀赋的相对差异和生产各种商品时利用这些要素密集度的差异作为国际分工的依据与国际贸易产生的原因。

具体而言,各种生产要素供给即要素禀赋在各个国家都是不同的,如有的国家拥有的劳动力生产要素丰富而拥有的资本或土地等要素禀赋较稀缺,有的国家则正好相反。如果把一个国家所拥有的生产要素的相对数量称为要素丰缺度的话,则某种要素丰缺度的大小就决定了这种要素的相对价格:较为丰富的生产要素的相对价格必然较低。

商品价格的决定不仅要考虑生产商品所需的各种生产要素的价格,还要考虑商品的要素密集度。所谓要素密集度,是指生产某一特定商品所需要的生产要素(如资本与劳动)的相对比例。有的商品在生产中使用劳动比重大,称为劳动密集型商品;有的使用土地比重大,称为土地密集型商品,等等。

要素禀赋论认为各国在密集使用其拥有量丰裕的要素的产品生产上具有相对优势,每个国家都应该专门生产那些大量使用丰富而便宜的生产要素的商品,然后将这些商品部分出口以换取密集使用其稀缺要素的商品。最终各种生产要素都能被更有效地利用,合理的国际分工得以实现,生产要素价格趋向平衡,贸易各国均享其利。

下面以加拿大、印度生产小麦、棉花为例对要素禀赋理论加以分析。

表2-3　要素禀赋理论的简单例证

国　家	产　品	产品要素密集度		要素价格		产品成本
		土　地	劳动力	土　地	劳动力	
加拿大	小　麦	2	1	2	5	9
	棉　花	1	3			17
印　度	小　麦	2	1	4	3	11
	棉　花	1	3			13

表2-3表明,两国生产小麦使用的土地和劳动的比例是2:1,生产棉花使用的土地和劳动的比例是1:3,则可把小麦称为土地密集型产品,棉花称为劳动密集型产品。要素的丰缺度一般较难衡量,但可用要素价格的高低来大致反映其丰缺度。如果加拿大的地租是每平方米2美元、工资为每天5美元,印度的地租是每平方米4美元、工资为每天3美元,这就大致反映出加拿大的土地比印度相对丰裕,印度的劳动力比加拿大相对丰裕。所以加拿大生产土地密集型产品小麦成本较低(9美元),具有相对优势;印度生产劳动密集型产品棉花上的

成本较低(13 美元),具有相对优势。合理的国际分工就是:加拿大专门生产小麦并出口部分小麦到印度换取棉花;印度专门生产棉花并出口部分棉花到加拿大换取小麦。

如果加拿大的两种要素价格都比印度便宜,又该如何分析呢?(请见知识扩充)

第三节　影响国际分工的主要因素

一、社会生产力是国际分工形成和发展的根本因素

(一)国际分工是生产力发展的必然结果

由国际分工的发展过程不难看出,国际分工的产生和发展是由生产力决定的,作为生产力发展动力的科学技术在国际分工发展的每个阶段都扮演了重要的角色。第一次产业革命建立了机器大工业,消灭了古老的民族工业,使一切国家的生产、消费具有世界性,国际分工初步形成;第二次产业革命带来了垄断和资本输出的迅速发展,国际分工体系得到加强并最终得以确立;第二次世界大战后的第三次科技革命推动了生产力的大幅度提高,形成了生产的国际化,出现了大量的跨国公司,使得各个生产领域内的国际分工不断细化、深化。

(二)生产力的发展决定了国际分工的产品内容

国际分工形成之初,国际贸易交换的产品内容仅限于奢侈品和少数消费品。之后,随着生产力的发展,逐步扩大到粮食、工业原料等大宗商品。第二次世界大战后,科技的进步带来生产力的快速发展,高精尖产品、中间产品、服务贸易也出现在国际分工中。

(三)生产力的发展决定了国际分工的类型

随着生产力发展,国际分工的类型也在不断发生着变化。最初的国际分工是宗主国与殖民地之间的垂直型国际分工。由于英国最先完成工业革命,生产力得到巨大发展,所以第一次产业革命后的国际分工是以英国为中心的一些资本主义工业国与众多落后农业国之间的垂直型国际分工。第二次产业革命后,水平型国际分工开始出现。如今,世界上多数国家参与的是同时包含垂直型和水平型的混合型国际分工。

二、国际生产关系决定国际分工的性质

国际生产关系包括:生产资料所有制形式,各国各民族在国际分工中的地位以及他们在国际生产、交换和消费中的关系。生产资料所有制是最重要的国际生产关系,它决定着国际商品的生产、交换和消费。在当代国际分工中,虽然包括生产资料公有制为基础的社会主义国家,但生产资料私有制的资本主义国家居主导地位,因而国际分工中仍然存在着不平等性和剥削性。

三、资源禀赋是影响国际分工的重要因素

一国的资源禀赋主要是指该国在劳动力、资本和自然禀赋(natural endowment)等方面的拥有状况。进行经济活动需要一定的自然条件,如:拥有大量矿藏的国家才能生产和出口

国际贸易概论

矿产品,在特殊气候条件下的地区才能耕种咖啡、茶等农作物。人口多、资源贫乏的国家往往大力发展劳动密集型产业,资本充裕的国家则适合专门生产资本密集型产品。但是应注意,每个国家的资源禀赋都不是一成不变的,科技的进步改变着资源的利用情况,因而资源禀赋对国际分工的影响程度也在发生变化。

除上述因素外,各国的上层建筑也可以推进和延缓国际分工的形成和发展,国际资本流动也是推动国际分工的重要力量。

第四节　国际分工发展对国际贸易的影响

国际分工是国际贸易的基础,它的发展对国际贸易和世界市场发展的深度、广度有着重要的影响。

一、国际分工的发展趋势

(一)国际分工逐步发展成以现代化工业为基础的分工

第二次世界大战前,国际分工主要是以自然条件为基础,许多亚非拉国家专门生产矿物、农业原料,而西方发达国家则生产工业制成品或半制成品,工业国与初级产品生产国之间的国际分工占主导地位。如今,随着科技的进步、工艺水平的提高,经济发达国家之间以现代化工艺、技术为基础的国际分工逐渐占据主导地位。

(二)各国间产业部门内部分工有逐步增强的趋势

第二次世界大战前,各国之间的国际分工是经济各部门之间的分工。战后,科技的发展使得各部门技术密集程度提高,生产工艺和产品结构复杂,以国家为界限的生产已不能满足规模经济的要求。这使得不同国家同一产业部门内部专业化生产和协作发挥着越来越重要的作用。

(三)国际分工的传导机制向有组织的方向协调发展

第二次世界大战前的国际分工传导机制是市场机制和竞争规律作用下的自发传导。第二次世界大战后,有组织的、协调的国际分工传导机制发挥着越来越重要的作用:跨国公司逐步成为全世界国际分工的主要组织者和推动力量;经济一体化集团也对国际分工的格局产生着越来越重要的影响。

(四)国际分工的类型由垂直型向水平型过渡

第二次世界大战前的国际分工基本上属于垂直型,而现在经济发达国家之间以及发展中国家之间的国际分工不断发展,水平型国际分工将逐渐占据国际分工的主要地位。

(五)参加国际分工的国家类型越来越多

第二次世界大战后,参加国际分工的已不仅是经济发达国家和殖民地国家,还有新兴工业国家和其他经济欠发达国家;参加国际分工的资本主义国家在增加,社会主义国家也在增加。

国际贸易概论

（六）国际分工的领域不断扩大

第二次世界大战前的国际分工主要是在有形商品生产、流通领域进行的分工。战后世界服务贸易空前发展，反映出国际分工已慢慢渗透到服务等非实物生产流通领域。

二、国际分工对国际贸易的影响

在一国中，国民经济和贸易的发展是以社会内部和每个生产机构内部的分工为基础的。在世界范围内，影响世界经济体系和国际贸易的形成及其发展的因素是国际分工。因为：

（一）国际分工制约着国际贸易的发展速度

国际分工的产生带来了国际贸易，它的发展程度决定着国际贸易的发展程度。国际贸易发展的历史表明：在国际分工发展较快时期，国际贸易一般发展较快；反之，国际分工发展缓慢时国际贸易发展也较慢甚至处于停滞状态。

（二）国际分工影响着国际贸易的分布格局

在国际分工体系中处于中心地位的国家往往占据着国际贸易中的重要地位。从18世纪到19世纪末，英国一直处于国际分工的中心，其对外贸易额也在世界上处于前列。另外，国际分工的类型也决定了国际贸易关系的主体。例如，19世纪国际分工的主要类型是宗主国与殖民地国家的垂直型国际分工，因此当时的国际贸易关系主要是这两大类国家之间的关系。

（三）国际分工制约着对外贸易依存度

一国对外贸易依存度是指该国对外贸易额（出口额与进口额之和）在该国国民生产总值（或国内生产总值）中所占的比重。由于国际贸易产生的根源是国际分工，所以国际分工的深入发展也使得每个国家的对外贸易依存度不断提高。

（四）国际分工决定了国际贸易的商品结构

第二次世界大战前，国际分工主要发生在宗主国与其生产原料提供国之间，当时的主要贸易商品是初级产品。第二次世界大战后，工业国之间的国际分工占据了主要地位，工业制成品在国际贸易中的比重也明显提高。随着国际分工深入到服务等无形商品的生产、流通领域，"世界服务贸易进出口额也由1980年的7675亿美元左右剧增至2018年的11.5万亿美元。"

★★★★★ 本章学习路径 ★★★★★

本章包括四方面内容：第一，国际分工的含义、类型及其发展的阶段；第二，国际分工的理论；第三，影响国际分工的主要因素；第四，国际分工的发展对国际贸易的影响。

一、国际分工是指世界上各国之间的劳动分工，是社会分工发展到一定阶段、国民经济内部分工超越国家界限发展的结果，是国际贸易的基础。

国际贸易概论

```
                  ┌─垂直型国际分工
         国际分工 ─┼─水平型国际分工
                  └─混合型国际分工
                          ┌─国际分工的萌芽阶段(16 世纪至 18 世纪中叶)
         国际分工的发展阶段─┼─国际分工的形成阶段(18 世纪 60 年代至 19 世纪 60 年代)
                          ├─国际分工的发展阶段(19 世纪中叶至第二次世界大战)
                          └─国际分工的深化阶段(第二次世界大战后至今)
                          ┌─亚当·斯密的绝对利益理论
         二、国际分工理论 ─┼─大卫·李嘉图的比较利益理论
                          └─赫克歇尔-俄林的要素禀赋理论
                                  ┌─社会生产力是国际分工形成和发展的根本因素
         三、影响国际分工的主要因素─┼─国际生产关系决定国际分工的性质
                                  └─资源禀赋是影响国际分工的重要因素
                          ┌─国际分工逐步发展成以现代化工业为基础的分工
                          ├─各国间产业部门内部分工有逐步增强的趋势
                          ├─国际分工的传导机制向有组织的方向协调发展
         四、国际分工的发展趋势─┼─国际分工的类型由垂直型向水平型过渡
                          ├─参加国际分工的国家类型增多
                          └─国际分工的领域不断扩大
                                  ┌─国际分工制约着国际贸易发展速度
         五、国际分工对国际贸易的影响─┼─国际分工影响着国际贸易的分布格局
                                  ├─国际分工制约着对外贸易依存度
                                  └─国际分工决定了国际贸易的商品结构
```

本章复习思考题:

1. 国际分工有哪几种类型?
2. 简单说明国际分工的几个发展阶段。
3. 影响国际分工的主要因素有哪些?
4. 举例说明李嘉图的比较利益理论。
5. 国际分工的发展趋势是什么?
6. 国际分工从哪几个方面对国际贸易产生影响?

知识扩充

　　在本章第二节分析要素禀赋理论时,对加拿大、印度生产小麦、棉花的例子曾经提出一个问题:如果加拿大的两种要素价格都比印度便宜,该如何分析?

　　接下来,我们将通过对该问题的分析来加深对要素禀赋理论的理解。

表2-4	要素禀赋理论的简单例证						
国 家	产 品	产品要素密集度		要素价格		产品成本
		土 地	劳动力	土 地	劳动力	
加拿大	小 麦	2	1	2	1	5
	棉 花	1	3			5
印 度	小 麦	2	1	4	3	11
	棉 花	1	3			13

　　如表2-4所示,现在假设两国的两种产品的要素密集度保持不变,但加拿大要素价格变为地租每平方米2美元、工资为每天1美元,即两种要素的价格都比印度便宜,但便宜的程度不一样。按照变化后的要素价格,在加拿大,小麦的成本为5美元,棉花的成本为5美元,而印度的成本不变,仍为小麦11美元,棉花13美元。这时,加拿大在两种产品上都有绝对优势,因为成本都低于印度产品,但在棉花生产上的优势更大。而印度虽然在两种产品上都处于绝对劣势,但在小麦生产上的劣势较小。因此,要素禀赋理论中,资源丰缺程度不仅指与其他国家对比、以价格高低衡量的丰裕还是稀缺,而且还指国内各种资源的相对丰缺程度,这种丰缺程度用要素价格的比例来衡量,只要一国各要素相对比例与他国各要素相对比例有差异,就会产生比较利益。

第三章　世界市场

　　国际分工引起了商品的国际交换，产生了国际贸易。在国际分工和国际贸易的发展中逐渐形成了世界市场。因此，世界市场是由世界范围内通过国际分工联系起来的各国内部及各国之间的市场综合组成的。

　　随着国际分工的不断深化，参与世界市场的国家数量、流通内容也不断扩张，从而推动着世界市场的发展。尤其是第二次世界大战后，世界市场得到了迅速发展。

导入案例

你知道蛋筒冰激凌的由来吗？你知道冰激凌和世界博览会有什么关系吗？

1904年，在圣路易斯世博会上，由于天气炎热，卖冰激凌的小贩很快用完了盛放冰激凌的杯碟。匆忙之际，他将旁边糕点摊上的中东薄饼卷成喇叭状，然后盛一勺冰激凌放在喇叭口上。于是，"世博会的牛角"诞生了。蛋筒冰激凌之所以能迅速成为大众的美味，就是借助了世博会在国际上的强大影响力被各国人们认识并迅速推广开来的。

"城市，让生活更美好"是2010年在上海举办的世博会的主题。你想知道为什么世界各国都想举办世博会吗？它的作用是什么？2010年在上海召开的世博会给上海及周边地区带来什么影响？会对中国产生什么影响？（这些就是我们在本章要了解的问题）

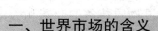

第一节　世界市场概述

一、世界市场的含义

市场是商品和劳务交换的领域，是商品生产顺利进行的必要条件。世界市场（world market）是世界各国商品和劳务交换的领域，由各个贸易国家的市场构成。具体而言，世界市场是由订约人、商品经销渠道和调节机制形成的。

二、世界市场的萌芽时期

15世纪末、16世纪初的地理大发现促进了西欧各国的经济发展。美洲大陆的发现，绕过非洲的航行，给新兴的资产阶级开辟了新的活动场所。东印度和中国的市场、美洲的殖民化、对殖民地的贸易、交换手段和一般商品的增加，使商业、航海业和工业空前高涨。地理大发现使世界市场进入萌芽阶段。

三、世界市场的迅速发展因素及形成

18世纪60年代开始的产业革命确立了资本主义生产方式在世界范围内的统治地位，资本主义找到了自己得以迅速发展的物质基础——机器大生产。技术的长足进步，生产力的空前发展，资本主义生产关系的形成，使得世界各国经济以及连结它们的纽带——统一的世界市场发生了巨大的变化，朝着最终形成迈出了关键的一步。正如马克思、恩格斯指出的：大工业建立了由美洲的发现所准备好的世界市场。

机器大生产对世界市场的发展起着巨大的推动作用。

第一，机器大生产使世界市场不断扩大。机器大生产不仅创造了空前的生产能力，而且使生产从简单再生产发展为扩大的再生产，生产规模的扩大使国际市场得到不断发展。资本家为了追求高额利润，不断扩大生产规模，超越本国市场，到国外开辟新市场。

第二，机器大生产所需原料需在世界范围内采购。机器大生产不仅需要一个不断扩大的世界销售市场，也需要日益扩大的原料采购市场。本国资源的供给毕竟是有限的，为满足机器大生产的需求，资本家不得不在全世界范围内进行采购，这样就使得许多农、矿原料生产国加入了世界市场，从而在数量、规模、地域和深度上推动了世界市场的发展。

第三，机器大生产为发展交通运输及通信设施提供了物质技术基础，从而把世界各国的市场真正有效地联系在了一起。在陆地运输中，1825年建成了世界上第一条铁路，从此铁路逐渐代替了驿道。在水路运输中，轮船逐渐取代了帆船。铁路和内河航运成了联系广大腹地和沿海港口的主要交通工具，海洋轮船则把世界各个港口连成一片，便利了物资的出口和国外商品的进口，使运费大大下降；同时，交通运输速度的加快也缩短了各国地理上的距离，从而推动了世界人口的移动。这些都加强了国际经济联系，扩大了世界市场。

产业革命造成欧洲大量向美洲、大洋洲移民，专业化分工的加深使世界各国相互依赖程度不断加强，黄金和白银变成世界货币，使世界价格逐渐形成，这都促进了世界市场的迅速发展。

国际贸易概论

19 世纪 70 年代到 20 世纪初,自由竞争资本主义过渡到了垄断资本主义阶段,同时爆发了以电力的发明与广泛使用为标志的第二次科技革命,生产力获得了巨大发展。统一的世界市场最终形成。

19 世纪 70 年代初,人类历史上发生了具有重大意义的第二次科技革命。这次科技革命使人类从此由蒸汽时代进入了电气时代,这次科技革命通过物质装备的改善和劳动生产率的提高又一次极大地推动了生产力的发展,使得生产对农、矿原料的需求迅速扩大,亚非拉国家因此被全面卷入世界市场之中。社会劳动生产率的提高是扩大资本积累的强有力杠杆,积累的扩大使垄断财团实力增强,不仅增强了其介入国际分工、国际竞争的实力,而且也加强了对外输出资本的能力。生产过程的向外推移使得统一的国际市场得以形成。

同时,科技革命开创了一系列新的生产部门,固定资本的投资产生了对机器设备的需求,而生产的迅猛增长又产生了满足这一需求的可能,生产资料市场得到扩大,有助于统一的世界市场最终形成。

生产的发展,也推动了消费品市场的扩大。汽车和其他耐用消费品的出现,推动了消费品市场的扩大和国际化。第二次科技革命使交通运输工具、通信设施大大改进,运费大为降低,空间上的相对距离进一步缩短,从而极大地扩大了商品流通的范围,使过去许多难以进入国际市场的商品、劳务得以进入,有力地促进了统一世界市场的形成。

自由竞争资本主义向垄断资本主义的过渡,第二次科技革命的巨大经济影响,使统一的世界市场最终形成。

从 20 世纪 40 年代末至今的第三次科技革命,其主要的科技标志是电子计算机及原子能等的发明及应用。

下面是三次科技革命的主要内容及其与世界市场的关系。

表 3-1　科技革命与世界市场的关系

三次科技革命	时间	主要标志	主要内容	与世界市场的关系
第一次科技革命(产业革命)	18 世纪 60 年代至 19 世纪 70 年代	蒸汽机的发明和使用	机器大工业代替工场手工业	推动了世界市场的最终形成
第二次科技革命	19 世纪最后 30 年	电力的广泛应用	人类由蒸汽时代跨进了电气时代	促进了世界市场的进一步发展
第三次科技革命	20 世纪 40 年代末至今	电子计算机、原子能和空间科技的发明和应用	主要在电子、能源、材料三大基本技术领域展开	促进了世界经济一体化、全球化,使世界市场呈现出新的特征

世界市场形成的标志是多边贸易支付体系的形成和统一的世界货币体系——国际金本位制度的形成。

小知识

国际金市位制度

国际金本位制度是以黄金作为国际储备货币或国际本位货币的国际货币制度。国际金本位制大约形成于 1880 年,到 1914 年第一次世界大战爆发时结束。黄金在国际交往中充当世界货币,各国中央银行持有的国际储备资产大部分为黄金,黄金是国际货币制度的基础。两国之间的汇率为两国货币的含金量之比,即铸币平价。由于各国的货币都规定了含金量,国际金融市场的实际汇率则随着外汇供求变动围绕铸币平价上下波动。波动的上下限是黄金输送点。当外汇收支出现逆差,黄金外流时,如果中央银行的黄金储备明显减少,会导致货币供给紧缩的效应,进而使物价下降,这将会提高本国商品出口的竞争能力并抑制进口;紧缩也会使利率上扬,引起资本注入。这种机制的作用促使外汇收支恢复平衡。反之,如果是外汇收支顺差引起黄金流入,国内货币供给增加,收入和价格水平提高,出口减少、进口增加;利率下降,资本外流。

国际金本位体系对保持长期的汇率相对稳定,推动国际贸易发展提供了有利条件。但是这个制度直接受世界黄金产量波动的影响。

以英国为中心的多边贸易支付体系为所有贸易参加国提供购买货物的支付手段。同时,使国际之间的债权债务的清偿、利息与红利的支付能够顺利完成,有助于资本输出和国际间短期资金的流动。以黄金作为世界货币的国际金本位制度,使得多边贸易支付体系顺利发挥其作用,极大地促进了国际贸易的发展。

四、世界市场的分类

世界市场是由各种局部性的市场构成的,可以按照不同的标准进行划分,依其不同的内容和形式有不同的分类和形态。

(1)按照地区划分,可分为欧洲市场、北美市场、亚洲市场、非洲市场、拉丁美洲市场等。

(2)按照经济集团划分,有欧洲联盟市场、东南亚联盟市场、阿拉伯共同市场、西非国家经济共同体市场、中美洲共同市场等。

(3)按照不同类型的国家划分,可分为发达资本主义国家市场、发展中国家市场、社会主义国家市场。

(4)按照商品构成情况划分,可分为工业制成品市场、半制成品市场和初级产品市场。这些大类商品还可进一步细分,如:工业制成品市场分为机械产品市场、电子产品市场、纺织品市场等;初级产品市场分为石油市场、棉花市场等。

(5)按照交易对象划分,可分为商品市场、劳务市场、技术市场、资金市场等。资金市场又分为货币市场、资本市场。

(6)按照垄断程度和垄断与否划分,可分为垄断性市场、半垄断性市场和非垄断性市场。

这些市场都是按照不同标准和需要划分的。它们都是局部性的特定类型的世界市场,是广义世界市场的重要组成部分。各国或地区之间在世界市场上的经济贸易联系往往是通过特定类型的世界市场和交易方式来实现的。

第二节 当代世界市场的构成

一、有形的国际商品市场

当代世界市场是由各种类型的国家和地区,参与世界市场的交易双方,进入世界市场的有形、无形和服务性商品,各种有组织、无组织的国际商品市场和销售网络,以及有关的国际组织和国际公约构成的。

有形的国际商品市场,或称有固定组织形式的国际商品市场,是指在固定场所按照事先规定的原则和规章进行商品交易的市场。这种市场主要包括商品交易所、拍卖、博览会和展览会等。

(一)商品交易所

商品交易所最早出现于 17 世纪的欧洲,主要从事粮食交易。它是一种典型的具有固定组织形式的市场。它是在指定的固定地点、规定的时间内(一般是每天上、下午各营业一次),按照规定的方式,由特定的交易人员进行大宗商品交易的专业市场。

商品交易所里买卖的商品都是品种、规格比较单纯并标准化的大宗货物,这些商品往往具有同质性,即特征一样、质量相同,如:有色金属、谷物、纺织原料、食品、油料、橡胶等农矿初级产品。

目前,主要通过商品交易所进行交易的商品大约有 50 多种,占世界商品流通额的15%～20%。在商品交易所里交易商品只需根据规定的品级或样品进行交易,买卖时无需出示和验看商品,成交是在交易所制定的标准合同的基础上进行的。

小资料

开盘价、收盘价

世界性的大商品交易所每天开市后的第一笔交易的成交价格叫开盘价,最后一笔交易的成交价格叫收盘价。这两个价格与全天交易中的最高、最低价格都会被作为国际市场价格动态的重要资料和国际价格的重要参考数据。

在交易所中进行的商品买卖,必须严格遵守交易所的规章制度,其一般方法是在大厅里口头喊价进行公开交易。能够进行买卖交易活动的,应是交易所的会员。会员除自己进行商品交易外,往往还充当经纪人,替非会员进场交易,以获得佣金收入。

在交易所中进行的商品买卖,基本可分为现货交易和期货交易两种。现货交易又称实物交易,是实际的商品买卖,大部分是即期交割,也有的是未来交割。期货交易是指对正处于运输途中,或者需经一定时间后才能装运的货物进行的交易。

现货交易的特点是进行实际商品的买卖活动,合同的执行是以卖方交货、买方收货付款来进行的。期货交易是一种按照期货合同达成交易后,远期进行交割的交易。期货交易中合同的执行可以是交付实物,但更多的情况却是一种买空卖空的投机性业务或套期保值业

国际贸易概论

务。套期保值业务是一种以避免或减少因价格发生不利变动而发生的损失为目的的交易；投机性交易是以盈利为目的的交易。目前，商品交易所进行的交易中约有 80％是期货交易。

世界上真正意义上的商品交易所是创办于 1848 年的美国芝加哥交易所(CBOT)。随着国际生产专业化程度的提高，交易所中的商品交易也日趋专业化，每类主要商品都有自己专门的交易中心。

小知识

主要的商品交易中心

谷物交易所集中在芝加哥、伦敦、利物浦、温尼伯、米兰、鹿特丹、安特卫普；有色金属集中在伦敦、纽约、新加坡；棉花集中在纽约、新奥尔良、芝加哥、利物浦、亚历山大、圣保罗、孟买；天然橡胶集中在新加坡、伦敦、纽约、吉隆坡；生丝集中在横滨、神户；羊毛集中在伦敦、利物浦、开普敦、墨尔本、悉尼；毛皮集中在纽约、伦敦、蒙特利尔、哥本哈根、奥斯陆、斯德哥尔摩、列宁格勒(现为彼得堡)；茶叶集中在伦敦、加尔各答、科伦坡、科钦；烟草集中在纽约、阿姆斯特丹、不莱梅、卢萨卡；花卉集中在阿姆斯特丹；蔬菜和水果集中在安特卫普和阿姆斯特丹；马匹集中在多维尔、伦敦和莫斯科。世界上最大的交易所设在纽约和伦敦。

（二）拍卖

拍卖至今已有几百年历史，它是一种在规定的时间和场所，按照一定的规章和程序，通过买者公开叫价竞购，把事先经买主看过的货物逐批或逐件地卖给出价最高者的交易过程。进入拍卖市场的商品多数为品质不易标准化、易腐不耐贮存、生产厂家众多、产地分散或需要经过较多环节才能逐渐集中到中心市场进行交易的商品。如：羊毛、鬃毛、毛皮、茶叶、烟草、蔬菜、水果、鱼类、古玩工艺品、地毯、石油、黄金等。一些国家在处理库存物资、海关及其他机构罚没货物时也采用这种交易方式。

在拍卖交易中，买卖双方并不直接洽谈，双方通过拍卖行来进行交易。拍卖是一种现货交易，具有当场公开竞购、一次确定成交的特点。拍卖后卖方或拍卖行对货物品质一般不负赔偿责任。按质论价、优质优价的特点在拍卖中表现得很突出。

（三）博览会（国际集市）、展览会

博览会是一种定期在规定的地点、规定的期限内举办的有众多国家、厂商参加的展销结合的国际市场。举办博览会的目的是使参加者展示科技成就、商品样品，以便进行宣传，发展业务联系，促成贸易。

展览会一般是不定期举办的，它与博览会的区别在于只展不销，通过展览会促成会后的交易。目前，这种形式正逐渐和博览会融合起来。

博览会这种交易市场起源于欧洲中世纪，最初只是在重大节日期间举办，后来逐渐发展成为一种定期定点的展销市场。莱比锡和米兰的博览会已有几百年历史了。国际博览会、展览会的发展趋势是专业化程度不断提高，反映时代前沿的高精尖产品和设备在展品中的比重不断加大。目前，西方主要国家的贸易部或商务部都设有专门机构负责组织筹办博览会、展览会。

国际博览会有综合性和专业性两种。综合性的博览会各种商品均可展出与交易，专业性的博览会只限某些商品的展出与交易。米兰国际博览会属于综合性的博览会，会展期间，

国际贸易概论

世界上许多国家和厂商参加,产品包括工、农、林、牧、服务业等各个方面。专业性的博览会包括消费品国际博览会,以日常或耐用消费品和工艺装饰品为展销内容。工业产品博览会有每年在世界各地举办的航空航天、电子、自动化设备、汽车等博览会。

1851年第一次世界博览会在英国伦敦举行。现在世界上有数百个城市举行不定期或定期的国际博览会。

世界博览会是一项具有较大影响和悠久历史的国际性活动,它既是人类社会发展进程中对当时文明的真实记录,更是对未来美好前景的展望和憧憬。

博览会的雏形源于中世纪欧洲商人的定期集会——集市。当时,集市的主要功能是初级商品的现场交易,人们注重的是为了满足生产活动和生活需要所进行的物资交换或单一商品买卖。进入19世纪,集市规模逐渐扩大,入市交易的商品种类和参加的人员越来越多,影响范围越来越广,集市期间的人文气氛也越来越浓。大约在19世纪20年代,人们就把规模较大的定期集市称作博览会,并将其单一的商品买卖功能逐步扩展为物资的交流和文明成果的展示,人们关注的重点也随之从简单的商品交换、买卖关系演变为对生产技术的交流、文明进程的展示和对理想的企盼。

19世纪中叶是英国资本主义社会发展的鼎盛时期,工业革命的完成和殖民主义的扩展,使英国成为欧洲乃至全世界的头号强国。为了显示其伟大和自豪,英国于1851年在伦敦海德公园内,一改当时盛行的石头建筑风格,动用了整个英国工业界的技术和力量,耗用4500吨钢材和30万块玻璃,建成了一座长1700英尺、高100英尺的"水晶宫"。这是一座新颖而独特的建筑,它向人们展示了钢结构、玻璃装饰的大空间,预示着工业化时代的到来。维多利亚女王始创了通过外交途径邀请各国参展的传统,接受邀请参展的10个国家,集中了1400余件各类艺术珍品和时尚产品向世人展示,最令观众瞩目的是引擎、水力印刷机、纺织机械等技术产品。在160天的展期中,共有来自世界各地的商贸人员、社会名流和旅游观光人士约630万人次观赏。英国人自豪地把这次盛况空前的"集市"取名为Great Exhibition,意为"伟大的博览会"。自此,人类社会的交流形式完成了从低级阶段初级产品的简单交易到工业时代的技术交流和文明成果展示的重大转变。因为这一划时代的创举,伦敦博览会被世人确认为首届世界博览会。

随着美国的崛起,新大陆的主人们不甘示弱,为了向全世界展示其风采和辉煌成就,于1853年美国在纽约举办了第二届世界博览会,参展国家增至23个,展示内容也有较大突破,开辟了伦敦博览会上没有的农业部分,展出了农机产品和优良品种;特别是附有安全装置的电梯首次亮相并进行了实地演示,赢得了广大观众的喝彩。这些最新文明成果的展示,代表着当时工农业的迅速发展和人类无限的想象力和创造力。

1855年,路易·波拿巴统治下的法国在巴黎举办了第三届世界博览会,建造了XY轴构筑的网型和拱型会场,首次展示了混凝土、铝制品和橡胶。而最具新意的是本届博览会开创了艺术展览的先河——展出了名家名画,第一次邀请外国首脑参观博览会,形成了后来历届博览会的沿袭传统。

截至1900年4月在法国巴黎举办的冠名为"世纪总结"的万国博览会(即巴黎第三次举办的博览会),19世纪内全世界共举办过8届博览会。

进入20世纪,世界博览会的举办地仍然主要集中在美国和欧洲的发达国家。由于世界博览会的举办过于频繁,耗费大量资财,给参展国家的财政造成很多困难,导致各种矛盾迭

国际贸易概论

起。为了控制博览会的举办频率并保证博览会的水平,1928 年 35 个国家的政府代表在法国巴黎缔约,对世界博览会的举办方法作出若干规定,如:举办世界博览会要有主题,展示时间规定不超过 6 个月;由法国政府代表发起成立一个协调管理世界博览会的国际组织,并负责起草制订《国际展览公约》等。在这次会议上,有 31 个国家的政府代表签署了公约,并成为国际展览局的首批成员国。

作为近代产业社会最大规模的国际活动,世界博览会写下了她光辉的历史。自 1851 年英国伦敦举办的第一届博览会开始,历经百余年,无论是生活在河海之滨,还是居住在平原、高山之上的人们,都受恩于大自然的润泽,都在同一片天空下创造了自己的文明,追求着自己的理想,并将各自的文明成果和实现理想的起始点聚焦于世界博览会。

小资料

世界博览会的"主题"概念

1933 年,"主题"概念首次被引入芝加哥世博会中。"主题"一般涉及人类共同关心的一个或几个问题,参展国家和国际组织围绕"主题",通过展出寻求问题的解决。1933 年世博会的主题是"进步的世纪",通过展出大量新产品,明确提出科技发明和创新将成为今后人类社会进步与发展的主要动力。此后,历届世博会均确立主题。

历届世界博览会举办情况统计表

时间 (年)	国别	名 称	性质	会期 (天)	入场人数 (万)	特点、主题
1851	英国	伦敦万国工业博览会	综合	140	630	展馆"水晶宫"获特别奖
1855	法国	巴黎世界博览会	综合	150	450	法国第一届世博会
1862	英国	伦敦世界博览会	专业	104	621	工艺类专业世博会
1867	法国	第二届巴黎世界博览会	综合	210	923	首次增加文化内容
1873	奥地利	维也纳万国博览会	综合	106	725	亚洲国家日本首次参展
1876	美国	费城美国独立百年博览会	综合	159	800	纪念美国独立 100 周年
1878	法国	第三届巴黎世界博览会	综合	190	1616	展出汽车、爱迪生发明的留声机等新产品
1883	荷兰	阿姆斯特丹国际博览会	专业	100	880	园艺、花卉展出
1889	法国	第四届巴黎世界博览会	综合	182	2512	纪念法国革命 100 周年
1893	美国	芝加哥哥伦布纪念博览会	综合	183	2700	纪念哥伦布发现新大陆 100 周年;亚洲国家韩国首次参展
1900	法国	第五届巴黎世界博览会	综合	210	5000	"世纪回眸"——展示 19 世纪的科技成就
1904	美国	圣路易斯百年纪念博览会	综合	185	1969	庆祝圣路易斯建市百年;同期举行第三届夏季奥运会
1908	英国	伦敦世界博览会	综合	220	1200	世博会与第四届夏季奥运会同时举行

时间(年)	国别	名　　称	性质	会期(天)	入场人数(万)	特点、主题
1915	美国	旧金山巴拿马太平洋博览会	综合	288	1883	庆祝巴拿马运河通航
1925	法国	巴黎国际装饰美术博览会	专业	195	1500	宣扬"文艺新风尚"
1926	美国	费城建国150周年世界博览会	综合	183	3600	庆祝建国150周年,建10万人体育场
1933	美国	芝加哥万国博览会	综合	170	2257	首次提出主题:"进步的世纪"
1935	比利时	布鲁塞尔世界博览会	综合	150	2000	主题:"通过竞争获取和平"
1937	法国	巴黎艺术世界博览会	专业	93	870	主题:"现代世界的艺术和技术"
1939—1940	美国	纽约旧金山世界博览会	综合	340	4500	主题:"建设明天的世界"
1958	比利时	布鲁塞尔世界博览会	综合	186	4150	主题:"科学、文明和人性"
1962	美国	西雅图21世纪博览会	专业	184	964	主题:"太空时代的人类"
1964	美国	纽约世界博览会	综合	360	5167	主题:"通过理解走向和平"
1967	加拿大	蒙特利尔世界博览会	综合	185	5031	主题:"人类与世界"
1970	日本	大阪万国博览会	综合	183	6500	主题:"人类的进步与和谐"
1974	美国	斯波坎环境世界博览会	专业	184	519	主题:"无污染的进步"
1975	日本	冲绳国际海洋博览会	专业	183	349	主题:"海洋,充满希望的未来"
1981	日本	神户港岛博览会	专业	180	1610	展出人工岛、大港口、高速列车
1982	美国	诺克斯维尔世界能源博览会	专业	152	1112	主题:"能源推动世界"
1984	美国	新奥尔良国际河川博览会	专业	184	1100	主题:"河流的世界——水乃生命之源"
1985	日本	筑波万国科技博览会	专业	184	2000	主题:"居住与环境——人类家居科技"
1986	加拿大	温哥华国际交通与通讯博览会	专业	165	1500	主题:"交通与通讯——人类发展和未来"
1988	澳大利亚	布里斯班休闲博览会	专业	184	1800	主题:"科技时代的休闲生活"
1990	日本	大阪万国花卉博览会	专业	182	2760	主题:"花与绿——人类与自然"

时间 (年)	国别	名　称	性质	会期 (天)	入场人数 (万)	特点、主题
1992	西班牙	塞维利亚世界博览会	综合	176	4100	主题："发现的时代"
1992	意大利	热那亚世界博览会	专业	92	800	主题："哥伦布——船舶 与海洋"
1993	韩国	大田世界博览会	专业	93	1400	主题："新的起飞之路中 的挑战"
1998	葡萄牙	里斯本海洋博览会	专业	132	1000	主题："海洋——未来的 财富"
1999	中国	昆明世界园艺博览会	专业	184	990	主题："人与自然——迈 向21世纪"
2000	德国	汉诺威世界博览会	综合	153	1850	主题："人类-自然-科技"
2005	日本	爱知世界博览会	专业	185	1500	主题："自然的智慧"
2010	中国	上海世界博览会	综合	184	7308	主题："城市,让生活更美好"
2012	韩国	丽水世博会	专业	93	800	生机勃勃的海洋及海岸: 资源多样性与可持续发展
2015	意大利	米兰世博会	综合	184	2150	滋养地球,生命之源

(资料来源:http://expo.fltacn.con/history/211.html 中国国际贸易促进委员会/中国国际商会)

　　中国早在一千多年前的隋朝就举办过国际交易会,隋朝的国际交易会的主要影响是:第一,提高了隋朝的国际地位;第二,标志着丝绸之路黄金时代的到来;第三,使河西尤其是张掖成为对外开放的窗口。

　　上海在2010年举办了主题为"城市,让生活更美好"的综合性世界博览会。

小资料

　　上海世博会对中国的经济发展产生了深远的影响。举办世博会最直接的效应是促进国际经济、贸易和旅游业的发展,以及各国之间的文化交流和友好合作,世博会最先显露的商机也正是在这些领域。上海世博会园区建设用地达5.28平方公里,包括场馆建设费用和营运费用在内的直接投资达286亿元人民币,由此带动的产业结构调整以及交通、商业、旧区改造等延伸领域投资约是直接投资的5～10倍;长达184天的展期,吸引了7000多万人次的海内外参观者。在世博会举办期间,场外贸易十分活跃,参展的各大知名公司均千方百计展现其经济和技术实力,推出一批艺术化和应用化结合的最新产品,通过世博会这个巨大的"试验场"迅速推向世界。同时,各个参展国带来的千差万别、各具特色的建筑、风俗和文化,也为各国之间更方便地走进对方市场、长期开展更广泛的国际经贸合作架设了必不可少的桥梁。

二、无形的国际商品市场

除了有固定组织形式的国际市场外,通过其他方式进行的国际商品交易,都可以纳入无形的国际商品市场,或称没有固定组织形式的国际商品市场。

(一)纯粹的商品购销

纯粹的商品购销是指交易双方不通过固定市场而进行的商品买卖。其基本原则是:买卖双方在市场上自由选择交易对象,直接通过函电往来或当面洽谈,就商品的品质、规格、数量、价格、支付、商检、装运、保险、索赔、仲裁等方面进行具体谈判,在相互意见一致的基础上签订进出口合同,然后双方按照合同条款分别履行交货和付款义务,货款两清后,双方买卖关系即告结束。这种贸易方式是世界上最基本、最普遍的国际商品交易方式。

(二)代理

代理是指委托人授权代理人代表他向第三者招揽生意或签订合同,或办理与交易有关的其他事宜。委托人和代理人之间是委托代理关系而不是买卖关系,代理人旨在赚取佣金而不负责盈亏。

按委托人授权的大小,代理可分为总代理、独家代理和一般代理。

总代理人在指定地区是委托人的全权代表。独家代理是指在约定地区享有指定商品的专营权利的代理人。一般代理是指不享有专营权利的代理,这种代理通常只代表货主在当地招揽订单,或按委托人规定的条件与当地买主洽谈交易,经委托人确认后,由委托人与买方直接签订买卖合同,代理商只收取约定的佣金。

代理在当代国际贸易中使用得非常广泛,当前世界各地的贸易有很大一部分是通过代理商这条渠道进行的。代理方式已成为国际商品贸易的重要方式。

(三)包销

包销是出口人通过包销协议,将某一种或某一类出口商品在某一时间某一地区的经营权利单独给予包销人,即包销人对出口人的某一种或某一类商品享有在约定时间约定地区独家经营或专营的权利。出口商和包销商都必须遵守双方签订的包销协议。包销协议应对专营权的适用范围和时间作出明确具体的规定。出口商在给予包销商专营权的同时,往往要求包销商在一定期限内购足一定数量或金额的包销商品,并规定包销商不得经营其他来源的同类商品或竞争商品,在未经出口商同意时,不得将包销商品转售到其他地区。在包销条件下,出口商与包销商的关系是买卖关系,他们各自负担交易的风险和盈亏。出口商和包销商都必须遵守双方签定的包销协议。

(四)寄售

寄售是一种委托人代售的贸易方式。其基本作法是:出口商(寄售人)同国外商户(代售人)在签订寄售合同的基础上,寄售人先将寄售商品运送给进口国的代售人,由代售人按寄售合同规定的条件和办法,代寄售人在当地市场销售,所得货款由代售人扣除佣金和其他费用后,通过银行汇给寄售人。

在寄售贸易方式下,代理人与寄售人之间不是买卖关系,而是代售委托关系。代售人收取佣金,并受委托负责照管商品,根据指示处置商品,对商品不拥有所有权,代售人对商品能否售出不负责任,寄售期满有权退回未售出商品,交易盈亏由寄售人负责。

(五)补偿贸易

补偿贸易是指买方以信贷的形式从卖方购进机器设备、专利、技术秘密、中间产品等,进行生产后,在约定的期限内,以所生产的产品或其他约定方法支付货款的贸易。补偿贸易是20世纪60年代后期在传统易货贸易的基础上发展起来的贸易方式,其特点是贸易与信贷相结合。其主要优点是:能够利用国外的资金和设备,引进一些适宜的先进技术,一定程度上可以通过对方的销售渠道使本国产品进入国际市场。补偿贸易的基本原则是:设备、技术价款不用现汇支付,而是通过长期资金融通,以商品分期偿还。

补偿贸易可以分成三类。第一类是返销(回购),指买方利用对方提供的设备、技术工艺等开发生产产品,再以该产品偿还进口设备等贷款。第二类是互购,指买方不是用进口设备、技术等开发生产的直接产品,而是用双方商定的其他产品或劳务来支付进口货款,这种情况实际是把一种交易分为两种互有联系的交易。第三类是其他形式的补偿作法,包括部分用商品补偿,部分用现汇补偿,有第三方参与负责接受、销售补偿产品或提供补偿产品的多边补偿等。

(六)加工贸易

加工贸易是把加工和扩大出口、收取工缴费结合起来的一种加工再出口业务。加工贸易有三种:来料加工、来件装配、进料加工。

来料加工是指加工一方按照对方的要求,把对方提供的原辅料加工成制成品交与对方以收取工缴费。来料加工又包括对方提供全部来料的来料加工,对方提供部分来料、部分采用本国原料的带料加工和对方只提供样品全部采用本国原料的来样加工。

来件装配是指对方提供零部件或元器件,加工方进行装配并将成品交与对方,向对方收取装配费。

进料加工是指加工方自己进口原辅料进行加工,成品销往国外,进料加工又称以进养出。

(七)租赁

租赁是指出租人在一定期限内将商品使用权出让给承租人,并收取佣金的一种贸易方式。租赁业务于20世纪50年代起源于美国,目前在世界上极为普遍。出租的商品主要有成套设备,如大型计算机、飞机、轮船等。在发达国家,租赁业务大多由商业银行、保险公司、工业公司或专门的租赁公司进行。

租赁与其他贸易方式相比,具有如下特点:第一,由于出租人在租赁期间对商品持有所有权,承租人只享有占有权和使用权,所以,一般由出租人负担设备的维修和保养。有些租赁业务(如融资租赁)除外。第二,承租人的租金可以纳入营业费用,这样可以减少企业的纳税额。第三,承租人租入设备使用,可以免除因设备更新快而出现的无形磨损,可以解决资金周转上的困难,尤其可以满足一时性、季节性的需要。

（八）招标与投标

招标是指招标人按事先规定的条件公开征求应征人,选择最优者成交。投标是指投标人根据招标人提出的要求,提出自己相应的价格和条件,通过竞争争取中标。习惯上把两者合称为投标。

投标的具体过程包括三个环节:招标、投标和开标。首先由招标人在政府公报或有关报纸、媒体上发表招标公告,有时是直接由招标人通知有关公司和企业,说明所要购买的商品或建设的项目。有投标意向的企业可以向招标人索要招标文件。招标文件对于工程或商品的要求有详细的说明,并对投标人的资格、责任、投标所需担保或保证金有明确规定,还包括投标截止日期等内容。投标人填好标书等文件后,采用密封递送办法,在规定的投标截止日期前寄往招标人或其代理处。开标可以采取公开或非公开形式。公开开标由投标人监督进行,非公开开标,投标人不参加开标。招标人确定中标人后,向对方发出采购意向书,然后正式签订合同,中标人要缴纳合同金额10%的履约保证金。

在国际市场上,一些国家尤其是发展中国家的政府机构、公用事业单位的物资采购和大型工程、国际经济组织的援建项目大多通过投标方式确定承包人。

第三节　世界主要区域市场和商品市场

一、世界主要区域市场

（一）含义

世界区域市场是同一地区若干国家为了对内达到加强合作、对外增强竞争能力的目的,通过贸易协定、条约等形式组成的经济利益共同体。世界区域市场与单个国家市场不同,也不是单个国家市场的简单组合。世界区域市场同目前广泛出现的世界经济区域化、一体化和集团化密切相关,是在世界经济区域集团的基础上形成和发展起来的。

（二）形式与分布

世界区域市场有自由贸易区、关税同盟、共同市场和经济同盟等形式。

世界区域市场大致是以地理概念来划分的。目前,世界上较为成型的区域市场有西欧市场和北美市场,有略具规模的亚太市场,还有拉美的区域市场、中东区域市场、非洲的区域市场、东欧及独联体市场和大洋洲市场等。

（三）共同特点

由于受经济、政治、地理、历史等诸多因素的影响,世界区域市场呈现出不同的特点,但从目前已形成和即将形成的区域市场看,它们都具有一些共同特征:

1. 以一个或几个核心国为依托

核心国必须具有强大的经济实力,能够协调区域内各国之间的关系。在北美市场中美国占绝对优势;欧洲联盟各国经济实力虽大体相当,但德法两国仍处于核心地位;亚太地区市场,日本经济实力最强,中国也日渐成为核心国。

2. 区域性

区域市场的成员国在地理上相邻,都处于同一地区,一般不包括区域外的国家。

3. 目标上的一致性

建立区域市场的目的,都是为了加强内部实力,一致对外,增强本地区竞争力。

4. 保护性

区域市场内的国家为与区域外的国家抗衡,需要联合起来,建立一个保护壁垒。经济发达国家,为了巩固自己的地位,需要这种保护;新兴工业化国家,为了扩大市场范围,与大国抗衡,也需要这种保护;经济落后国家,由于竞争能力弱,更加需要这种保护,并以此得到区域内发达国家的技术、资金援助。

5. 影响的全球性

区域市场的成员尽管局限在某一地区,其经济贸易活动主要以本地区为基地来开展,但因为它们由几个乃至十几个国家组成,整体经济实力大为增强,因此,对全球有不同程度的影响。从发展趋势看,区域市场的范围不断扩大,势力不断加强,正在成为世界经济贸易活动中举足轻重的力量。

二、世界主要商品市场

(一)近年来世界商品市场的表现

自 2014 年下半年开始,全球大宗商品市场进入下跌周期,商品价格逐月下跌。2015 年,世界经济和国际贸易增长放缓,产业投资活动低迷,大宗商品需求疲软,而主要品种供应量持续增长,国际大宗商品市场弱势格局进一步强化。至 2015 年 12 月,主要大宗商品价格指数已低于 2008—2009 年全球金融危机期间水平,至 11 年来最低点。国际货币基金组织编制的初级产品价格指数比 2014 年同期大幅下跌 31%,其中,以石油为代表的能源类产品跌幅最大,达 39%;其次为金属类产品,下跌 29%;食品饮料类和工业用农产品分别下跌 15% 和 17%。其他大宗商品指数亦全面下跌,RJ/CRB 指数全年下跌 23%,标普高盛商品指数(GSCI)下跌 33%,道琼斯商品期货指数(DJAIG)下跌 24%。

分时间段看,商品市场 2015 年上半年与下半年表现截然不同。上半年,美国经济数据表现良好、市场预期乐观,同时由于俄罗斯与西方对峙、伊朗核谈判进程前景不明、中东地区恐怖主义势力上升等地缘冲突事件频发,导致商品市场多次震荡上行。1—6 月国际货币基金组织综合指数一度扭转 2014 年的持续下跌态势,回升 7%。然而由于世界经济复苏缓慢、国际市场需求疲软、商品产能过剩突出等基本面因素没有改变,大宗商品市场价格下跌的大势难有根本性改观。在经历上半年的温和走强后,三季度开始大宗商品价格再度普遍下跌,进入四季度后,能源、金属、工业原材料、粮农产品等品种呈全面加速下跌之势,7—12 月,国际货币基金组织综合指数下跌 21%。

分品种看,2015 年以原油为代表的能源产品呈"过山车"般走势,经历了从一枝独秀到领头下跌的逆转。2015 年 1—6 月,原油价格大幅回升 29.4%,带动国际货币基金组织能源类指数上涨 17.8%,能源产品成为上半年唯一上涨的商品大类;其余商品中,食品饮料、金属、工业用农产品分别下跌 5.6%、5.1% 和 4%。7—12 月,油价重挫 33.1%,拖累国际货币基金组织能源类指数大幅下跌 29.3%,其他商品跌势继续扩大,食品饮料、金属、工业用农产品分别下跌 8.8%、14.8%和 7.3%。2015 年全年,除棉花因主产国压缩种植面积、削减产量使得价格企稳上涨外,其余主要大宗商品品种价格全线下挫。

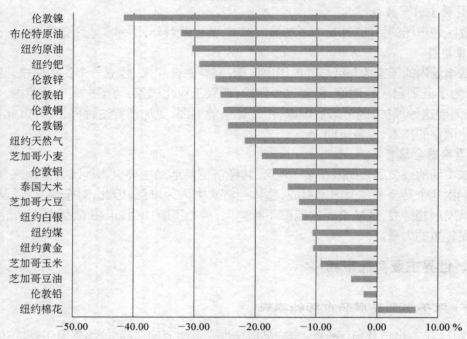

（交易所价格累计涨跌幅, %）

图 1   2015 年主要大宗商品期货价格普遍下跌

2016 年,大宗商品市场走势一波三折。年初,大宗商品价格延续 2015 年的下滑走势。自 1 月下旬起,在美元加息预期减弱、市场流动性充裕、部分商品进入补库存周期等因素

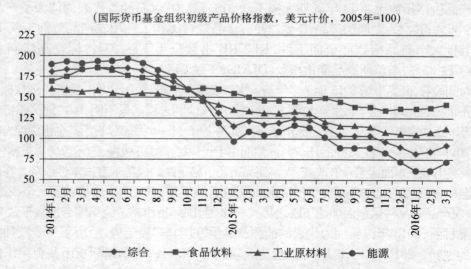

（国际货币基金组织初级产品价格指数, 美元计价, 2005年=100）

图 2   2016 年国际大宗商品市场低位震荡

数据来源:国际货币基金组织,初级产品价格指数,2016 年 4 月

国际贸易概论

共同作用下,大宗商品从低谷较快回升,呈现一波 V 形走势,黄金、原油、铁矿石等能源、金属类产品涨幅尤为明显。2—3 月,纽约期货市场原油价格一度比低谷反弹 58%;铁矿石中国口岸平均到岸价单日最大涨幅达 65%,创有记录以来最大单日涨幅;伦敦金属交易所铜价最大涨幅接近 20%。相比之下,粮、棉、油等大宗农产品供应过剩压力依然较大,虽在市场总体带动下出现跟随性上涨,但涨幅很小。3 月下旬后,市场一度又显现出上行动力不足的疲态,但 4 月中旬以来大宗商品价格有所恢复。

(二)影响国际商品市场的主要因素

供需形势和流动性状况是主导大宗商品市场的两大主要因素。实体经济供需决定商品市场兴衰和价格基础,流动性因素影响市场交投冷暖和价格波动幅度。2008 年,国际金融危机爆发后,世界经济虽有复苏,但仍然进程坎坷、不如人意,主要经济体货币政策分化甚至背道而驰,使得商品市场的发展方向充满不确定性。

世界经济疲弱拖累商品市场的有效复苏　实体经济增长对原材料的消耗决定了大宗商品的基本需求。尽管商品市场金融化引发的投机需求使得商品价格波动频率加快、幅度加大,但决定商品价格基准水平和长期走势的依然是实际供需规模及平衡状况。当前,发达经济体增长缓慢、制造业疲软、需求不旺,新兴经济体发展不均衡,增速普遍低于过去二十年的水平,部分国家甚至陷入深度衰退。鉴于持续低增长可能带来的新风险,国际货币基金组织在最新发布的《世界经济展望》中再次下调对全球经济增长的预期。在本世纪第一个十年,新兴经济体为商品市场贡献了主要的需求增量,是大宗商品价格上涨"超级周期"的重要推动力,当前中国经济换挡减速,巴西、俄罗斯等经济衰退,其他多数新兴经济体经济增长也明显放缓,虽然印度正在大力推进基础设施建设和工业化,可能会成为大宗商品需求的新增长点,但短期内不足以抵消其他新兴经济体需求收缩的影响。目前看来,近期大宗商品的价格上升缺乏持续有力的支撑,很可能出现反复。若要形成周期性反转,还有待全球经济更进一步的整体好转,带来稳定持久的新需求增量,推动大宗商品市场形成新的供需平衡。

各经济体货币政策分化加剧商品市场动荡　历史数据表明,美元的强弱与大宗商品价格的涨跌呈明显的负相关关系。在世界经济步履蹒跚、商品需求本就低迷的背景下,大宗商品价格对美元走向格外敏感。美联储在 2015 年 12 月 16 日宣布十年来首度加息,美元指数升至阶段性高峰,使大宗商品市场再受重创。尽管美国经济相对向好、通胀水平趋升,但因担忧全球经济不稳定,美联储对再次加息的时间点举棋不定,扰乱了商品市场预期。目前看来,美联储加息步伐放缓,与欧元区、日本等经济体进一步宽松的政策形成呼应。加上全球经济尚未企稳、风险犹存,缺乏具有较好收益的投资品种,前期超跌的大宗商品因此重新受到追捧,特别是黄金、原油、有色金属等供给弹性小、需求弹性大的品种,金融属性再度增强。有数据显示,2016 年 1—2 月大宗商品市场共获得超过 200 亿美元的资金流入,为 2011 年以来同期最强表现,成为一季度商品价格上升行情背后的重要推动力。从 2011 年全年来看,各主要经济体货币政策分化,欧元区、日本等经济体保持宽松,而美国仍然处于加息周期中,当前暂缓加息不过是将加息压力后移,商品市场存在反复震荡的可能。

国际贸易概论

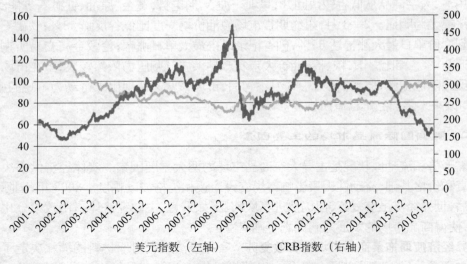

图3　美元指数与商品价格指数呈反向走势

供应方的市场份额之争增添商品市场不确定性　经济危机以来世界经济低速增长，国际商品需求疲弱，能源资源行业普遍面临去库存压力。目前持续低价已对投资活动有所抑制，部分大宗商品供应过剩局面开始缓解。波罗的海综合运价指数（BDI）在连续创出历史新低后快速回升，从2016年2月初的低于300点迅速回升至400点以上，涨幅超过45%，并保持相对稳定，从侧面反映出大宗商品交易有转暖迹象。但在缺乏国际协调的情况下，能源原材料价格的持续下挫很难推动主要供应方减产至市场平衡所需要的供应量，在供方博弈、争夺市场的拉锯战中，消化库存、削减产能的过程漫长而艰难。以原油市场为例，2016年2月份，沙特、卡塔尔、委内瑞拉和俄罗斯四个产油国同意冻结产能，市场预期原油市场供应失衡的局面将出现松动，从而推动了油价大幅回升。然而3月份俄罗斯原油生产依然开足马力，日产量创下苏联解体以来新高。4月17日，欧佩克（石油输出国组织）成员国和非欧佩克成员国参与的多哈石油冻产会议又无果而终，未就冻结石油产量和提振油价达成任何协议。在金属矿产品市场，镍出口大国印尼为了改善政府收入和矿企财务状况，正在讨论修改之前实施的原矿出口禁令；印度为提高铁矿石出口竞争力，已经或即将取消各品类铁矿石5%—30%的出口关税。这些措施将对刚刚有所缓解的市场供应过剩局面再度构成压力。在需求仅有微弱回暖的情况下，只有供方大幅控制和削减产出，才能奠定商品价格中期反弹的基础。

（三）主要商品市场发展前景

2016年以来，大宗商品价格出现较为明显的反弹，动力主要来自周期性补库存需求和美元指数高位回落带来的资产再配置需求等短期性因素。目前世界经济复苏的基础尚不稳固，主要经济体均面临挑战，全球经济形势错综复杂，大宗商品实际需求回暖缺乏有力支撑。因此，2016年一季度大宗商品的价格上行更多是短期反弹，而非市场供需发生根本逆转，预计今后一段时期很可能出现新的调整。同时也要注意到，市场供求逐渐接近新的低水平均衡，一些大宗商品价格甚至低于开采成本，因此，进一步大幅下跌空间有限。

国际贸易概论

表1　国际商品市场价格走势（美元计价,年率,%)							
	1998—2007	2008—2017	2012	2013	2014	2015	2016	2017
制成品[1]	1.5	0.1	0.5	−1.0	−0.7	−4.0	−2.7	0.7
石油	14.0	−5.4	1.0	−0.9	−7.5	−47.2	−31.8	17.9
非燃料初级产品	3.9	−1.5	−10.0	−1.4	−4.0	−17.5	−9.4	−0.7
食品	2.1	0.4	−2.4	0.7	−4.1	−17.1	−5.8	−0.9
饮料	−0.6	1.7	−18.6	−11.9	20.7	−3.1	−15.2	0.2
农业原材料	−0.6	−0.5	−12.7	1.8	1.9	−13.5	−10.3	0.4
金属	10.4	−5.3	−16.8	−4.3	−10.3	−23.1	−14.1	−1.5

注:

1. 制成品:占发达国家货物出口 83% 的制成品的出口单位价值;石油:英国布伦特原油、迪拜原油及西德克萨斯原油的平均价格;非燃料初级产品:以 2002—2004 年在世界初级产品出口贸易中的比重为权数。

资料来源:国际货币基金组织,《世界经济展望》,2016 年 4 月,表 A9

粮农产品　农产品需求相对稳定,自然条件和生产成本是决定农产品供给、造成市场短期波动的最大不确定因素。近年来,全球天气状况总体良好,连续多年粮食收成较好,库存水平居高不下。油价走低大大降低了农业生产成本,也抑制了市场对生物燃料的需求。这些因素导致 2015 年农产品价格下跌较多。

(联合国粮农组织食品价格指数,2002—2004＝100)

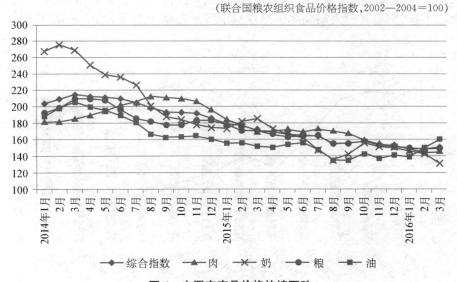

图 4　主要农产品价格持续下跌

数据来源:联合国粮农组织食品价格指数,2016 年 4 月

　　2016 年,尽管厄尔尼诺现象对部分地区农业生产产生了不利影响,但全球收成总体良好。全球库存水平维持高位、供应持续宽松,但粮食价格面临较大下行压力。2016 年世界谷物产量为 25.21 亿吨,为有记录以来的第三高产年,其中小麦 7.13 亿吨,比 2015 年减少

2.8%;玉米和大米总产量分别比 2015 年增长 1%以上,其中玉米产量超过 10 亿吨。2016 年全球粮食消费量温和上升,达 25.47 亿吨,期末库存有所减少。库存量与消费量之比也从 25%下降到 23%,但仍远高于 2007 年度粮价飙升时期的 20.5%。

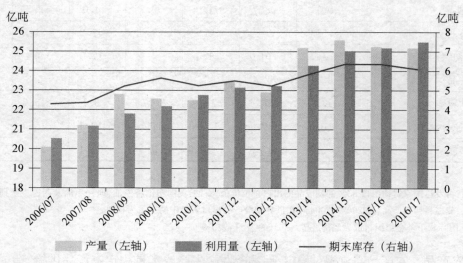

图 5 粮食供应过剩局面有所缓解

数据来源:联合国粮农组织谷物供需简报,2016 年 4 月

石油 近几年国际原油市场格局发生较大变化,欧佩克对国际原油供给的控制力减弱,美国成为最大产油国和出口新生力量。地缘政治、大国博弈加剧原油市场供需失衡局面,油价持续大幅下挫,拖累其他大宗商品价格普遍下行。在供应方面,油价长期低迷使得石油行

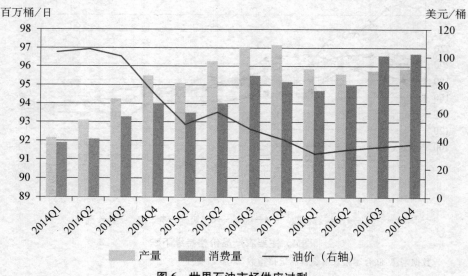

图 6 世界石油市场供应过剩

产量与消费量数据来源:国际能源署,石油市场报告,2016 年 3 月
价格数据来源:国际货币基金组织,大宗商品价格,2016 年 3 月

业开始自发调整,如在放开石油出口禁令的背景下,美国活跃钻井平台数仍大幅减少。据贝克休斯公司数据,截至 2016 年 3 月底,美国石油钻井平台数已降至 362 台,比高峰时的 1609 台减少了 72%。沙特、俄罗斯等原油出口国的财政状况和经济增长遭受沉重打击后,政府控制产出、改善供应过剩局面的意愿增强,但由于缺少国际协调,各国仍把保份额、增收入当作优先目标,如 2016 年 3 月份俄罗斯原油日产量超过 1091 万桶,创下苏联解体以来新高。但在 4 月份,在多哈召开的产油国冻产峰会上未就限制原油供应达成任何协议。若产油国能够合作减产,即使不能对石油市场的供需平衡起到立竿见影的效果,也会大幅改善市场预期,推动价格企稳上涨。

有色金属 2015 年,有色金属市场大幅震荡,伦敦金属交易所多个品种跌至危机后新低。2016 年一季度,尽管实际需求依然没有明显转强,但随着传统的生产旺季临近,特别是中国"十三五"规划开局之年经济和固定资产投资增长较高,金属等能源原材料的需求转好,企业开始重建库存,加之汇率变化、流动性宽裕等货币和资金因素,交易活跃程度有所提升。同时,此前持续低价抑制了矿业投资生产活动,部分对冲了需求减少对价格的影响。根据国际铜业研究组织 3 月发布的最新报告,2016 年全球精炼铜市场供需大体平衡,有少量供应缺口。据国际镍业研究组织数据,2015 年全球镍市场已连续第四年供应过剩,但过剩量已有所收窄,未来价格持续下跌空间有限。

图 7 有色金属价格低位企稳

数据来源:国际货币基金组织,大宗商品价格,2016 年 3 月

钢铁 2015 年,全球钢材市场需求低迷,各地区、各品种钢材价格均呈持续大幅下跌之势。据"我的钢铁网"编制的国际钢价指数显示,全年全球钢材价格平均下跌 27.1%,其中扁平材和长材分别下跌 25.4%和 28.5%,北美、亚洲、欧洲分别下跌 34.3%、28.9%和 19%。2016 年一季度,受美国经济增长总体稳定、中国房地产去库存导致需求改善、全球流动性再度泛滥等因素叠加影响,国际钢铁市场出现一波较大的反弹行情。但这种基于局部政策干预和由投机资金主导的反弹缺乏坚实的支撑,上升走势恐难以持久。从当前宏观环境看,全球经济并没有明显改善,结构调整仍在进行,市场需求持续低迷,潜在风险依然突出,钢铁行业过剩的产能和高企的库存仍有待进一步消化。

国际贸易概论

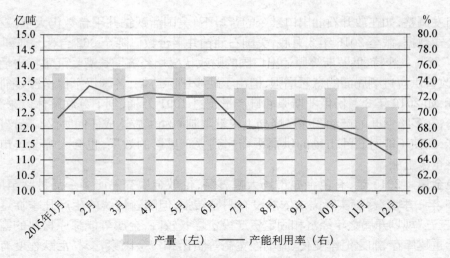

图8　全球钢铁业压缩产量和产能

数据来源:国际钢铁协会,2016年3月

专栏:钢铁行业贸易摩擦频发

　　近年来随着全球经济放缓,钢铁产能过剩问题突出,钢价持续下跌。在市场压力下,减产和收缩投资已成为钢厂的共同选择。据国际钢铁协会统计,2015年全球钢铁企业的产能利用率呈逐月下降趋势,至年末已降至不足65%。同时,内需不足导致出口激增,国际市场竞争白热化,引发贸易限制措施前所未有地增多。例如,美国先后对澳大利亚、巴西、中国、印度、日本、荷兰、俄罗斯、韩国、土耳其、英国等发起了钢材的反倾销或反补贴调查。中国是全球第一产钢大国,既面临削减产能的压力,也是国外贸易限制措施的主要目标,对中国钢铁产品开展贸易救济调查的不仅有欧盟、美国、加拿大、澳大利亚等发达国家,也有巴西、哥

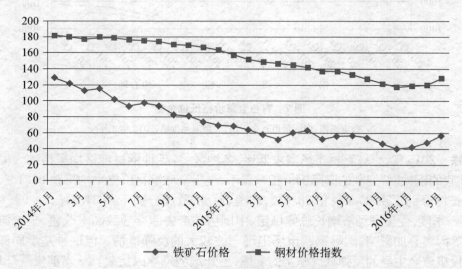

图9　铁矿石价格与钢材价格同步变化

铁矿石价格数据来源:国际货币基金组织,中国进口,天津港到岸价

钢材价格指数数据来源:我的钢铁网,全球综合指数

伦比亚、多米尼加等发展中国家,涉及板材、线材、管材等各种高中低端钢铁产品。产能过剩是全球钢铁行业共同面临的问题,需要协同应对,通过对话和磋商妥善解决国际市场竞争冲突,创造公平、公正、可预期的市场环境,保障货物贸易和产业合作顺利开展,促进全球钢铁业持续健康发展。

随着全球范围内钢铁生产收缩,钢铁主要原材料铁矿石市场也随之进入了一个增长放缓、价格走低、矿业公司利润率受到挤压的阶段。据澳大利亚发布的数据,2015年全球铁矿石贸易量同比仅增长1.8%,增速为本世纪以来最低。另据联合国贸发会议报告,2015年世界粗钢产量估计为17.63亿吨,比2014年减少2.9%,而铁矿石产量为19.48亿吨,下降了6%。在持续低价压力下,一些竞争力不足的矿山陆续停产,几大主要矿山也在调整投资和生产计划,全球铁矿石产能扩张的幅度在缩小。然而,需求低迷的状况短期难有实质性好转,未来几年铁矿石市场都将存在实际或潜在的供应过剩,即使钢材市场回暖,也难以刺激铁矿石价格回升到之前的高水平。

电子信息 据市场研究公司Gartner数据,2015年全球IT支出比2014年减少5.8%,是有记录以来下降幅度最大的一年。2016年起全球IT支出获得增长,且未来几年都维持低速增长。受PC萎缩、智能手机增长见顶的影响,2015年半导体行业也陷入了增长乏力的困局。车用电子有望成为下一个半导体应用市场的增长点,在车载娱乐系统、先进驾驶辅助系统、动力系统、车身及车间网络、卫星导航等领域,半导体都将发挥越来越重要的作用。

机械设备 2008年,金融危机爆发后,一些发达国家实行“再工业化”战略,政府除了在人力资源、融资条件、创新环境、贸易管制等方面改善政策环境外,还在基础设施和公共领域加大了投资力度,同时带动企业投资活动。据德国机械和设备制造业协会数据,尽管受到中国等新兴市场疲软的不利影响,但由于美国和欧盟市场需求旺盛,2015年德国机械设备出口额比2014年增长2.6%。其中,对美国出口增长11.2%,对欧盟其他成员国出口增长6.7%。新一轮投资将更多倾向于智能化、数字化等高科技设备、机电一体化设备及解决方案等。美国设备融资租赁协会发布的报告对设备市场的投资趋势进行了分析,认为医疗、电子通讯设备市场投资将平稳增长,工程机械、重型卡车、航空航天等设备市场投资趋缓,农业、矿业、油田、铁路等领域的设备市场投资延续弱势格局。

汽车 2015年全球汽车市场增长继续减速,全年轻型车销量同比增长2.2%,增速为2009年以来最低。各地区市场延续分化态势,欧美市场仍是主要增长动力,受低油价、低利率以及消费者信心增强等因素推动,2015年美国轻型车新车销售1747万辆,创历史新高,同比增长5.7%;欧洲地区销量增长3.5%至1880万辆。中国等亚洲市场共售出3860万辆汽车,同比增长3.7%,比之前几年的高速增长大为放缓,且前景堪忧。巴西、俄罗斯等其他新兴经济体市场兼具规模和潜力,曾被汽车工业寄予厚望,但受经济萎缩影响,汽车需求不断下滑,巴西、俄罗斯的轻型车销量同比分别下降26.6%和35.7%。今后,虽然整车市场放缓,但上游零部件市场、下游“汽车后市场”依然有较大发展空间,行业将呈现纵向扩张(原材料供应商向下游扩张)、横向联合(企业间兼并整合加速)、跨领域融合(智能汽车、环保汽车、汽车电子、汽车化工、汽车内饰领域等相互融合)的趋势。

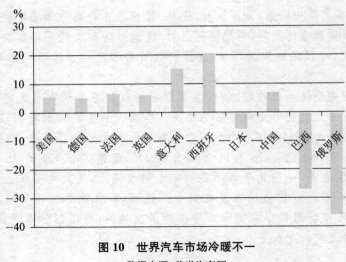

图 10　世界汽车市场冷暖不一

数据来源:盖世汽车网

　　2018 年 10 月份之后受中美贸易战影响,全球商品由上涨趋势转为下跌趋势,2019 年原油价格在地缘政治冲突加剧和需求下降的预期博弈中走出一波修复性行情,但原油价格阶段性高点渐次下降。如下图:

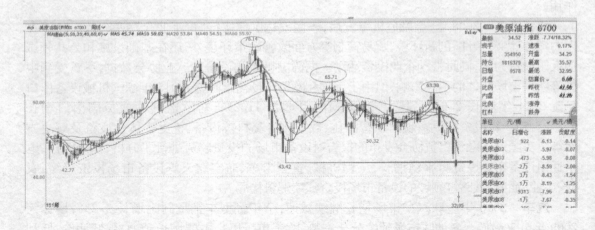

　　进入 2020 年之后,公共卫生事件接棒中美贸易战,成为影响商品市场的主导,并引发资本市场的巨震。以美国 BRENT 原油价格为例,相较于年初高点 63.38 美元,原油价格最大波动幅度已经达到了 48%。

　　原油价格下跌源自需求下滑。而依靠油价下跌打压竞争对手已有先例。2014 年 11 月,沙特大肆增产,试图用低油价逼死美国页岩油,布伦特原油随后一路下跌,在 2015 年末和 2016 年初跌到了 25 美元水平。原油生产国之间的减产协议旨在维护原油生产国利益,近年来美国页岩油产能大幅提升,美国也一度成为全球最大的原油出口国,面对 2020 年可能出现的需求下滑,如何抢占市场份额成为原油价格联盟成员国之间裂缝扩大的主要原因。

国际贸易概论

★★★★★ 本章学习路径 ★★★★★

　　本章包括四方面内容：一、世界市场的含义、萌芽、发展因素及形成及世界市场的分类；二、当代世界市场的构成；三、世界主要区域市场和商品市场。

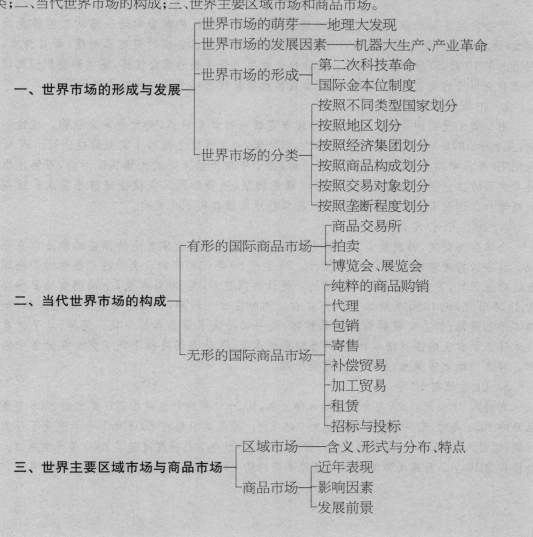

本章复习思考题：
1. 世界市场的形成与国际分工有什么关系？
2. 世界市场形成的标志有哪些？
3. 什么是补偿贸易？
4. 世界区域市场的共同特点是什么？

历史上金价走势回顾

黄金价格主要来自于伦敦黄金市场,许多国家和地区的黄金市场价格均以伦敦金价为标准,再根据各自的供需情况上下波动。伦敦黄金市场目前实行日定价制度,每日两次,分别为上午 10 时 30 分和下午 3 时。该价格是世界上最主要的黄金价格,能够影响到纽约以及香港黄金市场的交易。近 30 年来,黄金价格走势呈现出以下几个典型的时代特征:

1. 20 世纪 70 年代

由于美元受到两次较大的冲击,导致布雷顿森林体系解体,美元与黄金脱钩。在这一时期,美元于 1971 年和 1973 年发生两次大幅贬值,一定程度上推动了黄金价格上行。进入 20 世纪 70 年代中期至 80 年代初这段时间后,由于中东产油国两次大幅提高油价,石油危机直接导致西方工业国普遍出现成本推动型通货膨胀,通货膨胀又促使全球黄金需求在短期内大幅增加。因此黄金价格暴涨,最高价格曾经达到每盎司 850 美元。

2. 20 世纪 80 年代和 90 年代

全球经济稳定,特别是美国经济进入低通胀高增长期,这使黄金的保值功能没有充分体现。黄金价格走势比较稳定,震荡爬行。20 世纪 80 年代初期的黄金价格暴涨带动了全球黄金的勘探开发,黄金产量开始大幅增长。统计数据显示,至 2000 年底,全球拥有的黄金存量为 142600 吨,比 1980 年增加了 40% 左右。同时在这一时期,黄金产业逐步走向成熟,生产成本不断降低,加上布雷顿森林体系解体,这一切导致了黄金非货币化。同时,电子信息化技术降低了黄金的国际清算功能,黄金储备成本高,因此多国央行下调了黄金在储备中的比例。官方开始出售黄金,金价一度受到压制。

3. 21 世纪前 10 年

自进入 21 世纪以来,金价便开始大幅上涨,从 2000 年的每盎司约 300 美元到 2008 年创下新高的 1034 美元,期间的最高涨幅达到 244.6%。虽然其价格在 2008 年下半年遭受了巨大的回调,但进入 2009 年后,金价再度回归涨势,并在 2009 年 2 月再度突破了 1000 美元的关口。而金价自 2010 年 7 月底反弹以来,8 月连续 4 周持续上场,至 9 月已升至每盎司约 1250 美元。

第四章 地区经济一体化

发达国家之间、发展中国家之间、发达国家和发展中国家之间的经济一体化组织及其活动对于当今的国际贸易产生了深远影响。要了解当代国际贸易就必须了解活跃于国际贸易领域的地区经济一体化现象。

本章将对地区经济一体化的理论和实践及其对国际贸易的影响作介绍分析。

导入案例

　　2019 年 12 月 19 日，美国国会众议院批准 "美国—墨西哥—加拿大协定"（United States-Mexico-Canada Agreement，以下简称 "USMCA"），以取代 1994 年达成的北美自由贸易协定（North American Free Trade Agreement，以下简称 "NAFTA"），移交给参议院表决。月初，美国、加拿大和墨西哥的贸易谈判代表在墨西哥城举行的活动上签署了经修订的 USMCA，为三国立法机关批准该协定铺平了道路。如无意外，在通过墨西哥和美国的立法机构批准后，该协定将在 2020 年由加拿大立法机构审议，并落地实施。在经历了漫长的谈判拉锯战后，北美市场终于要迎来更新版的贸易协定 USMCA。然而，从 NAFTA 到 USMCA，这份失去了代表 "自由贸易" 的新三国协定对于北美乃至全球是否是最好的贸易选择，恐怕还要打上一个问号。

　　以上段落中，多次提到 "NAFTA"，那么什么是 "NAFTA"？它有何功能？（你可以在本章的内容里看到。）

第一节　地区经济一体化概述

一、地区经济一体化的含义

地区经济一体化是指某一地理区域内或区域之间,某些国家和政治实体为实现彼此之间在货物、服务和要素上的自由流动,实现经济发展中各种要素的合理配置,促进相互间的经济与发展而达成的取消有关关税和非关税壁垒,进而协调产业、财政和货币政策,并相应建立起超国家的组织机构的过程。其表现形式是各种形式的经济贸易集团的建立。

二、地区经济一体化的主要类型

按照贸易壁垒的取消程度和经济联系的紧密程度,地区经济一体化可分为如下几种形式:

（一）优惠贸易安排（Preferential Trade Arrangement）

这是市场经济一体化中最低级、最松散的一种形式。在优惠贸易安排成员国间,通过协定或其他形式,对全部商品或一部分商品规定其特别的关税优惠。1932 年英国与英联邦成员国建立的英联邦特惠制、第二次世界大战后的"东南亚国家联盟""非洲木材组织"等就属于这种经济一体化。

（二）自由贸易区（Free Trade Area）

自由贸易区是指一些国家通过签订自由贸易协定组成的贸易区。在成员国之间废除关税与数量限制,使区域内各成员国的商品可以完全自由流动,但每个成员国仍保持其对非成员国的贸易壁垒。欧洲自由贸易联盟、拉丁美洲自由贸易协会等就是这样的自由贸易区。

（三）关税同盟（Customs Union）

关税同盟是指两个或两个以上的国家完全取消关税或其他壁垒,并对非同盟国家实行统一的关税率而缔结的同盟。它在一体化程度上比自由贸易区进了一步,除了包括自由贸易区的基本内容外,还在成员国之间建立统一的关税率。结盟的目的在于使参加国的商品在统一关税以内的市场上处于有利地位,排除非同盟国商品的竞争。它开始带有超国家的性质。例如,非洲的东非共同市场就属于这种形式的经济一体化。

（四）共同市场（Common Market）

共同市场是比关税同盟联合得更为紧密的经济一体化组织,除了对内取消关税、对外实行统一的关税制度外,还取消对劳动力、资本等生产要素在成员国之间移动的所有限制。欧洲经济共同体在 20 世纪 70 年代初已接近这种形式。

（五）经济同盟（Economic Union）

经济同盟是指成员国间不但商品与生产要素可以完全自由移动,建立共同的对外关税,而且要求成员国制定和执行某些共同经济政策和社会政策,逐步消除政策方面的差异,使经济一体化的程度从商品销售扩展到生产、分配乃至整个国民经济,形成一个庞大的经济实体。此前的欧洲共同体就属于这种类型。

(六)完全经济一体化(Complete Economic Integration)

这是经济一体化的最后阶段。在此阶段,区域内各国在经济、财政、金融等政策上实现完全统一。成员国必须把其经济主权移交给超国家的机构。经济联盟由一个超国家的权威性机构把成员国的经济组成一个整体,联盟具有统一的财政税收制度、统一的货币制度和统一的对外经济政策。在各成员国之间完全消除商品、资金、劳动力等自由流动的各种障碍,使用统一的货币。欧洲共同体于1991年底签署经济与货币联盟条约,于1999年1月1日建成欧洲货币联盟,朝完全经济一体化迈出实质性的一步。

以上六种经济一体化形式,虽然依次反映经济一体化的逐级深入,但一体化的不同层次并不意味着不同的一体化集团必然从现有形式向更高的形式发展和过渡。也就是说,各阶段之间不一定具有必然过程。地区经济一体化各种组织形式的主要区别如下表所示:

表 4-1 地区经济一体化各种组织形式的区别						
主要内容 组织形式	有无 关税优惠	商品是否 自由流通	有无统一 对外关税	生产要素 是否自由 流动	有无各种经济 政策和社会政 策的统一	有无统一的中 央机构和政治 上的联盟
优惠贸易安排	有	无	无	无	无	无
自由贸易区	有	有	无	无	无	无
关税同盟	有	有	有	无	无	无
共同市场	有	有	有	有	无	无
经济同盟	有	有	有	有	有	无
完全经济一体化	有	有	有	有	有	有

此外,地区经济一体化还有其他的划分方式。按照实现经济一体化的范围划分,地区经济一体化分为部门一体化和全盘一体化。部门一体化指区域内成员国间一个或几个部门(或商品)进行一体化,如欧洲煤钢联营、欧洲原子能联营;全盘一体化指区域内成员国的所有经济部门实行一体化的形态,如欧盟。

按照参加国的经济发展水平划分,地区经济一体化分为水平一体化和垂直一体化。水平一体化是指经济发展水平大致相同或者接近的国家共同形成的经济一体化组织;垂直一体化是指经济发展水平不同的国家所形成的一体化组织。

第二节 地区经济一体化理论:关税同盟理论

地区经济一体化的发展,对于以比较利益学说为基础的世界范围内的自由贸易是一个新的挑战。为什么不实行全球性的自由贸易,而实行地区经济一体化? 这就是本节所要讨论的问题。

关税同盟是地区经济一体化中比较成熟和稳定的一种形式,它对内实行贸易自由化,对外筑起统一的贸易壁垒,充分显示出贸易集团的内外有别的性质。系统地提出关税同盟理论的主要有美国普林斯顿大学经济学教授雅各布·范纳和李普西。1950 年,范纳在《关税同盟问题》中鲜明地提出:关税同盟的经济效应在于贸易转移和贸易创造所取得的实际效果。

一、贸易转移

所谓贸易转移,是指用关税同盟成员国成本较昂贵的进口商品取代非成员国较为便宜的进口商品,贸易转移效应包括生产损失和消费损失。所谓生产损失,是指如果关税同盟内生产效率最高的国家不是世界上生产效率最高的国家,则进口的生产成本比关税同盟前增加。所谓消费损失,是指进口国的消费支出扩大。总之,贸易转移效应会导致关税同盟成员国社会福利水平的下降。

现假定有 A、B、C 三个国家,都生产 X 商品,生产成本 A 国最高,B 国次之,C 国最低。A 国对 X 商品征收非完全保护性进口关税,在这样的条件下,未结成关税同盟时,A 国除了本国自行生产部分 X 商品之外,总是向生产 X 商品成本最低的 C 国进口部分 X 商品,而绝对不会从生产成本较高的 B 国进口 X 商品。现在,A 国和 B 国组成关税同盟,同盟内国家取消关税,对与非成员国的 C 国的贸易商品 X 仍旧征收进口关税,如果不考虑运输费用,只以生产费用一项决定供给成本,进口关税就成为影响 X 商品价格的唯一因素。只要关税额大于 B 国和 C 国 X 商品的生产成本差,A 国就会转向 B 国购买 X 商品,而 C 国低生产成本的 X 商品则无法进入 A 国市场,这就是所谓的贸易转向。贸易转向揭示了这样一个事实:关税同盟的建立使成员国的部分进口商品从低成本供应国(非成员国)转向高成本供应国(成员国)。对进口国而言,是一种福利损失。从世界贸易看,贸易的结果不但没有促进生产成本的下降,反而提高了生产成本,降低了资源的有效利用,恶化了资源配置。因此,如果关税同盟产生了贸易转向,则这种关税同盟是不可取的。换言之,关税同盟作为经济一体化的形式之一,并不一定走向自由贸易。

二、贸易创造

所谓贸易创造,是指关税同盟成员国用便宜的进口商品来取代国内需用较高成本生产的产品。贸易创造的效果包括两种:一是生产利得,即促使成员国提高资源使用效率,扩大生产所带来的利益;二是消费利得,即通过专业化分工,使本国该项产品的消费支出减少,消费需求扩大。总之,贸易创造会使关税同盟成员国社会福利水平上升。这里,贸易创造与贸易转移的区别就在于建立关税同盟前的状况不同。

假定在一定的固定汇率下,X 商品的货币价格(假定价格等于成本)在 A 国为 35 元,在 B 国为 26 元,在 C 国为 20 元。这里,A 国代表本国,B 国代表关税同盟伙伴国,C 国代表世界其他国家。

假定在 A、B 两国结成关税同盟前,A 国自己生产 X 商品,该国就必然要借助于关税保护。对 A 国来说,对 B、C 两国征收 75％以上的无歧视关税,就足以阻止从 B、C 两国的进口,保护本国的 X 商品生产。假定与 B 国结成关税同盟后,两国相互取消关税,实行自由贸易。而对同盟外征收 100％的关税,这样 A 国就不需要自己生产 X 商品,也不向 C 国进口,而改向 B 国购买。A 国自己生产需要 35 元成本,而向 B 国购买只要 26 元,节省了 9 元的机会成本,创造了从 B 国向 A 国出口的新的贸易和国际分工(专业化),这就是贸易创造效应。因此,当关税同盟中某成员国的一些产品被来自另一成员国的更低成本的进口品所替代时,便发生了贸易创造。此外,一国由原先从同盟外国家的高价购买转而从结盟成员国的低价购买也属于贸易创造。贸易创造使得贸易商品的生产地点由高成本成员国转向低成本成员国,因而提高了资源配置效率,给成员国带来福利的增加,它代表了关税同盟的自由贸易方向。

以上两种效应相互比较的结果决定了关税同盟总的福利意义和最终性质。一个贸易创造占优势的关税同盟会为成员国带来净福利增加,其发展方向是自由贸易;一个贸易转移占优势的关税同盟会造成成员国福利水平的下降,其发展是背离自由贸易的。

一般认为,关税同盟除了上述静态效应外,还会产生一些动态效应,如规模经济、竞争和投资的刺激等等,规模经济的利益似乎是很明显的。组成关税同盟以后,成员国的内部市场扩大,对于规模报酬递增的产业来说,随着规模的扩大,平均成本就下降,效率就提高。但是显然规模也并不是越大越好。特别是对于那些规模报酬不变或者规模报酬递增不明显的产业来说,大公司的效率可能反而没有小公司高,因为大公司官僚程序多、反应比较迟钝,而小公司比较精简,反应较快,效率可能更高。

关税同盟的另一个动态效应就是促进了竞争。一般认为,高关税会导致垄断。当国内市场比较狭小时,这种作用就更明显。组成关税同盟,在成员国之间降低或取消关税、扩大市场会导致同盟内部的竞争加强,专业化分工的程度加深,从而提高生产效率和经济福利。

有人认为,关税同盟建立以后,随着市场的扩大,风险与不稳定性降低,会吸引成员国厂商增加投资。在同盟内部,商品的自由流通,会使竞争程度加剧,为了提高竞争能力,成员国的厂商就会增加投资,以改进产品品质,降低生产成本。另外,关税同盟成立后,成员国之间免除关税,对外统一关税,其结果会吸引关税同盟外的国家到同盟内设立工厂,以求获得豁免关税的利益。

此外,关税同盟建成后,市场扩大、竞争加强、投资增加、生产规模扩大等因素,还会促使生产厂商更加愿意投资于研究与开发,促使技术不断革新。

第三节　地区经济一体化实践

一、第二次世界大战后地区经济一体化的发展历程

从第二次世界大战结束到现在,地区经济一体化的发展经历了三个发展阶段。

(一)迅速发展时期

20 世纪 50 年代到 60 年代,随着世界政治经济发展的不平衡和社会主义国家的崛起,地区经济一体化组织得到了迅速的发展。

1949 年,苏联和东欧国家成立了经济互助委员会(Council for Mutual Economic

Assistance），这些国家在经济互助委员会范围内进行经济贸易活动。欧洲国家法国、联邦德国、意大利、比利时、荷兰和卢森堡签订了《罗马条约》，建立欧洲共同市场。为与之抗衡，英国联合丹麦、挪威、瑞士、瑞典、奥地利和葡萄牙签订《建立欧洲自由贸易联盟公约》，成立欧洲自由贸易联盟。1965 年，澳大利亚和新西兰自由贸易区成立，之后两国又签署了《进一步密切经济关系的贸易协定》，标志着发达国家的第一次地区主义浪潮暂时告一段落。20 世纪60 年代，许多发展中国家在摆脱殖民主义取得民族独立后，为了加强相互间的经贸往来，改变自身在旧的政治经济格局中的不利地位，大力发展南南合作，先后建立了 20 多个区域经济和贸易组织，主要有：亚洲的东南亚国家联盟和南亚地区合作组织；拉美地区的拉美一体化协会、安第斯条约组织、中美洲共同市场；非洲的西非国家经济共同体、西非共同体；阿拉伯世界的海湾合作委员会、阿拉伯合作委员会等。

（二）停滞时期

20 世纪 70 年代中期到 80 年代中期，世界主要发达国家处于经济危机、能源危机和货币制度危机之中，经济增长停滞并伴随着高失业率、高通货膨胀率，市场需求萎缩，贸易保护主义抬头，贸易与投资自由化受到空前的阻力。除了欧洲共同体和经济互助委员会仍然在缓慢推进一体化进程以外，其余的经济一体化组织几乎全都停止发展，有的甚至中断活动或解体。

（三）高涨时期

20 世纪 80 年代中期以来，以欧共体统一大市场计划为先导，以北美自由贸易协定和亚太经合组织为两翼，以亚非拉众多发展中国家和中东欧国家构建的中小区域集团为后续，在世界范围内掀起势头更猛、程度更深、范围更大的第二次地区经济一体化浪潮，地区经济一体化迅猛发展并实现了新的飞跃。这一时期参与经济一体化的国家日益增多，经济一体化的层次越来越高，经济一体化逐渐走向开放型，并突破某一区域的界限性，实现了跨区域、跨地区的经贸合作，形成了欧洲联盟、北美自由贸易区、亚太经济合作组织等一些重要的地区经济一体化组织。

二、地区经济一体化组织

（一）欧洲联盟（European Union，简称 EU）

欧洲联盟是目前世界上一体化程度最高的经济一体化组织。欧洲联盟的前身是欧洲共同体（European Common Market）。它是根据法国、德国、意大利、比利时、荷兰和卢森堡六国于 1957 年 3 月签订的《欧洲经济共同体条约》（通称《罗马条约》）于 1958 年 1 月 1 日正式成立的。1967 年欧洲共同体与欧洲煤钢共同体、欧洲原子能共同体合并，合并后仍称欧洲共同体。欧洲共同体又称欧洲共同市场，其主要任务是建立工业品关税同盟和实施共同农业政策：第一，按《罗马条约》要求，欧洲共同体在 1958 年 1 月 1 日到 1969 年 12 月 31 日分三阶段建立关税同盟。1968 年欧共体建成关税同盟，对内取消关税、对外统一关税。第二，共同农业政策主要措施包括对农产品市场进行管理、制定欧洲共同体农产品统一价格、建立共同的对外关税壁垒、对进口农产品征收差价税、给予农产品出口补贴和建立欧洲农业指导的保证基金等。

建成关税同盟后,欧洲共同体朝着建立经济与货币联盟乃至完全一体化目标迈进。但20世纪70年代初,欧共体各国同意建立一个经济和货币联盟,并规定到1980年分阶段地建成一个完全的货币联盟。70年代世界金融体系的混乱使得欧共体的这一目标无法在80年代初实现,但是欧共体还是建立起了自己的欧洲货币体系,并重申最终建立货币联盟的决心。与此同时,欧共体还致力于成员国内部的商品和生产要素的完全自由流动。1982年底,欧共体成员国首脑在哥本哈根召开会议,一致同意把完成内部市场的统一作为今后几年共同体的首要任务。经过三年努力,共同体各国首脑在布鲁塞尔会议上通过了在1992年底完成内部统一大市场的具体计划,该计划实施得比较顺利(《关于完成内部市场的白皮书》和《单一欧洲文件》)。到1992年底,各国已基本消除了各种阻碍商品和要素自由流动的壁垒,一个统一的大市场基本形成。

在建立统一大市场的同时,欧洲经济共同体加紧了建立统一的经济与货币联盟的步骤。1991年12月,欧共体12国首脑在荷兰马斯特里赫特举行会议并达成协议,签署了欧洲经济与货币联盟条约和政治联盟条约,通称《马斯特里赫特条约》(以下简称《马约》),决定最迟于1999年1月1日起建成欧洲货币联盟,实行单一货币。欧洲联盟的宗旨是"通过建立无内部边界的空间,加强经济、社会的协调发展和建立最终实行统一货币的经济货币联盟,促进成员国经济和社会的均衡发展","通过实行共同外交和安全政策,在国际舞台上弘扬联盟的个性"。经济与货币联盟条约确定了20世纪末欧共体经济一体化的目标和步骤,其最终目标是要在密切协调成员间经济政策和实现内部统一市场的基础上,形成共同的经济政策。政治联盟条约的主要内容包括共同的外交政策、共同的防务政策、共同的社会政策和进一步扩大欧共体超国家机构和权力等。政治联盟条约的出现,是欧共体发展史上一次质的飞跃,它表明欧共体在加快经济一体化的同时,开始向政治、外交和防务一体化方向迈出了实质性的步伐。1993年11月1日,《马约》正式生效,欧盟正式诞生。1999年1月1日欧元诞生,2002年1月1日,欧元正式流通,奥地利、比利时、芬兰、法国、德国、希腊、爱尔兰、意大利、卢森堡、荷兰、葡萄牙和西班牙等欧盟成员国实现了货币统一,欧盟朝经济货币联盟迈出了重要一步,2007年1月1日斯洛文尼亚加入欧元区,这是欧元区的首次扩大,也成为新加入欧盟的10个中东欧国家中第一个加入欧元区的国家。

在经济一体化的深化发展中,欧共体(欧盟)成员不断增加:1973年,英国、丹麦和爱尔兰加入欧共体。1981年1月1日,希腊成为欧共体第十个成员国。1986年1月1日,葡萄牙和西班牙加入欧共体,使欧共体成员国增至12个。1995年,奥地利、瑞典和芬兰加入欧盟,欧盟成员国扩大到15个。2004年5月1日,塞浦路斯、匈牙利、捷克、爱沙尼亚、拉脱维亚、立陶宛、马耳他、波兰、斯洛伐克和斯洛文尼亚十个中东欧国家入盟,这是欧盟历史上的第五次扩大,也是规模最大的一次扩大。此次扩大后的欧盟成员国从15个增加到25个,总体面积扩大近74万平方公里,人口从约3.8亿增至约4.5亿,整体国内生产总值增加约5%,经济总量与美国不相上下,欧盟的整体实力有所增强。2007年1月1日,罗马尼亚和保加利亚加入了欧盟,欧盟经历了第六次扩大,成为了一个涵盖27个国家、总人口超过4.8亿、国民生产总值高达12万亿美元的当今世界上经济实力最强、一体化程度最高的国家联合体。

小知识

欧元之父

罗伯特·蒙代尔,美国哥伦比亚大学教授、世界品牌实验室主席,1932 年 10 月 24 日出生于加拿大,毕业于美国麻省理工学院。曾获 1999 年诺贝尔经济学奖,是"最优货币区理论"的奠基人,供给学派的倡导者,被誉为"欧元之父"。代表作品有《国际货币制度:冲突和改革》《人类与经济学》《国际经济学》。

欧盟是一个集政治实体和经济实体于一身、在世界上具有重要影响的地区经济一体化组织。其主要组织机构有:①欧洲理事会 (European Council),即首脑会议,由成员国国家元首或政府首脑及欧盟委员会主席组成,负责讨论欧洲联盟的内部建设、重要的对外关系及重大的国际问题,每年至少举行两次会议。欧洲理事会主席由各成员国轮流担任,任期半年。顺序基本按本国文字书写的国名字母排列。②欧盟委员会 (Commission of European Union),是欧洲联盟的常设机构和执行机构,负责实施欧洲联盟条约和欧盟理事会作出的决定,向理事会和欧洲议会提出报告和立法动议,处理联盟的日常事务,代表欧盟对外联系和进行贸易等方面的谈判等。③欧洲议会 (European Parliament),是欧洲联盟的执行监督、咨询机构,在某些领域有立法职能,并有部分预算决定权,并可以三分之二多数的意见弹劾欧盟委员会,迫其集体辞职。此外,欧盟机构还包括设在卢森堡的欧洲法院和欧洲审计院。欧洲法院是欧盟的仲裁机构,负责审理和裁决在执行欧盟条约和有关规定中发生的各种争执。欧洲审计院负责欧盟的审计和财政管理。

随着欧洲一体化进程的深入,欧盟需要一部宪法条约来保证其更有效地运转。经过艰苦谈判,各成员国于 2004 年 6 月就《欧盟宪法条约》最终达成协议,同年 10 月,欧盟 25 国领导人在罗马签署了这个条约。但这个条约需经所有成员国全民公决批准方可正式生效。2005 年,法国和荷兰两个欧盟创始成员国在全民公决中否决了该条约,欧盟陷入制宪危机,机构改革议题被迫搁置。为解决欧盟制宪危机,2007 年 6 月,欧盟首脑会议在布鲁塞尔决定以一部新条约取代已经失败的《欧盟宪法条约》,同年 10 月 19 日,欧盟各国领导人在葡萄牙首都里斯本就旨在替代《欧盟宪法条约》的新条约文本达成一致,并将之定名为《里斯本条约》。为确保条约顺利通过,欧盟决定各国可选择议会批准的方式批准该条约。2007 年 12 月 13 日,欧盟各国领导人在里斯本正式签署《里斯本条约》,在各国批准后于 2009 年 12 月生效。

(二) 北美自由贸易区(North American Free Trade Area,简称 NAFTA)

在当代世界经济和贸易中,与欧洲共同体的建立具有同样重要意义的是北美自由贸易区,它使北美地区成为目前世界上最大的自由贸易区。

北美自由贸易区的产生和发展可以分成两个阶段:①第一阶段是美国与加拿大之间实行自由贸易。1989 年 1 月 1 日,美国和加拿大两国签署了《美加自由贸易协定》。协定中提出了十年内彻底消除双方贸易壁垒的目标。同时,美加两国还建立一套解决相互间贸易纠纷的制度和机构。在服务业和投资方面,协议也提出了逐步降低与取消限制的规定。②第二阶段是美、加之间的自由贸易进一步扩大到包括墨西哥在内的整个北美地区。经过 14 个月的谈判,1992 年 8 月 12 日,美国、加拿大和墨西哥三国签署了一项三边自由贸易协定:《北美自由贸易协定》。

1994年1月1日,该协定正式生效。该协定的总则规定,除墨西哥的石油业、加拿大的文化产业以及美国的航空与无线电通信业外,取消绝大多数产业部门的投资限制。对白领人员的流动将予以放宽,但移民仍将受到限制。协定决定自生效之日起在15年内逐步消除贸易壁垒、实施商品和劳务的自由流通,以形成一个世界最大的自由贸易集团。

《北美自由贸易协定》一共包括19个主要条款,约两万条规定,主要涉及三国之间的商品、劳务贸易和投资自由化、知识产权保护、贸易争端解决等诸多方面,后来应美国的要求又加上了有关环境保护和劳工平行协议方面的内容。协定生效后,在关税和非关税方面,三国间约65%的制成品关税立即取消,在15年的过渡期内,最终完全取消全部产品的关税,同时取消产品配额、许可证等各种非关税壁垒。在金融服务业和投资方面,协定规定各成员国要在农林、矿产、房地产、建筑业、旅游、通信、金融和保险等领域互为国民待遇。墨西哥由此而放弃了长期坚持的永久限制美国公司在墨金融领域占有份额的立场,并开放了以往相对封闭的电信设备和服务市场。除此之外,《北美自由贸易协定》还规定了严格的"原产地原则",以防止其他国家利用墨西哥向美加市场渗透。

《北美自由贸易协定》第一章第二条对北美自由贸易区的宗旨作了明确的规定:①消除缔约方之间货物和服务贸易的障碍,便利缔约方之间货物和服务的贸易;②促进自由贸易区内的公平竞争;③增加缔约方境内的投资机会;④在每一缔约方境内为知识产权提供充分有效的保护,并使其能够得到强制性的执行;⑤为北美自由贸易协定的实施、北美自由贸易区的共同管理和缔约方之间争端的解决建立有效的程序;⑥为进一步开展三个缔约方之间的、区域间的和多边的合作建立机制,以扩大和提高北美自由贸易区协定项下的利益。为了实现上述宗旨,协定确立了三项基本原则,即国民待遇原则、最惠国待遇原则、透明度原则。这三项原则贯穿于整个协定之中,保证区内贸易自由化的最终实现。

美国推动建立北美自由贸易区还有其更大的目标,它要在《北美自由贸易协定》的基础上将自由贸易区扩大至中、南美洲,建立一个包括北美、中美和南美34个国家在内的美洲自由贸易区。早在1994年12月,即《北美自由贸易协定》生效后不久,在美国迈阿密召开的首届美洲国家首脑会议上,前总统克林顿就提出倡议,在2005年以前建立一个从阿拉斯加到火地岛,包括除古巴以外所有美洲国家的自由贸易区。此后,美洲34国举行了四次贸易部长级会议和多次副部长级会议来商议这一问题,谈判取得一定的进展。1996年11月18日,加拿大和智利在渥太华正式签署了两国自由贸易协定。该协定将成为智利最终加入《北美自由贸易协定》的桥梁。2001年4月23日,"美洲自由贸易区(FTAA)"协定的签署使人们将目光再次转向了这个将来世界上国民生产总值最大的自由贸易区。

(三) 亚太经济合作组织(Asia-Pacific Economic Cooperation,简称 APEC)

1. 亚太经合组织的成立

亚太经济合作组织(简称"亚太经合组织")成立之初是一个区域性经济论坛和磋商机构,经过十几年的发展,已逐渐演变为亚太地区重要的经济合作论坛,在推动区域贸易投资自由化、加强成员间经济技术合作等方面发挥了不可替代的作用。

20世纪80年代,国际形势因冷战结束而趋向缓和,世界经济全球化、贸易投资自由化和区域集团化的趋势渐成潮流。在欧洲经济一体化进程加快、北美自由贸易区已显雏形和亚洲地区在世界经济中的比重明显上升等背景下,澳大利亚总理霍华德访问韩国时提出"汉城倡议"，建议召开亚太国家部长级会议，以讨论加强经济合作问题。这一倡议得到美国、加拿大、日本和东盟的积极响应。1989年11月6日到7日，澳大利亚、美国、日本、韩国、新西兰、加拿大及东盟六国(文莱、印度尼西亚、马来西亚、菲律宾、新加坡、泰国)在澳大利亚首都堪培拉举行了亚太经济合作组织首届部长级会议，亚太经济合作组织成立。

2. 亚太经合组织的成员

亚太经合组织是亚太地区重要的政府间区域经济合作组织，是本区域国家和地区加强多边经济联系、交流与合作的重要组织之一。到目前为止，亚太经合组织共有21个成员，其中澳大利亚、文莱、加拿大、印度尼西亚、日本、韩国、马来西亚、新西兰、菲律宾、新加坡、泰国、美国等12个成员是于1989年11月亚太经合组织成立时加入的，1991年11月，中国、中国台北和中国香港加入，1993年11月，墨西哥、巴布亚新几内亚加入，1994年智利加入，1998年11月，秘鲁、俄罗斯、越南加入(亚太经合组织接纳新成员需全部成员的协商一致；1997年温哥华领导人会议宣布亚太经合组织进入十年巩固期，暂不接纳新成员)。亚太经合组织21个成员的总人口达25亿，占世界人口的45%；国内生产总值(GDP)之和超过19万亿美元，占世界的55%；贸易额占世界总量的47%以上。亚太经济合作组织是当今世界最大的区域国际经济合作组织，在全球经济活动中具有举足轻重的地位。

3. 亚太经合组织的工作机制

经过多年的发展，亚太经合组织形成了领导人非正式会议、部长级会议、高官会、委员会和专题工作组、秘书处等多个层次的工作机制，涉及贸易投资自由化、经济技术合作、宏观经济政策对话等广泛的合作领域。①领导人非正式会议。由美国倡议于1993年11月首次在西雅图召开，以后每年召开一次，在各成员间轮流举行，由各成员领导人出席(中国台北和香港作为地区经济只能派与经济有关的部长级官员出席会议)。领导人非正式会议是亚太经合组织最高级别的会议。会议就有关经济问题发表见解、交换看法，会议形成的领导人宣言是指导亚太经合组织各项工作的重要纲领性文件。②部长级会议。每年一届部长级年会，由外交部长和经贸部长参加。会议的主要任务包括：为领导人非正式会议召开进行必要的前期准备；贯彻执行领导人会议通过的各项指示，讨论区域内的重要经济问题，决定亚太经合组织的合作方向和内容。③高级官员会议。即高官会，由各成员指定的高官组成，每年举行3~4次会议，负责审议各工作组和秘书处的活动，筹备部长级会议、领导人非正式会议及其后续行动等事宜。④专题工作组及各委员会。自1990年11月起，亚太经合组织先后成立了十个专题工作组和四个委员会，即产业科技、人力资源开发、能源、海洋资源保护、电信、交通、旅游、渔业、贸易和投资数据、贸易促进专题工作组以及贸易和投资委员会、行政预算委员会、经济委员会和工商咨询委员会(前身为"太平洋工商论坛"，由美国提议设立，以加强各成员工商界与亚太经合组织的对话和参与有关活动，并向第二次领导人非正式会议提交报告)。⑤秘书处。秘书处是亚太经合组织的服务性执行机构，于1993年1月1日在新加坡正式建立。秘书处负责行政、财务、信息收集及出版和工作组会议的协调等事务性工作。此外，还有工商咨询理事会、中小企业部长会议和妇女领导人会议等重要会议。

4. 亚太经合组织的发展

1991年11月，亚太经合组织第三届部长级会议在韩国首都首尔(原名为"汉城")通过了《汉城宣言》，正式确立该组织的宗旨与目标是：相互依存、共同利益、坚持开放的多边贸易体制和减少区域贸易壁垒。

但是,到 1992 年为止,亚太经合组织的活动一直比较保守,仅限于讨论经济与技术合作等。1993 年 11 月,在美国前总统克林顿的建议下,亚太经合组织在西雅图召开了第一次非正式首脑会议,从此,亚太经合组织的作用明显地表现出来。1992 年,第四届曼谷部长级会议明确地把"开放的地区主义"作为组织原则,并成立秘书处,标志着 APEC 向组织化迈出了关键的一步。1993 年,第五届西雅图部长级会议及随后举行的第一次 APEC 领导人非正式会议,建立了亚太地区首脑定期会晤的机制。1994 年 11 月,第六届雅加达部长级会议及第二次非正式首脑会议通过了《茂物宣言》,确定了发达成员在 2010 年以及发展中成员在 2020 年前实现贸易和投资自由化的长远目标和时间表。1995 年 11 月,第七届部长级会议第三次非正式首脑会议通过了《大阪宣言》和《大阪行动议程》,把贸易投资自由化和经济技术合作作为 APEC 的两大支柱。

小知识

2019 年亚太经合组织最后一次高官会在新加坡举行

2019 年亚太经合组织(APEC)最后一次高官会 12 月 7 日在新加坡 APEC 秘书处举行,2019 年 APEC 东道主智利主持会议。中国 APEC 高官鲁梅率团出席。智利发布 2019 年 APEC 东道主领导人声明,为 APEC 智利年画上句号。声明积极评价 APEC 成立 30 年成就,回顾总结智利年合作成果,强调 APEC 致力于促进自由开放的贸易投资,坚持自主自愿、协商一致、非约束性的合作原则,支持多边合作,加强以规则为基础的国际贸易,在互联互通、数字经济、区域经济一体化、亚太自贸区建设等方面持续推进合作。

《大阪行动议程》提出了实现贸易投资自由化和便利化的九项原则,包括:①全面性:贸易与投资的开放和自由化必须是全面的和综合的,应该包括所有的行业。②与 WTO 一致性:APEC 的贸易投资自由化的行动应与世界贸易组织的精神和原则相协调。③可比性:各经济体的贸易投资自由化、便利化进程和努力程度应具有可比性,各经济体在自主自愿基础上的单边行动应与整体行动相协调。④非歧视性:APEC 的贸易投资自由化、便利化政策不仅适用于区域内的国家和地区,对区域外的国家和地区也适用。⑤透明性:组织内各经济体有关贸易投资的法律、政策和行政措施必须保持公正透明。⑥维持现状:各成员从现在开始停止采取一切可能导致贸易保护主义升级的措施。⑦同时起步、持续推进和不同进度:尽管有不同的时间表,但各经济体必须同时立即开始贸易投资自由化、便利化的进程,并不断为实现 APEC 的长期目标作出持续有益的贡献。⑧灵活性:鉴于经合组织与各经济体经济发展上的差异,对各成员经济与贸易投资自由化和便利化进程中出现的问题采取灵活处理的原则。⑨合作性:积极推动有利于贸易投资自由化和便利化的经济技术合作。《大阪行动议程》指出,APEC 的贸易投资自由化、便利化和经济技术合作还包括相互尊重、彼此平等、互惠互助、建设性的真诚伙伴关系及寻求协商一致等原则。

1996 年 11 月,第八届苏比克部长级会议及第四次非正式首脑会议通过了《从憧憬到行动》、《亚太经合组织经济技术合作原则框架宣言》及《马尼拉行动计划》三个纲领性文件,制订了成员单边和集体行动计划。1997 年 11 月,第九届温哥华部长级会议及第五次非正式首脑会议发表了《联系大家庭》宣言。1998 年 11 月,第十届吉隆坡部长级会议及第六次非正式首脑会议通过了《走向21世纪的亚太经合组织科技产业合作议程》,为各成员今后开展经济技术规划了蓝图。1999年11月,第十一届奥克兰部长级会议及第七次非正式首脑会议探讨了货币合作及建立次区域自由贸易区的可能性。2000年11月,第十一届文莱部长级会议及第八次非正式首脑会议通过了《文莱宣言》,肯定了次区域贸易协定和双边贸易协定对多边自由贸易进程的促进作用。2001年11月,第十三届上海部长级会议及第九次非正式首脑会议开始研讨启动新一轮"千年回合"谈判及经济技术合作问题。

2010年11月15日,亚太经合组织(APEC)第十八次领导人非正式会议在日本横滨闭幕。亚太经合组织21个成员国(地区)的领导人或代表出席了本次会议,会后发表的《领导人宣言》指出,APEC将继续推动地区经济一体化进程,以切实行动推动亚太自由贸易区的建设。

(1)逐步建设亚太自贸区

与会各方主要就地区经济一体化、增长战略、人类安全、茂物目标评审、亚太经合组织未来发展、经济技术合作、多哈回合谈判等问题进行了深入讨论。各国代表就建立亚太自由贸易区(FTAAP)的构想进行了讨论,并通过了《建立亚太自由贸易区的可能途径》,力图借助"10+3"(东盟10国与中国、日本、韩国)等区域自由贸易安排,逐步建设亚太自由贸易区,为地区经济一体化注入新动力。

此外,会议还发表了《领导人关于茂物目标审评的政治声明》。早在1994年,APEC成员提出"茂物目标"(Bogor Goals),即到2020年在亚太经合组织经济体内实现自由、开放的地区贸易及投资。而2010年是APEC"茂物目标"第一阶段达标年,根据评估报告,包括美国、加拿大、日本在内的13个接受审评的经济体在落实"茂物目标"方面取得显著进展。

(2)首次制定经济增长战略

作为本次会议另一项重要成果,APEC领导人发表了《领导人增长战略》,表示将致力于推动亚太经济实现平衡、包容、可持续、创新、安全增长,提高经济增长质量,以应对新的机遇与挑战。《领导人增长战略》也是亚太经合组织首次制定的经济增长战略。此外,各领导人还同意将阻止新的贸易壁垒的承诺延长至2013年。

(3)亚太地区经济格局正发生变化

在颇具争议的汇率和贸易平衡问题上,各国之间仍然存在分歧。不过,日本前首相菅直人表示,各国同意避免竞争性货币贬值行动,并走向更加由市场主导的汇率制度。

此次APEC会议为金融危机后亚太地区发展指明了新方向,更透露出亚太地区经济格局正在发生变化。

亚太经合组织应该为谋求建立亚太自由贸易区作出贡献,继续推进在各部门行动计划方面的工作,所包括的领域有:投资、服务、电子商务、原产地规则、贸易促进如供应链连接和经认证的经营者(AEO)计划,以及环保商品和服务。

为了实现上述目标,需考虑以下各方面:

① 全球经济和贸易构造的变化格局,尤其是亚太地区的自由贸易协定和区域贸易协定增多的情况。

② 积极推进"茂物目标"(Bogor Goals),即到2020年在亚太经合组织经济体内实现自由、开放的地区贸易及投资。

③ 确保亚太经合组织的非约束性和自愿性。

④ 促进常规"边境"贸易和投资等问题的解决具有重要意义,同时采取更积极的措施,努力解决非关税或"边境内"壁垒以及其他"新一代"贸易和投资问题,进一步深化该地区的经济一体化。

由于企业界在亚太经合组织中发挥强有力的作用,以及我们有能力从企业界那里及时获得该地区贸易和投资方面的反馈信息,亚太经合组织因此具有特殊能力,可推动地区经济一体化目标。

与此同时,由于成员国经济体的发展存在不同阶段,亚太经合组织将继续致力于提供有效的经济和技术合作项目,以帮助亚太经合组织成员国,特别是亚太经合组织中的发展中经济体,加强它们促进贸易和投资自由化及便利化的能力,并迎接新的挑战。

通过推进地区经济一体化目标,亚太经合组织将谋求建立一个在经济上更一体化的区域,使商品、服务以及经商人员能畅通自如地进出边界,并确保一个充满生机的商业环境。

(四)其他地区经济一体化组织

除了上面提到的一些地区经济组织外,目前世界上的各种区域经济集团不下几十个。例如,在非洲,有"东非特惠贸易区"、"阿拉伯—马格旦布联盟"等,在拉丁美洲,有"中美洲与加勒比自由贸易区""安第斯自由贸易区"、"南锥体共同市场"等;在亚洲,除了东盟外,在中亚有"经济合作组织(中亚地区)",在南亚有"南亚区域合作联盟"等。在这些地区经济一体化组织中,有的不是很成功,没有发挥多大作用就逐渐消亡。有的取得了一定成绩,得到了一些发展。其中最值得一提的是东南亚国家联盟。

东南亚国家联盟(简称东盟,Association of Southeast Asian Nations,ASEAN)前身是由马来西亚、菲律宾和泰国三国于1961年7月31日在曼谷成立的东南亚联盟。1967年8月7日至8日,印度尼西亚、新加坡、泰国、菲律宾四国外长和马来西亚副总理在泰国首都曼谷举行会议,发表了《东南亚国家联盟成立宣言》,即《曼谷宣言》,正式宣告东南亚国家联盟的成立。成立30多年来,东盟已日益成为东南亚地区以经济合作为基础的政治、经济、安全一体化合作组织,并建立起一系列合作机制。20世纪80年代后,文莱、越南、老挝、缅甸和柬埔寨五国先后加入该组织,使东盟由最初成立时的5个成员国发展到目前的10个成员国。东盟十国的总面积有450万平方公里,人口约5.3亿。20世纪90年代初,东盟率先发起区域合作进程,逐步形成了以东盟为中心的一系列区域合作机制。1994年7月成立东盟地区论坛,1999年9月成立东亚—拉美合作论坛。其中,东盟与中日韩(10+3)、东盟分别与中、日、韩(10+1)合作机制已经发展成为东亚合作的主要渠道。此外,东盟还与美国、日本、澳大利亚、新西兰、加拿大、欧盟、韩国、中国、俄罗斯和印度10个国家形成对话伙伴关系。2003年,中国与东盟的关系发展到战略协作伙伴关系,中国成为第一个加入《东南亚友好合作条约》的非东盟国家。

为了早日实现东盟内部的经济一体化,东盟自由贸易区于2002年1月1日正式启动。自由贸易区的目标是实现区域内贸易的零关税。文莱、印度尼西亚、马来西亚、菲律宾、新加坡和泰国6国已于2002年将绝大多数产品的关税降至0-5%。越南、老挝、缅甸和柬埔寨4国于2015年实现了这一目标。

2007年11月20日,东盟十国领导人在新加坡举行的第13届首脑会议上签署了《东盟宪章》和《东盟经济共同体蓝图宣言》等重要文件。《东盟宪章》是东盟成立40年来第一份对各成员国具有普遍法律约束力的文件,《蓝图》是东盟经济一体化建设的总体规划,也是一份指导性文件。

小知识

第十六届中国—东盟博览会

以"共建'一带一路'共绘合作愿景"为主题的第十六届中国—东盟博览会(以下简称东博会)于2019年9月21到24日在广西南宁举行。为促进中国—东盟自由贸易区发展而举办的东博会,15年来逐渐成为促进国际贸易投资便利化的有效平台。数据显示,2019年1—6月,中国—东盟进出口贸易额达2918.5亿美元,东盟历史性地成为中国第二大贸易伙伴;截至2018年底,中国和东盟双向累计投资额超过2000亿美元。

第四节　地区经济一体化对国际贸易的作用

一、促进了集团内经济贸易的增长

在不同层次的众多经济一体化组织中,通过削减关税或免除关税,取消贸易的数量限制,削减非关税壁垒,形成区域性的统一市场;加上集团内国际分工向纵深发展,使经济相互依赖加深,致使成员国间的贸易环境比第三国市场要好得多,从而使区域经贸集团内成员国间的贸易迅速增长,集团内部贸易在成员国对外贸易总额中所占比重提高。

二、促进了集团内部国际分工的深化

地区经济一体化的建立有助于成员国之间科技的协调和合作。例如,在欧共体共同机构的推动和组织下,成员国在许多单纯依靠本国力量难以胜任的重大科研项目中,如原子能利用、航空、航天技术、大型电子计算机等高精尖技术领域进行合作。1985年6月,欧洲理事会通过了关于"朝着欧洲技术共同目标奋斗"的备忘录,同时制定了内部实行"尤里卡"等系列科技计划。1988年,欧共体通过新的科技总计划,各国出资约66亿欧洲货币单位,确定了89个研究项目。

三、促进了经济贸易集团内部的贸易自由化

就贸易而言,通过签订优惠的贸易协定、减免关税、取消数量限制、削减非关税壁垒、取消或放松外汇管制等措施,在不同程度上扩大了贸易自由化。如欧洲共同体通过《欧洲经济共同体条约》,对内在成员国之间分阶段削减直至全部取消工业制成品的关税和其他限制进口的措施,实现制成品的自由移动;在农产品方面,实行共同农业政策,规定逐步取消内部关税和统一农产品价格,实现农产品的自由流通。例如,《美加自由贸易协定》在分阶段相互减税方面,除全部取消了第一类货物的关税外,并规定时间和比例削减了第二、三类货物的关

税。应两国行业部门的要求,在 1990 年 4 月至 1991 年 7 月间,分别提前取消了胶卷、印刷电路、内燃机车等税则项目和包括亚麻籽、砂纸、塑料制品模型、水净化机械等 250 多个税则项目的关税,前者每年涉及双向贸易额达 60 亿加元,后者涉及双向贸易额约 20 亿加元。结果促进了美国和加拿大之间的贸易自由化。

四、提高和增强了经济贸易集团在世界贸易中的地位和谈判力量

经济一体化集团的建立,对成员国经济发展起了一定的促进作用,联合起来的贸易集团经济实力大大增强。以欧洲共同体为例,1958 年建立关税同盟时,六个成员国工业生产不及美国的一半,黄金外汇储备仅为美国的 55%,出口贸易与美国相近。但到 1979 年时,欧洲共同体九国国内生产总值已达 23800 亿美元,超过了美国的 23480 亿美元,出口贸易额是美国的 2 倍以上,黄金储备比美国多 5 倍多。同时,在关贸总协定多边贸易谈判中,欧共体以统一的声音同其他缔约方谈判,不仅大大增强了自己的谈判实力,也敢于同任何一个大国或贸易集团抗衡,达到维护自己贸易利益的目的。

五、增强了企业间的融合与竞争力

地区经济一体化使经贸集团内部市场进一步统一,它给企业提供了更多的商机。

(一)市场开放度加大

原本受到保护的原成员市场放开了对外来竞争的限制。例如,1992 年之前,欧洲贸易保护程度最高的是法国和意大利,随着欧盟内部市场的进一步统一,欧盟其余成员进入这两个市场比以前容易多了。

(二)降低了交易成本

在经贸集团内部统一的市场上,产品可以跨越国界自由流通、产品标准的相互协调、税收制度的简化,使经贸集团成员的企业能够将生产活动集中在成本要素和技能组合最佳的地点,实现了成本效益;同时,一个企业可以认真挑选某一地点生产产品并向整个一体化组织成员市场提供产品。

六、以发达国家为中心的经贸集团影响进一步加大

第一,经济贸易集团内部实行贸易自由化,生产要素流动障碍逐步消除,加强了集团成员之间的内部凝聚力,提高了竞争力。但在贸易自由化进程中,以发达国家为中心的经贸集团在贸易自由化的深度和广度上大大超过了以发展中国家为主的经贸集团。

第二,欧盟和北美自由贸易区成员的货物贸易在世界货物贸易中的比重已占一半以上,且具上升趋势。这两个经贸集团货物出口贸易占世界货物出口贸易的比重从 1980 年的 52.9% 提高到了 2001 年的 55.6%。

第三,发达国家经贸集团内部贸易发展速度超过对非集团国家的贸易发展速度,成员内部贸易在成员整体出口中的比重均呈上升趋势。目前,欧盟成员内部贸易占欧盟成员国全部对外贸易的比重已经高达 70%,北美自由贸易区的比重达 60%。

第四,发达国家经贸集团对多边贸易体制影响加大,在一定程度上决定多边贸易谈判的

进程。在关贸总协定乌拉圭回合谈判中,因欧盟和美国在农产品贸易谈判中的僵持,使谈判结束期从 1990 年拖到 1993 年。

七、地区经贸集团对多边贸易体制的双重影响

(一)不利影响

在 1947 年关贸总协定和 1995 年成立的世界贸易组织有关协定和协议中,对地区经济一体化的内部优惠采取例外,即不实施最惠国待遇条款。这实际上是对非经贸集团成员的不平等待遇。在关税同盟建立后,成员国内厂商采购产品可能从高成本的集团内部进口,取代了成员外更低成本产品的进口,不利于世界性的资源合理配置,违背了世界贸易组织宗旨。

(二)有利影响

地区经济一体化各种安排的范围已超出了货物贸易自由化,向投资、服务方面延伸,自由化的途径拓宽,朝着协调各国管理规定、采用最低管制标准、互相承认各国的标准和惯例的方向发展。这些趋势将加强地区经济一体化中的"开放地区主义",有助于加强经贸集团的市场开放。可以说,地区经济一体化是实现全球自由贸易的次优选择。为实现全球自由贸易,世界贸易组织应加强对地区经济一体化安排的监督,防止经贸集团出现的不利影响。

★★★★★ 本章学习路径 ★★★★★

本章包括四方面内容:第一,地区经济一体化的含义和类型;第二,地区经济一体化的理论:关税同盟理论;第三,地区一体化的实践;第四,地区经济一体化对国际贸易的作用。

一、地区经济一体化是指某一地理区域内或区域之间,某些国家和政治实体为实现彼此之间在货物、服务和要素上的自由流动,实现经济发展中各种要素的合理配置,促进相互间的经济与发展而达成的取消有关关税和非关税壁垒,进而协调产业、财政和货币政策,并相应建立起超国家的组织机构的过程。其表现形式是各种形式的经济贸易集团的建立。　　地

区经济一体化的类型
- 优惠贸易安排
- 自由贸易区
- 关税同盟
- 共同市场
- 经济同盟
- 完全经济一体化

二、地区经济一体化理论——关税同盟理论

三、地区经济一体化发展历程
- 迅速发展时期
- 停滞时期
- 高涨时期

```
                              ┌─ 欧洲联盟
                              ├─ 北美自由贸易区
         地区经济一体化组织 ──┤
                              ├─ 亚太经济合作组织
                              └─ 其他地区经济一体化组织

                              ┌─ 促进了集团内经济贸易的增长
                              ├─ 促进集团内部国际分工的深化
                              ├─ 促进了经济贸易集团内部的贸易自由化
  四、地区经济一体化对 ──────┼─ 增强和提高了经济贸易集团在世界贸易中的地位和谈判力量
       国际贸易的作用         ├─ 增强了企业间的融合与竞争力
                              ├─ 以发达国家为中心的经贸集团影响进一步加大
                              └─ 地区经贸集团对多边贸易体制的双重影响
```

本章复习思考题：

1. 什么是地区经济一体化？它有哪些形式？

2. 什么是贸易创造？贸易转移总是降低福利水平吗？

3. 北美自由贸易区的目标和宗旨是什么？

4. 亚太经济合作与欧盟和北美自由贸易区有什么不同？

5. 欧洲经济共同体的发展经历了哪几个阶段？

6. 地区经济一体化对世界贸易有什么影响？

7. "地区经济一体化组织对参加国总是有利的，而对不参加的国家也不会造成损失。"针对上述观点进行分析。

知识扩充

中国外资对亚洲的依赖程度创历史最高点

2019 年 3 月 26 日，博鳌亚洲论坛 2019 年年会新闻发布会发布了博鳌亚洲论坛四大学术报告。《亚洲经济一体化进程 2019 年度报告》显示，中国外资对于亚洲的依赖程度从 2016 年的 79％提高到 2017 年的 84％，是历史最高点，也是亚洲主要经济体中最高的。（来源：新京报）

第 五 章　跨国公司

　　当代国际贸易的特征之一就是跨国公司在国际贸易中的地位日益重要。跨国公司经过几十年的发展，特别是20世纪90年代以来的跨国投资与兼并，不断改变着国际经济分工协作关系，推动生产向全球一体化发展。跨国公司已经成为世界经济中重要的经济体，成为推动国际贸易发展的中坚力量，在当今国际贸易中的地位日益突出。

　　本章系统地介绍了跨国公司的形成、发展，有关跨国公司的理论、跨国公司的经营特点以及跨国公司对国际贸易的影响。

导入案例

在中国，你不仅可以啜饮茉莉花茶，品味茉莉花的清香，还可以在众多洗涤用品中触及茉莉花的芬芳。走进超市你就会发现，从联合利华（Unilever）的茉莉冰茶，到高露洁棕榄（Colgate-Palmolive）的茉莉香皂和宝洁（Procter & Gamble，P&G）的佳洁士（Crest）茉莉香型茶爽牙膏，茉莉花暗香涌动，已经无处不在。这反映了跨国公司的什么经营特点呢？（你可以在本章的几节中找到答案）

第一节　跨国公司概述

跨国公司已是当今世界经济发展的主流之一。它的定义和构成如何,它又是如何产生和发展起来的,这是我们要解决的首要问题。

一、跨国公司的含义

跨国公司(Transnational Corporation)又称多国公司(Multi-national Corporation)、国际公司(International Enterprise)和宇宙公司(Cosmo-Corporation)等。1974 年,联合国经社理事会规定统一采用跨国公司这一名称并对跨国公司的内涵做了限定。1986 年,联合国的《跨国公司行为守则》(以下简称《守则》)又对它的定义作了综合、补充和完善。根据《守则》,可以将跨国公司作如下定义:跨国公司是指以母国为基地,通过对外直接投资和其他形式,在两个或更多的国家建立子公司或分支机构,从事国际化生产或经营的企业。其中,跨国公司的来源国称为母国,子公司所在国称为东道国。

在《守则》中,联合国跨国公司委员会提出,构成跨国公司的三个必须具备的基本要素是:

第一,跨国公司必须是一个经营实体,并在两个或两个以上的国家经营业务。

第二,跨国公司必须有一个中央决策体系,具有共同的政策和统一的全球战略目标。

第三,跨国公司中的各个实体分享资源、信息,共同承担责任。

上面提到的"实体",既指母公司又指子公司和附属企业。跨国公司是由母公司(总公司)和分布在各国的一定数量的分公司、子公司组成的。母公司是在母国政府注册登记的法人实体,子公司是在东道国政府注册登记的法人实体。子公司受母公司领导,子公司的资产所有权由母公司控制,并服从母公司的全球化经营战略。

小知识

联合国国际投资和跨国公司委员会

联合国国际投资和跨国公司委员会 (U. N. Commission on International Investment and Transnational Corporations) 的前身是联合国跨国公司委员会。联合国跨国公司委员会成立于 1974 年,是经社理事会的辅助机构,总部设在美国纽约。1994 年 7 月,经社理事会同意该委员会转为联合国贸发会议贸易和发展理事会的辅助机构,并改名为"联合国国际投资和跨国公司委员会"。

该委员会的宗旨和任务是:研究跨国公司的定义、任务及其对政治、经济和社会诸方面所产生的影响;协助审查关于跨国公司具体问题的可行性措施或协议,并研究拟定共同协议的可能性;向联大呈交关于本身行为活动的报告或有关建议;召开各类会议,研究跨国公司在实践活动中所产生的矛盾和问题;制定跨国公司的行为守则,即不可侵犯他国选择自己经济和社会发展途径的权力,不可侵犯他国拥有自己领土上的自然资源和经济活动的权力,不可践踏当地政府的社会经济发展计划、法律制度和社会经济制度等。

二、跨国公司的产生和发展

（一）跨国公司的起源

历史上最早的跨国公司可追溯到 1600 年的英国东印度公司，但现代意义上的跨国公司起源于 19 世纪 60 年代。产业革命后，机器大工业促进了国际分工的形成，发达资本主义国家的资本输出大量增加，一些大型企业通过对外直接投资，在海外设立分支机构和子公司，开始跨国性经营。1867 年，美国胜家缝纫机公司在英国的格拉斯哥建立缝纫机装配厂，可以称得上是美国第一家以全球市场为目标的早期跨国公司。德国的拜尔化学公司、瑞典的诺贝尔公司、瑞士的雀巢公司等都先后到国外投资设厂，成为现代跨国公司的先驱。

两次世界大战期间，由于战争和经济危机，跨国公司发展速度放慢，但在数量、规模上仍有所增长。

（二）跨国公司的发展

第二次世界大战后，由于多种因素的影响，跨国公司迅猛地发展起来。

1. 大量剩余资本寻找市场的需要

第二次世界大战后，第三次科技革命使社会生产力大大提高，发达国家出现了大量过剩商品，资本充斥国内市场，经济发展日益受到资源与市场的约束。企业为解决资源供应和产品销售问题，大举向外投资寻找市场。这是战后跨国公司迅速发展的根本原因。

2. 生产国际化和资本国际化的推动

第二次世界大战后，生产力的发展促进国际分工的深化，加深了生产国际化，加快了资本在国际间移动的速度，使企业能够越过一国国境，在其他国家发挥作用。从形式上来说，越来越多的企业通过跨国兼并与收购在国外建立起自己的生产设施，以保护和增强自己的国际竞争力，来适应生产国际化、资本国际化的发展。

3. 投资环境的日益宽松

第二次世界大战前，跨国公司是殖民主义的工具，因而跨国公司与发展中国家处于对立状态。第二次世界大战后，过去的殖民地附属国纷纷独立，跨国公司的政治影响力趋减，经济影响力大大加强；各种类型的国家都相继实行对外资开放的政策，以改善国内投资环境。这是促进跨国公司发展的一个因素。

另一方面，发达国家政府制定各种政策措施为跨国公司的对外投资活动提供条件。如为跨国公司提供税收和财政优惠；通过与他国缔结贸易条约，使跨国公司在缔约国享受尽可能充分的国民待遇等等。

4. 跨国银行的发展

第二次世界大战后，跨国银行的迅速发展对跨国公司的迅速发展起着推动作用。跨国银行是指业务范围跨国化，同时在一些不同的国家和地区经营银行业务的超级商业银行。联合国跨国公司委员会认为，跨国银行是指至少在 5 个国家和地区设有分行或附属机构的银行。跨国银行常利用其庞大的资本规模支持跨国公司向海外扩展。跨国公司是国际性银行资金的最大供应者，同时也是跨国银行信贷的最大获得者。跨国银行运用其庞大的金融资产和独特的国际网络，随时调拨资金，把流动的短期资金转化为长期信贷，满足跨国公司巨额的中长期信贷的需要。甚至有些跨国银行通过投资或参股,本身成为跨国公司,而这些跨国公司的发展就有了更雄厚的资金支持。

小知识

英国东印度公司

东印度公司是指16至19世纪的葡萄牙、英国、荷兰、丹麦、法国等欧洲殖民主义国家对印度和东南亚各国经营垄断贸易、进行殖民地掠夺而特许设立的公司。这些国家的东印度公司不仅享有贸易独立权,还有权代表政府订立条约和合约,有权组建军队,有权发动战争,他们享有独立国家的主权,拥有政治权力和军事权力。英国东印度公司成立于1600年,以后通过阴谋和战争,占领和统治了孟加拉和印度,之后又占领了新加坡、缅甸(部分地区)等国,由一个商业强权变成了一个军事和拥有领土的强权。英国东印度公司在1833年以前一直垄断着英国对中国的贸易。到了19世纪初,随着产业革命后世界市场的扩大,为了适应新兴工商资本迅速发展的需要,东印度公司作用逐步下降,它的特权相继被取消,但是它对英国在印度领土的管理权,一直保留到1858年该公司被撤销为止。

第二节　跨国公司的有关理论

20世纪60年代以来,以跨国公司为主体的国际直接投资迅速增长,成为国际资本流动的主要形式,有关跨国公司的理论也随之发展起来,大致可以分为两个阶段:早期阶段(20世纪60年代初至70年代末)以海默与金德尔伯格的垄断优势论和弗农的产品生命周期理论为代表,主要探讨跨国公司的性质、作用以及对资本输入国经济发展的影响;后期阶段(20世纪80年代至今)以巴克利、卡森及拉格曼的内部化理论和邓宁的国际生产折衷理论为代表,结合地区性经济组织(如欧盟、亚太经合组织)的纷纷建立及全球经济一体化的发展,从新的角度考察企业的海外直接投资行为。

一、垄断优势理论

该理论是由美国经济学者海默创立,由金德尔伯格加以完善的。

20世纪60年代初,海默(S. H. Hymer)在他的博士论文《国内公司的国际经营:对外直接投资的研究》中提出,研究战后的对外直接投资,必须从不完全竞争的角度进行分析。他认为,厂商要对外直接投资,必须具备两个条件,即国外子公司的收益高于其国内投资的收益,更重要的是,跨国公司具有比东道国同类厂商更强的垄断优势。而投资获利的多少则取决于垄断优势的程度。

海默认为,在与东道国企业竞争时,跨国公司面临着一些不利因素:①东道国企业更能适应本国政治、经济、法律、文化诸因素所组成的投资环境;②东道国企业常能得到本国政府的优惠和保护;③东道国企业不必承担跨国公司所无法避免的费用、风险,如直接投资的汇率波动风险等。

但跨国公司也有着很大的垄断优势：①产品差异、商标专有、销售技术独特等，使跨国公司拥有对产品的垄断力量，实施价格垄断；②对某种专门技术的控制、对某些原材料来源的垄断，使其他企业不易进入该产品市场；③规模经济的优势，使跨国公司获取了低成本，也可以限制竞争者进入该产品市场。

所以，当跨国公司的这些垄断优势足以抵消在海外经营中的不利因素并压倒竞争对手时，它就可以获得更多的利润。

这一理论分析了企业进行对外直接投资的原因，但还存在局限性，即它不足以解释为什么一些中小厂商也能到国外去投资，为什么企业不采取商品直接出口方式等等问题。

二、产品生命周期理论

1966年，美国哈佛大学教授弗农（R. G. Vernon）在《产品周期中的国际投资和国际贸易》一文中提出了产品生命周期理论，之后，威尔等经济学家也发展了这一理论。产品生命周期理论认为，每一种新开发的科技产品都有一个生命周期，可分为四个阶段。

（一）创新阶段

创新阶段就是产品刚投入市场的阶段。在这一阶段，国内市场潜力很大，产品全部在国内生产并满足国内消费需要。在国际市场方面，主要是出口产品而不进行对外直接投资。

（二）成熟阶段

在成熟阶段，产品基本定型，生产走向规模化。随着生产和竞争的发展，生产工艺和方法开始扩散到其他地区，厂商开始向国外投资，主要投向市场需求大致相近的发达国家，以占领其市场。

（三）标准化阶段

激烈的竞争使产品的生产完全标准化，技术扩散使国外竞争者开始生产仿制品。此时生产的竞争集中表现在价格的竞争，促使跨国公司把生产基地转移到成本小、工资低的地区（通常是发展中国家），利用当地生产要素降低成本以保持竞争优势。

（四）衰退阶段

国外子公司的生产成本加上返销本国所需费用低于国内生产成本时，产品将会大量返销国内。这就表明产品已进入衰退阶段，如此时又有新产品推出，原产品生命周期即宣告完结。

产品生命周期理论部分揭示了战后美国跨国公司对外直接投资的动机和特征，发展了跨国公司理论。但其有一个较大局限性：没有考虑到事实上产品的创新并不是一次完成的，而是一个不断改进和完善的过程。

三、内部化理论

内部化理论是由英国经济学家巴克利（P. J. Buckley）、卡森（M. C. Casson）于1976年在他们合作出版的《跨国公司的未来》一书中提出的,之后加拿大学者拉格曼又进一步加以发展。

内部化是指在公司内部建立市场的过程,以公司内部市场代替外部市场,从而解决市场不完善带来的不能正常进行供需交换的问题。

内部化理论从外部市场的不完善与跨国公司分配其内部资源的关系来说明对外直接投资产生的原因。

首先,由于市场尤其是技术、管理、专利、信息等中间产品市场不完善,公司通过外部市场交易的成本很高。而影响中间产品市场交易成本的主要是四种因素:①行业特定因素,包括中间产品的特性、外部市场结构等;②国别特定因素,指东道国政府的政治、法律、经济状况;③地区特定因素,即地理位置、社会心理、文化差异等;④企业特定因素,如企业的组织结构、管理经验、控制和协调能力等。

其次,当企业可以分配其内部资源、把互相信赖的生产经营活动置于同一控制之下时,如果将交易改在公司所属子公司之间进行,形成公司内部市场,就能克服外部市场交易障碍和市场不完善造成的风险和损失。

最终,当内部化过程超越了国界,便产生了跨国公司。

该理论有助于理解国际间的资本流动,但其不足之处是不能解释对外直接投资的区域布局。

四、国际生产折衷理论

英国经济学家邓宁在综合以前各位学者观点的基础上提出了国际生产折衷理论。1981年,邓宁在其出版的《国际生产与跨国企业》专著中对国际生产折衷理论进行了系统、详尽的阐述。

该理论的核心是强调跨国公司在做投资决策时受到三种优势的影响,这三种优势的具备情况决定了企业是采用直接投资还是非股权资本参与(包括管理合同、劳务合同、许可证协议、销售协议等)的投资形式进行投资,还是利用出口占领国外市场。企业必须同时兼备所有权优势、内部化优势和区位优势才能从事有利的对外直接投资活动。

具体而言,这三种优势是:

(一)所有权优势

所有权优势是指一国企业拥有或能够获得的国外企业所没有或在同等成本条件下无法获得的资产及其所有权方面的优势,包括来自于对有形资产和无形资产的占有产生的优势、生产管理上的优势、规模经济所产生的优势、发明创造的能力、金融和货币的优势等等。

(二)内部化优势

内部化优势是指企业将拥有的所有权优势在企业内部配置、转让和有效利用而带来的优势。主要包括多国体系、组织结构和市场机制等方面,使企业避开外部市场机制的不完善性,通过境外直接投资方式,把所有权优势经过内部市场转移给国外子公司,从而取得更多的全球化经营的经济效益。

（三）区位优势

区位优势是指企业投资的区位即东道国所具有的特殊禀赋的优势。这种优势包括东道国丰富的自然资源、广阔的商品销售市场、低廉的生产要素成本、吸引外资的各种优惠的外贸和税收政策等。跨国公司在选择对外直接投资的地点和国别时总是把目光投向具有区位优势的国家和地区。

由此可见，对外直接投资是这三项优势整合的结果。如果企业只有所有权优势和内部化优势，这就意味着缺乏有利的国外投资场所，则企业最好将有关优势在国内加以利用，然后依靠出口打开国外市场；如果企业只拥有所有权优势和区位优势，则说明企业的所有权优势难以在内部发挥作用，最好采用许可证方式将其转让给国外企业；如果企业只有后两项优势，这就意味着企业缺乏对外直接投资的基本前提，向国外扩张就无法成功。

国际生产折衷理论对于分析发展中国家对外直接投资动机及优势有一定的借鉴作用，但它仍存在着一定的局限性，如将三项优势等量齐观且无动态变化地作分析，则不能科学、全面地解释发展中国家对外直接投资的诱因要素和发展状况等等。

随着跨国公司的发展，也不断地有跨国公司理论被提出。在本章后面的知识扩充部分将为大家介绍发展中国家的跨国公司理论。

第三节　跨国公司的经营特点

第二次世界大战以来，随着各国对外开放度的提高，企业作为市场主体，日益走向全球化的发展道路。进入 20 世纪 90 年代以来，在生产跨国化、贸易投资自由化、商品世界化、资本国际化和市场全球化的大趋势下，跨国公司作为一个综合性的经济实体，集商品的国际贸易、生产要素的国际移动和各种经济业务于一身，有着明确的全球战略目标和高度统一的管理体制。

目前，跨国公司的基本经营特点主要表现在以下几个方面。

一、实行全球化经营战略

所谓全球化经营战略，是指跨国公司将其全球范围的经营活动视为一个整体，其目标是追求这一整体利益的最大化，不考虑局部利益的得失。跨国公司通过对外直接投资，在世界范围内进行生产力配置：选择最合适的国家和地区，建立高度专业化的生产基地，通过分工协作，以最低廉的成本生产出适合世界各地需要的产品；在世界范围内考虑原料、劳动力雇用、产品销售和资金利用，充分利用东道国和各个地区的有利条件同世界市场上同行业的垄断企业竞争。也就是说，跨国公司让遍布世界各地的国外子公司参与生产、流通过程，而把最高决策权保留在总公司，由总公司对整个公司的投资计划、生产安排、价格体系、市场安排、利润分配、研究方向等重大问题作出决策，实行高度集中统一的管理。跨国公司采取全球化经营战略后，将不再孤立地考虑某一子公司所在国的市场、资源状况，不再计较一时一地的得失，而是让子公司根据总公司的全球化经营战略制定各自的经营计划，最终要取得整个公司在全球的最大利益。

小知识

跨国化指数

　　跨国化指数是指反映跨国公司海外经营活动的经济强度,是衡量海外业务在公司整体业务中地位的重要指标。企业国际化的深度不仅反映在组织形式的变化上,也必然表现在经济指标上。跨国化指数反映跨国公司海外经营活动的经济强度,是衡量海外业务在公司整体业务地位的重要指标。

　　联合国贸易与发展委员会(UNCTAD),每年要对全球100家最大跨国公司进行国外总资产与跨国化指数排序。其计算方法为:

　　跨国化指数=(国外资产/总资产+国外销售额/总销售额+国外雇员数/总雇员数)/3×100%]

　　跨国化指数用来综合评价企业国际化程度,即跨国化指数越高,企业的国际化程度就越高。

二、内部贸易发展迅速

　　跨国公司的内部贸易是指跨国公司的母公司与子公司、子公司与子公司之间的贸易,即在跨国公司内部进行的产品、原材料、技术与服务的交换。跨国公司的内部贸易发展很快,在整个世界贸易中占了很大的比重。1966年,跨国公司的内部贸易占到世界贸易的22%,而目前世界贸易总量的近80%为跨国公司内部贸易。第二次世界大战后,跨国公司内部贸易发展迅速的主要原因在于:①内部交易成本较低,与外部市场交易相比,它可以更好地控制供给和销售,减少谈判、签约等费用;②内部交易的规模和定价有助于跨国公司实现全球化经营战略,并且通过内部转移价值谋取高额利益,从而实现全球利益最大化;③内部交易可以扩大跨国公司的生产规模、提高产品质量,更好地适应规模经济和高新技术产品生产的需要;④内部交易能够让企业降低投入供应的数量、质量、价格等诸多不确定的风险。

三、推行综合型多样化经营

　　综合型多样化经营是指母公司内部、母公司和子公司各自生产不同种类的产品,甚至经营不同的行业。20世纪70年代以来,综合型多样化经营的跨国公司迅速地发展起来,其业务经营范围几乎无所不包,人们经常用"从方便面到导弹"这句话来形象地描述它。例如,美国杜邦公司和联合化学公司,德国巴登苯胺苏打公司和赫希斯染料公司,英国柯尔兹化学公司,日本朝日化学公司和住友化学公司等化学工业公司。除了经营化学工业产品以外,还兼营制药、食品、化妆品、首饰工艺品、纺织、冶金、电子、化肥、农药、运输和旅馆业等各种行业。

　　推行综合型多样化经营可以给跨国公司带来很大好处:①增强企业的经济实力,防止过剩资本形成,有利于全球化经营战略目标的实现,以确保其长期安全发展;②资金得以合理流动与分配,提高了各种生产要素和副产品的利用率;③便于分散风险,增强企业的灵活性;④可以充分利用生产能力,延长产品生命周期,能节省共同费用,使企业收益稳定增长。

四、拥有全面的技术优势

　　在国际竞争日益激烈、新技术层出不穷的情况下,为了保持竞争优势,或从一种优势转向另一种优势,就必须在研究与开发新技术、新工艺、新产品方面,始终保持领先地位。跨国公司规模庞大、综合性强、组织严密、经营范围广泛，使它能够开发出新的适用技术，拥有全面的技术优势。

每个跨国公司都把研究与开发当作获得技术优势的重中之重加以考虑。它们都设有专门的生产工艺研究机构，投入大量的研究与开发费用进行新技术、新产品的研发。例如，20世纪四五十年代，杜邦公司用了2700万美元、9年时间研制出了当时的新产品——尼龙，风靡一时，为公司带来了巨额收益；2018年德国大众汽车公司的研发投入高达131.35亿欧元。

正因为如此，第二次世界大战后迅速发展起来的新兴工业，如汽车、石化、制药和信息技术工业等，几乎全部为跨国公司所控制。

五、侧重用非价格手段争夺市场

传统的价格竞争是指企业通过降低生产成本，以低于国际市场或其他企业同类货物的价格，在国外市场销售产品，打击和排挤竞争对手，扩大货物销路。非价格竞争是指企业通过提高产品质量和性能，改善售前、售后服务，提供优惠的支持条件，更新商标牌号，保证及时交货等手段来提高产品的质量，利用信誉和知名度来增强产品的竞争能力，增加产品的销售量。

目前，跨国公司较多应用非价格竞争手段来争夺世界市场，它们主要从以下几个方面提高货物的非价格竞争能力：①提高产品质量，以符合国际标准，逾越贸易技术壁垒；②加强售后技术服务，提高商品性能，延长使用期限；③提供分期付款等优惠的支付条件；④加速产品的升级换代，不断推出新产品，更新花色品种；⑤不断设计新颖和多样的包装装潢，注意其"个性化"；⑥加强广告宣传，大力研究改进广告销售术。

另外，正如本章开篇导入案例中提到的那样，面对不断加剧的市场竞争，英—荷公司联合利华和美国宝洁公司等跨国企业纷纷开始本地化经营，这也是非价格竞争手段的一种。

六、建立跨国公司联盟

当代的跨国公司除了相互竞争之外，也认识到相互之间的联盟或者联合能给各自带来种种好处。国际市场竞争联合化可以分担研究和开发费用，分散投资风险，共同开拓市场。这些跨国公司联盟可能是若干个势均力敌的大跨国公司相互结盟，也可能是由一家大的跨国公司和一批中小跨国公司组成跨国集团。它们可能联合在某个地方设厂，可能合资建立研究开发机构，可能一起收购第三个企业，也可能相互使用对方的营销渠道，互换研究开发成果。总之，参加跨国公司联盟的企业通过发挥各自的优势形成互补关系，提高整体竞争力，扩大各自的进出口贸易和市场份额。

跨国公司的经营特点决定了跨国公司已成为影响世界经济发展的重要因素。

第四节　跨国公司对国际贸易的影响

第二次世界大战后，跨国公司不仅数量日益增加，而且在世界经济贸易中的地位不断提高，对国际贸易发展的方方面面起着举足轻重的作用，产生了重要影响。例如，2010年跨国公司的全球生产带来约16万亿美元的增量,约占全球GDP的四分之一。跨国公司外国子公司的产值约占全球GDP的10％以上和世界出口总额的三分之一。

一、跨国公司对国际经济贸易的影响

跨国公司对国际经济贸易的发展既有促进作用也有阻碍作用。

其促进作用主要表现在以下几个方面:

(一)增加世界投资总量

跨国公司将母国的闲置资本投向世界市场,不仅使母国的闲置资本得以增值,而且可以促进投资所在国的经济发展,从而扩大了世界投资的规模,增加了全球的经济利益。例如,2002年跨国公司的总投资已超过7万亿美元,比1980年增长了14倍。

(二)促进国际贸易的增长

跨国公司拥有雄厚的资金、科学的管理体制、巨大的销售规模和遍布全球的分支机构,它的对外直接投资与销售额不断扩大,必然会促进国际经济贸易的增长。2012年跨国公司直接外资存量达到23万亿美元,跨国公司的外国子公司创造了价值26万亿美元的销售额。

(三)改变国际贸易的商品结构

跨国公司对外投资主要集中在资本和技术密集型的制造业部门,这就直接影响着国际贸易商品结构的变化,使得国际贸易商品结构中制成品的比重上升,初级产品的比重下降。在制成品贸易方面,少数跨国公司控制着许多制成品贸易。例如,20世纪80年代,22家跨国汽车公司控制了资本主义国家汽车生产的97％,11家最大的农机公司的销售额占世界农机销售总额的70％以上。

(四)推动国际技术贸易的发展

跨国公司拥有全面的技术优势,生产经营的国际化使得新技术、新观念、新知识传播推广到世界各地。目前,国际技术转让的80％为跨国公司所拥有。

跨国公司的消极作用主要体现在:跨国公司往往利用其庞大的跨国分支机构和复杂的组织结构逃避各国的监管规则,甚至利用其巨大的影响力对规则进行修改,追逐利益最大化;利用其垄断和独占地位对一个行业或多个行业进行控制,制定有利于自己的行业标准和产品标准,为新公司的进入设置壁垒,阻碍市场竞争,让国家利益甚至国际利益为公司利益服务,从而带来资源配置效率的降低和利益分配的不公平。

二、跨国公司对母国国际经济贸易的影响

(一)积极影响

它的积极影响主要表现在以下几方面:

1. 可以绕过贸易壁垒

随着世界市场竞争的加剧,向外出口商品会遇到各种各样的关税和非关税壁垒,采用对外直接投资,就可以绕过贸易壁垒,进入东道国的市场,在那里建立生产和销售网。

2. 提高竞争能力

通过对外直接投资,可以使母国的丰富资源得以输出,稀缺资源得以弥补,就地生产和销售商品,减少运输成本和其他费用;可以更好地使产品适应当地市场的消费水平和消费习惯,缩短了交货时间,易于提供售前和售后服务。这些都会提高产品的竞争能力。另外,跨国公司利用其分布全球的生产销售网可以迅速而准确地获取国外各种商业信息、资料和数据,增强企业竞争能力,使其在国际竞争中立于不败之地。

3. 为母国带来了巨额的经济利益

2012年,跨国公司的外国子公司销售额已达到约26万亿美元。从国外带回的高额收入提高了母国投资者、管理者、技术人员和工人的收入水平。

4. 增加国际贸易渠道

跨国公司在国外投资建厂不仅可以进入当地市场的销售渠道,而且也可以利用东道国的国际贸易渠道,扩大对其他国家的产品出口。

（二）消极影响

其对母国国际经济贸易的消极影响主要在于:

①对外投资减少了国内的就业机会,降低了就业水平;②跨国公司通过对外投资,逃避母国税收,减少了母国的财政收入;③由于跨国公司在国外投资建厂,本国的制造业比重逐渐下降,削弱了母国在资本和技术上的优势。

三、跨国公司对东道国国际经济贸易的影响

跨国公司对东道国国际经济贸易的积极影响有以下几方面:

第一,跨国公司的对外直接投资和私人信贷补充了东道国进口资金的短缺,促进了该国经济发展。

第二,跨国公司通过购买和私营化而进行的国际直接投资对东道国企业的资产重组及产业结构的调整起到了间接的推动作用,增强了东道国企业的国际竞争力。

第三,跨国公司的直接投资带来了新的设施,增加了东道国的资本存量,扩大了生产和就业,提高了东道国居民的收入水平。

第四,跨国公司能够促进东道国的技术进步,加速东道国对外贸易商品结构的变化。以中国为例,流入高科技产业和高端制造业(如先进电子元器件生产)的外国投资快速增长。外资研发中心总数在2012年底达到约1800家。中国吸收外资的质量和结构不断改善。

跨国公司给东道国带来有利影响的同时,也带来许多消极影响。这种消极影响主要是跨国公司与东道国由于经济利益的不一致而产生的种种矛盾。因为跨国公司采取的是全球化经营战略,追求的是整个公司的整体经济利益,有时就会牺牲某些子公司的利益,进而损害这些子公司所在东道国的经济利益。另外,这种消极影响还包括政治、经济、文化等方面的制度冲突,尤其是借助于技术控制的经济控制,有可能对东道国的经济安全和国家安全构成一种威胁。对此,东道国应制定正确的应对措施,扬长避短,趋利避害。

本章包括四方面内容：第一,跨国公司的含义、形成与发展；第二,跨国公司的有关理论；第三,跨国公司的经营特点；第四,跨国公司对国际经济贸易的影响。

一、跨国公司是以母国为基地,通过对外直接投资和其他形式,在两个或更多的国家建立子公司或分支机构,从事国际化生产或经营的企业

跨国公司的发展阶段—┬ 起源:19 世纪 60 年代,资本输出
　　　　　　　　　　 └ 发展:第二次世界大战后,由于多种因素的影响,跨国公司
　　　　　　　　　　　　　　 迅猛地发展起来

二、跨国公司理论　┬ 垄断优势理论
　　　　　　　　　　 ├ 产品生命周期理论
　　　　　　　　　　 ├ 内部化理论
　　　　　　　　　　 └ 国际生产折衷理论

三、跨国公司的经营特点　┬ 实行全球化经营战略
　　　　　　　　　　　　　 ├ 内部贸易发展迅速
　　　　　　　　　　　　　 ├ 推行综合型多样化经营
　　　　　　　　　　　　　 ├ 拥有全面的技术优势
　　　　　　　　　　　　　 ├ 侧重用非价格竞争手段争夺市场
　　　　　　　　　　　　　 └ 建立跨国公司联盟

四、跨国公司对国际贸易的影响—┬ 跨国公司对国际经济贸易的影响
　　　　　　　　　　　　　　　　 ├ 跨国公司对母国国际经济贸易的影响
　　　　　　　　　　　　　　　　 └ 跨国公司对东道国国际经济贸易的影响

本章复习思考题:

1. 跨国公司由哪几个基本要素构成?

2. 简述产品生命周期理论。

3. 邓宁在国际生产折衷理论中提出,跨国公司作投资决策时受到三种优势影响。这三种优势是什么?

4. 跨国公司的经营特点有哪些?

5. 分析一下跨国公司对国际经济贸易的影响。

知识扩充

发展中国家跨国公司理论介绍

在 20 世纪 80 年代以前,发展中国家的对外直接投资是微不足道的。据《1997 年世界投资报告》统计,1979—1981 年间,发展中国家年均对外直接投资流量仅为 13 亿美元,占世界对外直接投资流量的比重为 2.3%。然而,80 年代中期以后,发展中国家的对外直接投资增

长迅猛。1986—1990年间,发展中国家年均对外直接投资流量达到117亿美元,所占比重上升到6.7%。发展中国家对外直接投资的增长,主要得益于亚洲新兴工业化国家和地区的推动。亚洲新兴工业化国家和地区对外直接投资带有明显的外向化和多元化的特点,北美、欧盟、澳大利亚和拉美成为对外直接投资的最重要的东道国或地区。为什么缺乏垄断优势的发展中国家企业会对美、欧等发达国家投资呢?这在传统的跨国公司理论中很难找到合理的解释。而发展中国家跨国公司理论对发展中国家直接投资动因进行了探索。以下就是其中的两个。

1. 小规模技术理论

美国经济学家 Wells(1983 年)提出了小规模技术理论。该理论认为,发展中国家跨国公司的竞争优势来自低生产成本。具体而言,发展中国家的企业拥有为小市场服务的生产技术,这些技术具有劳动密集型的特征,成本较低,灵活性较高,特别适合小批量生产,能够满足低收入国家制成品市场的需要。而发达国家跨国公司拥有的大规模生产技术在这种市场无法获得规模效益,发展中国家企业可以利用其小规模生产技术在竞争中获得优势。

该理论还指出种族纽带和民族文化的特点是发展中国家企业对外直接投资的优势。一个突出的例子是华人社团在食品加工、餐饮、新闻出版等方面的需求,带动了一部分东亚、东南亚国家和地区的海外投资。

另外,该理论还提出物美价廉是发展中国家跨国公司抢夺市场份额的秘密武器。发达国家跨国公司的产品营销战略往往是投入大量广告费用,树立产品形象,以创造名牌产品效应。而发展中国家跨国公司则花费较少的广告支出,采取低价营销战略。

2. 技术地方化理论

Lall(1983 年)在对印度跨国公司竞争优势进行分析后提出了技术地方化理论。与 Wells 相比,他更强调企业技术的再生过程。他认为,发展中国家对发达国家的技术引进并不是被动的模仿和复制,而是进行了改造、消化和创新,这种创新活动往往受当地生产供给、需求条件和企业学习活动的直接影响,使引进的技术更加适合发展中国家的经济条件和需求,不同于从发达国家引进的源技术。

该理论把发展中国家跨国公司研究的注意力引向微观层次,以证明落后国家企业以比较优势参与国际生产和经营活动的可能性。

第 六 章　国际贸易政策

　　国际贸易政策是有关国际贸易理论的具体运用，是在开放条件下，一国调整国际收支、保持经济稳定与发展的重要手段，是国际贸易环境的重要组成部分。

　　本章系统地介绍了贸易政策的概念、特点，以及有关的贸易政策创新等内容，并介绍了国际贸易理论的主要流派。

导入案例

美国新英格兰地区多丘陵、岩石和树林，冬天冷，不符合种植烟草所要求的温度气候、土壤条件，但烟草却是当地出产的农作物之一。虽然美国加利福尼亚州的土地更适合种植烟草，但那里的土地却没有用来种植烟草，而是用来种植蔬菜、水果。如何来解释这一现象？（你可以在本章的几节中找到答案）

第一节　国际贸易政策概述

一、国际贸易政策的基本内容

（一）国际贸易政策的含义

国际贸易政策是世界范围内各国对外贸易政策的总和,是世界经济活动中国与国之间经济贸易关系的基本原则的体现。从一国或一地区的角度看,它表现为对外贸易政策。对外贸易政策是一国(或地区)在一定时期内制定的指导对外贸易活动的原则、条例、法令、法规和措施。

（二）国际贸易政策的目的和构成

各国制定对外贸易政策的目的在于维护国家经济安全,具体表现在:保护本国市场,扩大本国产品和服务的出口市场,促进本国产业结构的改善,积累资本和资金,维护本国对外的经济和政治关系。

各国的对外贸易政策由下述内容构成:

1.对外贸易总政策

对外贸易总政策包括货物和服务的进口总政策和出口总政策。它是一国从整个国民经济出发,在一个较长时期内实行的政策。该政策是对外贸易发展的总原则。

2.进出口货物与服务贸易政策

进出口货物与服务贸易政策是根据对外贸易总政策、经济结构和国内市场状况等分别制定的政策。

3.对外贸易国别政策

对外贸易国别政策是根据对外贸易总政策、对外经济和政治关系制定的国别和地区政策。

二、国际贸易政策的类型与演变

（一）国际贸易政策的类型

从对外贸易产生与发展以来,基本上有两种类型的对外贸易政策,即自由贸易政策和保护贸易政策。但在不同时期和不同国家(或地区),自由贸易程度和保护贸易程度有所不同。

1.自由贸易政策

自由贸易政策的主要内容是:国家取消对进出口货物和服务贸易等的限制和障碍,取消对本国进出口货物和服务贸易等的各种优惠与扶持,使货物自由进出口,服务贸易自由经营,在国际市场上自由竞争。

2.保护贸易政策

保护贸易政策的主要内容是:国家采取各种措施限制进口和控制经营领域与范围,保护本国产品和服务在本国市场上免受外国产品和服务等的竞争,并对本国出口货物与服务贸易提供优惠和补贴,以奖励出口。

国际贸易概论

（二） 国际贸易政策的演变

在资本主义生产方式准备时期，为了促进资本的原始积累，西欧各国普遍实行重商主义的保护贸易政策，通过限制货币（贵重金属）流出、货物进口和鼓励货物出口的办法，扩大贸易顺差，以增加货币积累。其中，英国实行得最为彻底。

在资本主义自由竞争时期，工业资本占统治地位，世界经济进入货物和资本自由化阶段。这个时期对外贸易政策的基调是自由贸易，英国就是当时主张实行自由贸易政策的国家。但由于各国经济发展水平不同，一些经济发展起步较晚的国家，如德国和美国，则采取了保护贸易政策。

在资本主义垄断时期前期（19 世纪 70 年代到第二次世界大战前），垄断资本占统治地位，垄断组织之间争夺世界市场的斗争日益加剧，引发两次世界大战，欧美主要资本主义国家实行带有垄断性质的超保护贸易政策。第二次世界大战之后，随着生产和资本的国家化，出现了世界范围的贸易自由化，刚走上政治独立的广大发展中国家为保护和发展民族经济，则实行了贸易保护政策。

20 世纪 70 年代中期以后，由于经济危机和石油危机的冲击等原因，资本主义经济处于低速增长的滞胀时期，争夺世界市场的斗争又日益尖锐。尤其是随着中国等新兴发展中国家经济与对外贸易的迅速发展，一些西方发达国家又以各种理由举起了贸易保护的大旗。随着科学技术的进步和生产力的不断发展以及国际政治经济形势的相对稳定，国际贸易的规模越来越大，国际贸易的商品结构和地区分布与战前相比发生了重大变化，同类产品之间的贸易量大大增加，发达国家之间的贸易比重不断扩大，产业内贸易发展迅速。

20 世纪 90 年代之后，随着世界经济的好转和经济全球化的加速，贸易自由化在已有基础上，进一步向纵深发展，成为世界各国对外贸易政策的主流。1995 年世界贸易组织成立，取代关贸总协定成为多边贸易体制的组织和法律基础。地区性经贸集团主动推行贸易自由化，欧盟不仅实现商品、生产要素的自由流动，还发行了统一的货币——欧元；北美自由贸易区在 2003 年前实现了货物和大部分服务贸易的自由化；在亚洲地区，东盟十国和中日韩的经贸合作也在不断深入。

然而，2008 年以来，美国次贷危机引发了全球性金融危机，欧洲国家深陷主权债务危机泥潭，主要发达国家的贸易保护主义呼声又一次加大，发展中国家和新兴工业化国家的工业品出口成为抵制对象。

三、对外贸易政策的制定与执行

（一） 制定对外贸易政策应考虑的因素

对外贸易政策属于上层建筑，它既反映了经济基础和统治阶级的利益与要求，又维护和促进经济基础的发展。各国在制定贸易政策过程中，要考虑以下因素：①本国经济结构与比较优势。②本国产品在国际市场上的竞争能力。③本国与别国在经济、投资方面的合作情况。④本国国内物价、就业状况。⑤本国与他国的政治关系。⑥本国在世界经济、贸易制度中享有的权利与应尽的义务。⑦各国政府领导人、政策决策者的经济思想与贸易理论。

各国对外贸易政策的制定与修改是由国家立法机构进行的。最高立法机构在制定和修改对外贸易政策及有关规章制度前，要征询各个利益集团的意见。如发达资本主义国家一般要征询大垄断集团的意见,各垄断集团通过各种机构如企业联合会和商会的领导人经常协调、确定共同立场,向政府提出各种建议,甚至派人参与制定或修改有关对外贸易政策的法律草案。

最高立法机关所颁布的对外贸易各项政策,既包括一国较长时期内对外贸易政策的总方针和基本原则,又规定某些重要措施及给予行政机构的特定权限。例如,美国国会往往授予美国总统在一定的范围内制定某些对外贸易法令、进行对外贸易谈判、签订贸易协定、增减关税和确定数量限额等的权利。

(二)对外贸易政策的执行方式

各国对外贸易政策是通过以下方式执行的:

通过海关对进出口贸易进行管理。海关是设在关境上的国家行政管理机关,是贯彻执行本国有关进出口政策、法令和规章的重要工具。它的主要职能是:对进出国境的货物、物品和运输工具进行实际监督管理;稽征关税及代征法定的其他税费;查禁走私,一切进出国境的货物、物品和运输工具,除国家法律有特别规定的以外,都要在进出国境时向海关申报,接受海关检查。

国家广泛设立各种机构,负责促进出口和管理进口,如:美国商务部、美国贸易代表办公室、美国国际贸易委员会等。

政府出面参与各种国际经济贸易机构与组织的活动,进行国际贸易等方面的协调工作,如世界贸易组织。

第二节 自由贸易政策

一、自由贸易政策的兴起

(一)重商主义

重商主义是欧洲资本原始积累时期代表商业资本利益的一种经济思想和政策体系,它产生于 15 世纪,全盛于 16 世纪至 17 世纪上半叶,17 世纪下半叶开始衰落。重商主义最初出现在意大利,后来流行于西班牙、葡萄牙、荷兰、英国和法国等。在此期间,封建主义经济基础逐渐瓦解,资本主义因素迅速发展。与此相适应,产生了重商主义的对外贸易政策,它是重商主义的重要组成部分。

重商主义分为早期重商主义和晚期重商主义。

1. 早期重商主义(15 世纪至 16 世纪中叶)

早期重商主义高度重视金银,视金银为一国货币的基础,认为货币不但是一国富有的象征,也是衡量一国财富的标准。因此,早期重商主义被称为"重金主义"。根据早期重商主义理论而制定的政策的主要特点是:在金银货币上,不许输出,只许输入;在对外贸易上,绝对的多卖少买,甚至只卖不买;在对外收支上,对每个国家都要保持顺差,由国家垄断全部货币贸易。所以,早期重商主义理论又被称为"货币差额论"。

2. 晚期重商主义(16 世纪下半叶至 17 世纪末)

随着商业资本的高度发展,工场手工业已经产生,信贷事业开始发展,商品货币经济迅速发展。早期重商主义的政策日益不符合商业资产阶级的利益,逐步被晚期重商主义代替。

晚期重商主义理论的最主要代表人物是英国的托马斯·孟(1571—1641),他的主要著作——《英国得自对外贸易的财富》被认为是重商主义的"圣经",马克思称他为"重商主义的福音"。托马斯·孟指出:"货币产生贸易,贸易增多货币。"他认为增加财富的手段是发展对外贸易,但必须遵循的原则是出口商品总值要大于进口商品的总值,每年的进出口贸易要保持顺差,以增加货币的流入量。他着眼于追求对外贸易顺差的理论,又被称为"贸易差额论"或"真正的重商主义"。托马斯·孟主张扩大农产品和工业品的出口,减少外国制品的进口,反对英国居民消费英国能够生产的外国产品。他还主张发展加工工业,发展转口贸易。

由此可见,晚期重商主义比早期重商主义在认识上前进了一步。早期重商主义把货币和商品对立起来,孤立地看待货币,千方百计把货币保存在国内;而晚期重商主义把货币和商品结合起来,把货币投入对外贸易中,通过获得贸易顺差换回更多的货币。

根据晚期重商主义理论制定的政策的主要特点是:在金银货币上,允许输出,但要从事海外贸易;在对外贸易上,增加出口,扩大贸易顺差;在对外收支上,不必对每个国家的对外贸易都保持顺差,只要使本国在一定时期内总的对外贸易保持顺差即可。

晚期重商主义政策的实行,在生产上促进了工场手工业的发展,增加了手工业制品的出口,扩大了贸易顺差,为商业资产阶级积累了更多的货币资本。

当时实行这一政策的主要是西欧国家,以英国最为典型。英国采取的具体政策主要有:国家垄断对外贸易,独立进行对外贸易;限制进口,征收保护关税;在殖民地经营独占性贸易和海运,使其成为本国原料的供应地和本国制成品的出口市场;实行谷物法,限制谷物进口;实行航海法,规定一切输往英国的货物必须用英国船只或原出口国船只运输;鼓励外国技工移入,限制本国技工外流;鼓励人口出生,以增加劳动力。

表6-1　早期重商主义与晚期重商主义的区别和联系			
相同点	主要的不同点	早期重商主义	晚期重商主义
(1) 提倡各国需采取保护贸易政策 (2) 增加财富的积累、防止财富外流	(1) 对财富看法不一致	金银货币即财富	商品和劳务也是财富
	(2) 对如何积累财富的看法不同,采用贸易措施不同	只允许财富流入,禁止流出	不禁止流出,只要财富是净流入即可
	(3) 对待货币流动的态度不同	把货币单纯保存(静态保存)	把货币作为资本进行投资,看重增值

(二) 英国自由贸易政策的兴起

18世纪中叶,英国开始进入产业革命,使英国"世界工厂"的地位得到确立并获得巩固,具备与外国商品进行竞争的能力。在这种状况下,重商主义的保护贸易政策便成为阻碍英国经济发展和英国资产阶级对外扩张的一大障碍。因此,英国新兴产业资产阶级迫切要求废除重商主义的对外贸易政策,倡导自由贸易。他们反对各种限制进口的措施,要求其他国家供给英国粮食、原料和市场,而由英国向他们提供工业制成品。

英国新兴产业资产阶级要求废除重商主义的对外贸易政策,其主要理由是:

第一，英国产业革命的发展促使英国必须从国外取得廉价的工业原料与粮食(廉价粮食是低工资的前提条件)，因而反对各种限制进口的保护措施。

第二，英国的产业革命早于其他国家，其产品物美价廉，具有强大的国际竞争力，因而自由贸易对其较为有利。

在19世纪20年代，英国工业资产阶级以伦敦和曼彻斯特为基地开展了一场大规模的自由贸易运动，运动的中心任务是废除谷物法。工业资产阶级经过不断斗争，最后战胜了地主、贵族阶级，使自由贸易政策逐步得到实施。其主要表现为：英国逐渐废除了"谷物法"和"航海法"；取消了"特权公司"；允许一切行业和个人从事对外贸易；废止了对殖民地贸易的优惠政策；关税税率逐步降低，纳税商品数目逐步减少；与其他国家签订贸易条约。

在英国的带动下，19世纪中叶，许多国家降低了关税，荷兰、比利时相继实行了自由贸易政策。

二、自由贸易理论和政策

(一) 自由贸易理论的形成

随着工业资本超过商业资本并开始占统治地位，代表工业资产阶级利益的自由贸易理论和政策便应运而生。亚当·斯密(1723—1790)是英国古典政治经济学的主要奠基人之一，也是国际分工和国际贸易理论的创始者，倡导自由贸易的先驱者。他在其名著《国民财富的性质和原因的研究》(简称《国富论》)一书中批判了重商主义，创立了自由放任的自由主义经济理论，在国际贸易理论方面提出了主张自由贸易的绝对优势理论。大卫·李嘉图(1772—1823)在此基础上提出比较优势理论，主要代表作是《政治经济学及赋税原理》。约翰·穆勒(1806—1873)和阿弗里德·马歇尔(1842—1924)是相互需求论的主要代表人物，对比较优势理论作了重要的说明和补充，他们的代表作分别是《政治经济学原理》和《经济学原理》。瑞典经济学家赫克歇尔和俄林在李嘉图比较优势理论的基础上提出了要素禀赋理论(又称赫克歇尔-俄林模型)。

(二) 自由贸易理论的要点

第一，自由贸易可以形成互相有利的国际分工。在自由贸易下，各国可以按照自然条件(亚当·斯密)、比较优势(大卫·李嘉图)和要素丰缺(俄林)状况，专心生产其最有利、有利较大或不利较小的产品，促成各国的专业化。这种国际分工可以带来下列利益：①分工和专业化可以增进各国各专业的特殊生产技能；②使生产要素(土地、劳动与资本)得到最优化的配置；③可以节省社会劳动时间；④可以促进发明。分工范围越大，市场越大，生产要素配置越合理，获取的利益就越多。

第二，扩大国民真实收入。此一论点由国际分工理论推演而来。自由贸易理论认为，在自由贸易环境下，每个国家都根据自己的条件发展最善于生产的部门，劳动和资本就会得到正确的分配和运用，再通过贸易以较少的花费换回较多的商品，就能增加国民财富。

第三，在自由贸易条件下，可进口廉价商品，减少国民开支。

第四，自由贸易可以反对垄断、加强竞争、提高经济效率。独占或垄断对国民经济不利，其原因是独占或垄断会抬高物价，被保护的企业不求上进，生产效率降低，造成落后，削弱竞争能力等。

第五,自由贸易有利于提高利润率,促进资本积累。李嘉图认为,随着社会的发展,工人的名义工资会不断上涨,从而引起利润率的降低。他认为,要避免这种情况,并维持资本积累和工业扩张的可能性,唯一的办法就是自由贸易。

小思考

假定英国和法国都生产小麦和布两种商品,所需劳动成本如表所示:

成本计量单位	商品	英 国	法 国
劳动小时/小麦(公斤)	小麦	50	40
劳动小时/布(米)	布	20	80

假设两国生产这两种商品的劳动具有同等素质,且可以在两种商品的生产部门之间互相转移,两国又都需要消费小麦与布。

问题:(1) 在闭关自守、两国不发生贸易的条件下,生产和消费情况如何?
　　　(2) 在两国发生自由贸易的情况下,生产和消费情况如何?

(三) 对自由贸易政策和理论的评价

自由贸易政策促进了英国经济和对外贸易的迅速发展,使英国经济跃居世界首位。1870年,英国在世界工业生产中所占的比重为 32%。在煤、铁产量和棉花等原材料消费量中,各占世界总量的一半左右。英国在世界贸易总额中的比重上升到近 1/4,几乎相当于法、德、美各国的总和,它拥有的商船吨位居世界第一位,约为荷、美、法、德、俄各国商船吨位的总和。伦敦成为国际金融中心,英镑成为世界货币,世界各国的公债和公司证券都送到英国来推销。

自由贸易理论为自由贸易政策制造了舆论,成为论证自由贸易政策的有力武器。

自由贸易理论存在以下问题:

一是自由贸易理论者以各种利益来掩盖英国资本对外自由扩张的实质。

二是李嘉图所谓自由贸易能引起各国普享其利的国际分工,也掩盖了以英国为中心的国际分工形成和发展的实际状况。

第三节　保护贸易政策

一、自由竞争时期的保护贸易政策

(一) 汉密尔顿的保护贸易理论

19 世纪初,美国、德国等后起的资本主义国家的经济虽有所发展,但还很落后,无法与英国竞争,为了保护本国工业的发展,抵制英国工业品的入侵,就要求实行保护贸易政策。正是在这种情况下,代表美、德工业资产阶级利益的保护贸易理论和政策应运而生。当时保护贸易理论的代表人物是美国的亚历山大·汉密尔顿(1757—1804)和德国的弗里尤里希·李斯特(1789—1846)。

国际贸易概论

汉密尔顿是美国元勋、政治家和金融家,美国第一任财政部长。美国独立前,英国采取限制美国工业发展的政策。独立后,英国工业品输美又严重影响了美国工业的发展。当时摆在美国面前有两种选择:一是实行保护关税政策,独立自主地发展自己的工业,特别是制造业,以彻底摆脱西欧殖民主义的经济控制;二是实行自由贸易政策,成为英、法等国原料产地和工业品的销售地。当时,汉密尔顿代表北方工业资产阶级的愿望和要求,于1791年12月向国会提交了《关于制造业的报告》。他在该报告中大力主张实行保护贸易政策。

汉密尔顿在《关于制造业的报告》中阐述了保护和发展本国制造业的必要性和有利条件,认为发展工业可促进机器的使用。使用机器所创造的价值比农业高得多,从而增加财政收入。使用机器还可促进社会分工,培养技术人才,工业发展了,作为工业原料的农产品销售就有保证。他认为:一个国家如果没有制造业的发展,就很难保持政治及经济上的独立地位。美国制造业起步晚、基础薄弱、技术落后、生产成本高,根本无法同英、法等国的制造业进行竞争,因此美国应实行保护关税制度,使新建立起来的工业得以生存、发展和壮大。

汉密尔顿提倡的具体政策主要包括:向私营工业发放政府贷款,为其提供发展资金;实行保护关税制度,以高关税来限制外国工业品的输入,保护国内新兴工业;限制重要原料出口,免税进口急需原料;为必需品工业发放津贴,给各类工业发放奖励金;限制改良机器及其他先进生产设备输出;建立联邦检查制度,保证和提高制造品质量;吸收国外资金,以满足国内工业的发展需要;鼓励移民迁入,以增加国内的劳动力供给。

汉密尔顿的主张虽然仅有一部分被美国国会所采纳,却对美国政府的内外经济政策产生了重大和深远的影响,促进了美国资本主义的发展,具有进步的历史意义。美国实行该政策以后,工业产值于1890年超过了农业产值,并超过了英国,跃居世界首位。该理论也为落后国家进行经济自卫和与先进国家相抗衡提供了理论依据。这一理论的提出标志着从重商主义分离出来的西方国际贸易理论两大流派已基本形成。直到今天,该理论所主张的贸易保护政策仍然是世界上许多国家管理对外贸易的一种重要手段。

 小资料

美国依靠贸易保护起家

美国从独立战争到美西战争,经过了大约一个多世纪从殖民地到初步强大起来,又经过了大约半个世纪从初步强大到独步天下。美国崛起的秘诀之一,就是实施以高关税为主要特征的贸易保护主义政策。在整个19世纪里,美国的关税税率总的来说是越来越高,从1789年通过第一个关税法案时的5%提高到1825年的45%,直至第二次世界大战结束以前还很高。正是在高关税保护下,美国工业避开了外国竞争冲击并顺利发展,很快赶上了英国,美国企业才能在广阔的国内市场的剧烈竞争中逐渐强大起来,进而出击国际市场。现任总统特朗普为了所谓的"美国利益优先",于2018年又一次发起了对中国输美2000亿美元产品加征10%关税的中美贸易战。以后屡次威胁要对更多中国输美产品加征关税,遭到了美国大多数进口者的反对。

(二)李斯特的保护幼稚工业论

德国在19世纪70年代以后,为使新兴的产业避免外国工业品的竞争,使之能充分发展,不断实施保护贸易措施。1879年,俾斯麦改革关税,对钢铁、纺织品、化学品、谷物等进行关税竞争。1898年,德国又通过修正关税法,成为欧洲高度保护贸易的国家之一。

李斯特是著名的德国经济学家,资产阶级政治经济学历史学派的主要先驱者,保护贸易的倡导者,其代表作是1841年出版的《政治经济学的国民体系》。在该书中,他猛烈抨击了古典学派的自由贸易学说,建立了一套以保护关税制度为核心、以幼稚工业为保护对象、为经济落后国家服务的国际贸易学说——保护幼稚工业论。

生产力理论是李斯特保护幼稚工业论的理论基础。李斯特从德国工业资产阶级的利益出发,关心提高生产力,特别是关心德国的工业生产力的提高。在他看来,财富本身固然重要,但发展生产力更为重要。他把生产力与财富的关系比喻为果树与果实的关系。生产力犹如结果实的果树,而财富则是果树结出的果实。因而,他认为一个国家开展对外贸易应着眼于提高生产力,而不能仅着眼于财富存量的多少。

李斯特指出,为自由贸易政策服务的"比较成本说"不利于德国生产力的发展,因为德国的生产力发展水平还很低,如果实行自由贸易政策,德国的幼稚工业就难以同强大的英、法工业进行竞争,所以必须实行保护国内工业的政策。如果德国采取保护关税政策,一开始会使工业品的价格提高,但经过一段时期,生产力发展,商品生产费用将会下降,届时商品价格甚至会低于外国进口商品的价格。

经济发展阶段论是李斯特保护幼稚工业论的理论依据。李斯特批评古典国际贸易理论"没有考虑到各个国家的性质以及他们各自的特有利益和情况",是忽视民族特点的世界主义经济学。他主张根据各国经济发展的不同阶段采取不同的对外贸易政策。李斯特根据国民经济发展程度,把国民经济的发展分为五个阶段,即原始未开化时期、畜牧时期、农业时期、农工业时期、农工商时期。他认为各国所处的经济发展阶段不同,采取的贸易政策也应不同。在原始未开化和畜牧业阶段,基本上处于未开化状态,没有国家,没有对外贸易。在农业阶段,国家应实行自由贸易政策,以利于农产品的自由输出和外国工业品的自由输入,以促进本国农业的发展,并培育工业化的基础。在农工业阶段,虽然本国工业已有发展,但还没有发展到能与先进国家工业品竞争的地步,所以应实行保护贸易政策,以保护本国工业和对外贸易的发展。在农工商阶段,由于国内工业产品已具备国际竞争力,国外产品的竞争威胁已不存在,故应实行自由贸易政策,获取最大收益,以刺激国内工业的进一步发展。因此,不能单纯地谈论自由贸易与保护贸易孰优孰劣,而应结合具体的国情具体分析。

李斯特认为英国已达到最后阶段(农工商业时期),法国在第四阶段与第五阶段之间,德国与美国均在第四阶段,葡萄牙与西班牙则在第三阶段。因此,李斯特根据其经济发展阶段说,主张德国应实行保护贸易政策,促进德国工业化,以对抗英国工业品的竞争。

李斯特在生产力理论和经济发展阶段论的基础上,提出了保护幼稚工业论,主张经济落后国家应实行保护贸易政策,使其幼稚工业经过保护能够成熟,与国外竞争者匹敌。该理论的具体内容包括:

1. 保护的前提与目的

按李斯特的经济发展阶段论,只有进入农工业发展阶段的国家(如:当时的美国和德国,可以把本国建成工业国家,只是由于世界上有一个比它更先进的国家的竞争使它在前进的道路上遇到阻碍),才有理由实行保护贸易政策,即保护的前提是一个国家正处于农工业发展阶段。与上述前提相适应,保护幼稚产业的目的是非常明确的,就是通过保护国内市场以促进国内生产力的发展。这与重商主义的保护目的是不同的,重商主义限制进口、鼓励出口的目的只是为了积累金银财富。

2. 保护的对象

李斯特保护贸易政策的目的是促进生产力的发展。经过比较,李斯特认为使用动力与大规模机器的制造工业等的生产力远远大于农业。他认为农业国家人民精神萎靡,一切习惯与方法偏于守旧,缺乏文化福利与自由,而工商业国家则不然,其人民充满增进身心与才能的精神。工业发展以后,农业自然跟着发展。他提出的保护对象的条件是:①幼稚工业才需要保护。李斯特不主张保护所有的工业,要使保护得当,需要先行考虑某些被保护的工业,即在经过适当的保护时期后确实有自立前途的工业。②等到被保护的工业发展了,生产出来的产品价格低于进口同类产品并能与外国产品竞争时,就无需再保护。如果被保护的工业,在经过一个适当时期还不能扶植起来时,也就不必再予以保护,任其自行垮台。这里所谓"适当时期",李斯特主张以30年为最高界限。③工业虽然幼稚,但如果没有强有力的竞争者,也不需要保护。④对农业的保护,只有那些刚从农业阶段跃进的国家,距离工业成熟期尚远,才适宜保护。

3. 保护的手段

李斯特认为,保护国内工业的主要手段应该是关税措施。通过提高关税税率,可以阻挡国外具有较强竞争力的商品进入国内市场。但是提高关税税率应当采用渐进的方式,因为突然大幅度提高关税会割断原来存在的与各国之间的商业联系,对国内生产造成过大的冲击。

4. 保护的程度

李斯特认为,应针对工业部门中不同行业的具体情况采取程度不同的保护措施。他提出"对某些工业品可以实行禁止输入,或规定的税率事实上相当于全部(或至少部分)禁止输入"。同时,对"凡是在专门技术与机器制造方面还没有获得高度发展的国家,对于一切复杂机器的输入应当允许免税,或只征收极少的进口税"。

5. 对保护代价的认识

李斯特承认,实行保护贸易政策,会使国内工业品价格提高,本国在价值方面有些损失,但这种损失是暂时的,是发展本国工业品所必须付出的代价,牺牲的只是眼前的利益,而得到的将是生产力的提高。

6. 主张国家干预经济

李斯特主张保护贸易政策应通过国家干预经济来实行。李斯特把国家比喻为国民生活中慈父般的有力引导者,认为国家在必要时应限制国民经济活动的一部分,如干预对外贸易以促进国民经济的发展。

李斯特保护幼稚工业理论的提出,确立了保护贸易理论在国际贸易体系中的地位,标志着从重商主义分离出来的西方国际贸易理论的两大学派完全形成。该理论在德国工业资本主义的发展过程中曾起过积极的作用,它促进了德国资本主义的发展,有利于资产阶级反对封建主义势力的斗争。李斯特的保护贸易理论是积极的,其保护的对象以将来有前途的幼稚工业为限,对国际分工和自由贸易的利益也予以承认。他主张以保护贸易为过渡时期,而以自由贸易为最后目的。其保护是有限度的,不是无限度的,对经济不发达国家有一定的参考价值。但是,该理论也存在着一定的缺陷,如对生产力概念的理解缺乏科学性,对生产力发展因素的分析也较混乱,他以经济部门作为划分经济发展的基础也是错误的,他撇开了生产关系这个原因,从而歪曲了社会经济发展的真实过程。

二、超保护贸易政策

超保护贸易主义在第一次世界大战和第二次世界大战之间盛行。在这个阶段,资本主义经济出现了如下特点:垄断组织占统治地位,加强了对外的侵略性和掠夺性。垄断组织之间争夺世界市场由霸权斗争代替了自由竞争,国际经济制度发生了巨大的变化。1929年至1933年,资本主义世界发生了严重经济危机,使资本主义国家陷入萧条之中。争夺世界市场的斗争进一步尖锐化,许多资本主义国家都提高了关税,实行外汇限制、数量限制;同时,国家积极干预对外贸易,鼓励出口,出现了超保护贸易政策。与第一次世界大战前的保护贸易政策相比,超保护贸易政策有如下特点:

第一,保护的对象扩大了。超保护贸易不但保护幼稚工业,而且更多地保护国内高度发达或衰落的垄断工业。

第二,保护的目的改变了。超保护贸易不再是培养自由竞争的能力,而是巩固和加强对国内外市场的垄断。

第三,保护由防御性的限制进口转向对国外市场进行进攻性的扩张。

第四,保护的阶级利益从一般的工业资产阶级变为大垄断资产阶级。

第五,保护的措施多样化,不仅有关税,还有其他各种各样的奖出限入的措施。

第六,组成货币集团,划分世界市场。1931年,英国放弃了金本位,引起了统一的世界货币体系的瓦解,主要资本主义国家各自组成了排他性的相互对立的货币集团。1931年后,资本主义世界的货币集团有英镑集团、美元集团、法郎集团、德国双边清算集团及日元集团等等。

在这种情况下,自由贸易政策和原有的保护贸易政策已经不适应了,而代表垄断资产阶级利益的超保护贸易政策便应运而生。这个理论的主要代表人物是英国的约翰·梅纳德·凯恩斯(1883—1946)。凯恩斯是英国资产阶级经济学家,是凯恩斯主义的创始人,其主要代表作是1936年出版的《就业、利息和货币通论》一书。他和他的追随者们在国际贸易方面的论述,为国际贸易政策尤其是超保护贸易政策提供了重要的理论依据。

凯恩斯正视资本主义长期存在的失业和危机,在大危机后抛弃了传统的经济理论,及时提出了一套以缓和资本主义经济危机和解决就业问题为目的,以有效需求不足为基础,以边际消费倾向、资本边际效率和灵活偏好三个心理规律为核心,以国家干预为政策目标的新学说。凯恩斯的国际贸易理论就是从该学说引申而来的。

凯恩斯与其追随者认为传统的国际贸易理论不适合现代社会。古典派的贸易理论是建立在国内充分就业这个前提下的,他们认为,国与国之间的贸易应当是进出口平衡,以出口抵偿进口,即使由于一时的原因或由于人为因素使贸易出现顺差,也会由于贵金属移动和由此产生的物价变动得到调整,进出口仍归于平衡。他们认为,不要为贸易出现逆差而担忧,也不要为贸易出现顺差而高兴,故主张自由贸易政策,反对人为的干预。

凯恩斯主义认为古典学派的国际贸易理论只用"国际收支自动调节机制"证明了贸易顺差和贸易逆差最终均衡的过程,而忽略了这一机制在国际收支调节过程中对一国国民收入水平和就业水平可能带来的有利或不利的影响。

凯恩斯主义认为贸易顺差和逆差与一国经济盛衰有着极大的关系。贸易逆差、黄金外流引起物价下跌,导致国内经济活动收缩、经济危机加深和国内就业量缩减;一国贸易顺差可为一国带来黄金,扩大支付手段,一方面可以引起物价上涨,另一方面能压低利息率,两者都将刺激投资增长。贸易顺差还能增加对外投资和对外经济扩张。

凯恩斯主义主张国家干预对外贸易。凯恩斯主义认为,在一个开放的社会里,对外贸易是社会有效需求的决定性因素之一。具体地说,出口消费品和资本品等于增加本国的总需求,进口消费品和资本品等于缩减了本国的有效需求。贸易顺差对扩大有效需求是有利的,政府应对国际贸易差额进行控制,实行"奖出限入"的保护政策。例如,用提高关税税率、扩大课税范围、设置各种非关税壁垒等保护主义措施,禁止或限制国外商品进口;对本国商品的出口采取补贴、退税、低息贷款、出口信贷等手段予以鼓励和支持。

凯恩斯认为,投资增加与国民收入之间存在依存关系,增加投资可以引起生产资料需求的增加,引起从事生产资料生产的人员(企业主和工人)收入的增加,从而引起对消费资料需求的增加,进而引起从事消费资料生产的人员(企业主和工人)收入的增加。如此反复下去,其结果是:增加的国民收入总量会等于原增加投资量的若干倍,他把这种依存关系称之为"乘数理论"。

对外贸易乘数理论是凯恩斯的投资乘数理论在对外贸易方面的应用。在凯恩斯投资乘数理论的影响下,马克卢普、哈罗德等人提出了对外贸易乘数理论。该理论认为:一国的出口和国内投资一样,有增加国民收入的作用;一国的进口,则与国内储蓄一样,有减少国民收入的作用。同时,一国出口商品或劳务时,从国外得到的货币会使出口产业部门收入增加,消费也增加。这样必然又会引起其他产业部门收入增加,就业增多……如此反复下去,结果出现收入增加量为出口增加量的若干倍。相反,当商品或劳务进口时,必须向国外支付货币,于是收入减少,消费也跟着减少,与储蓄一样,成为国民收入的漏洞。结果,国民收入减少量也将为进口增加量的若干倍。他们得出结论:只有当贸易顺差时,对外贸易才能增加一国的就业量,提高一国国民收入量,同时国民收入的增加量将为贸易顺差的若干倍,这就是对外贸易乘数理论的含义。

小知识

对外贸易乘数理论

根据西方经济学原理,在封闭经济(即不存在对外贸易)条件下,国民收入的均衡公式为:

$$C+I=C+S$$

式中,C 为消费,I 为投资,S 为储蓄。

在开放经济条件下,国民收入的均衡条件为:

$$C+I+X=C+S+M$$

式中,X 为出口量;M 为进口量。因此,在开放经济条件下,对外贸易对国民收入的乘数效应可由以下公式来表示:

$$\Delta Y=K \cdot [\Delta I+(\Delta X-\Delta M)]$$

式中,ΔX 为出口增加量;ΔM 为进口增加量;ΔI 为投资增加量;ΔY 为国民收入增加量。

由公式可见,当 $\Delta X > \Delta M$,一国出现贸易顺差,这时对外贸易才能增加国民收入,而国民收入的增加量是投资增量与顺差增量的若干倍。也就是说,贸易顺差越大,本国的有效需求就越大,解决失业问题的作用也就越大。

国际贸易概论

凯恩斯及其追随者的超保护贸易理论是重商主义贸易差额论在垄断资本主义条件下的翻版。第二次世界大战前后,它成为许多资产阶级政府制定经济政策的指导思想。第二次世界大战后的重建工作以及科学技术的飞速发展,为一些国家扩大投资提供了有利条件。基于这些原因,这一理论的应用使这些国家实现了较快的经济增长。但是,该理论也存在一定的局限性,它的作用并非总是积极的。假定一国已处于充分就业状态,出口增加或引起需求增加,若片面强调出口,国内的过度需求就会引起通货膨胀。另外,对外贸易顺差在一定条件下可以增加国民收入和就业机会,但若为了追求顺差而没有节制地采取"奖出限入"政策,必然会导致贸易壁垒盛行,引发各种贸易战,影响和阻碍国际贸易的发展。

英国在 20 世纪的前 30 年,经济优势逐渐丧失,但仍是世界贸易和金融中心,仍实行自由贸易政策。30 年代后,经济优势几乎丧失,完全放弃了自由贸易政策,转而实行保护贸易政策。美国一直实行保护贸易政策,19 世纪下半叶的关税税率高达 40%-50%,成为美国工业迅速发展的重要原因。进入 20 世纪后,逐渐取代了英国成为世界头号强国,30 年代后,实行国家干预政策比较成功,经济恢复和发展很快,实力进一步加强。德国最早实行超保护贸易政策,19 世纪 80 年代末大幅度提高关税,20 世纪 30 年代,为备战需要,在普遍提高工业品关税的同时,一再提高农产品的关税。法国继德国之后实行超保护贸易政策,从 19 世纪 80 年代末开始不断提高工农产品的关税。

除了凯恩斯的超保护贸易理论之外,还有基于以下原因而形成的超保护贸易主义理论:改善贸易条件,维持高水平工资,增加国内就业,改善国际收支,作为报复手段与谈判手段,国家安全目的等等。

第四节　第二次世界大战后的贸易政策

第二次世界大战后,随着世界经济的恢复、发展和经济全球化,相继出现贸易自由化、新贸易保护主义等国际贸易新理论和政策。

一、贸易自由化

贸易自由化是指各国通过多边或双边的贸易条约和协定削减关税,减少或撤销非关税壁垒,使世界贸易较自由地进行,促进世界货物和服务的交换与生产。

出现贸易自由化的主要原因有:20 世纪 50 年代开始的第三次科技革命,促进国际分工向更深、更广的方向发展;跨国公司的迅速发展,促进生产和资本的进一步国际化;战后美国在经济、政治、军事上对外扩张的需要;西欧、日本经济的迅速恢复和发展;世界各国经济相互联系、相互依赖的加强。所有这些都需要贸易自由化的支持。

贸易自由化主要表现为以下几个方面:

(一)大幅度削减关税

第一,在关税与贸易总协定成员国范围内大幅度降低关税。1947 年以来的多次多边贸易谈判,使各缔约国的平均关税税率从 50% 左右下降到 5% 以下。

第二,欧洲经济共同体由于实行关税同盟,对内取消关税,对外通过谈判达成关税减让的协议,关税大幅度下降。

关税同盟是欧洲共同体建立的重要基础。根据《罗马条约》的规定,关税同盟从 1959 年 1 月 1 日起分三个阶段减税,至 1970 年 1 月 1 日完成。事实的结果是,共同体原 6 国之间的工业品和农产品的自由流通,分别于 1968 年 7 月和 1969 年 1 月提前完成。1973 年 1 月,英国、爱尔兰和丹麦 3 国加入共同体,按照协议规定,它们与原 6 国之间也分期减税。到 1977 年 7 月 1 日,3 国与原 6 国之间在工业品与农产品方面也分别实现了全部互免关税,扩大了共同体内部的贸易自由化。

从 1973 年开始,欧洲经济共同体与欧洲自由贸易联盟之间逐步降低工业品关税,到 1977 年 7 月 1 日,实现工业品互免关税,建立起一个包括 17 国在内的占世界贸易总量 40% 的工业品自由贸易区。

欧洲共同体国家同非洲、加勒比和太平洋地区的 46 个发展中国家于 1975 年 2 月 28 日在多哥首都洛美签订了《欧洲经济共同体——非洲、加勒比和太平洋(国家)洛美协定》(简称洛美协定)。根据该协定,欧洲经济共同体对来自非、加、太地区国家的全部工业品和 96% 的农产品进口给予免税输入的待遇。1979 年 10 月签订了第二个洛美协定,1986 年又签订了第三个洛美协定。

此外,欧洲共同体还与地中海沿岸的一些国家、阿拉伯国家、东南亚国家联盟等缔结了优惠贸易协定。

(二)减少或撤销非关税壁垒

发达国家随着经济的恢复,在不同程度上放宽了进口数量的限制,扩大进口自由化,增加自由进口的商品,放宽或取消了外汇管制,实行货币自由兑换,促进了贸易自由化的发展。

到 20 世纪 60 年代,参加关贸总协定的经济合作与发展组织成员国之间的进口数量限制已取消了 90%。

根据乌拉圭回合多边贸易谈判达成的协议,非关税壁垒将在十年内逐步取消,农产品的非关税措施全部予以关税化并进行约束和削减。纺织品和服装的进口配额限制分阶段逐步减少,到 2005 年后,实现纺织品和服装贸易不受配额限制。

(三)放宽外汇管制

随着经济的恢复与国际收支状况的改善,发达资本主义国家都在不同程度上放宽或解除了外汇管制,恢复了货币自由兑换,实行外汇自由化。

贸易自由化的主要特点有:

第一,美国是战后贸易自由化的倡议者和推动者。战后美国成为世界最大的经济强国,为了在经济、政治、军事上对外扩张,美国积极主张取消关税和进口数量限制而进行自由贸易。

第二,战后贸易自由化席卷全世界。除美国对外扩张以外,还有西欧、日本经济的迅速恢复和发展。国际分工的纵深发展、生产和资本的国际化等,形成了在世界范围内进行投资、生产和寻求销售市场的局面。

第三,战后贸易自由化主要是在国家垄断资本主义日益加强的条件下发展起来的,它主要反映垄断资产阶级利益。垄断资本与国家政权相结合,建立区域性贸易集团,对内取消关税,实行自由贸易政策。

第四,战后贸易自由化主要通过关贸总协定在世界范围内进行,区域性关税同盟、自由

国际贸易概论

贸易区、共同市场等地区性经济合作也促进了国际商品的自由流通。

第五,战后贸易自由化发展不平衡。从国家之间看,首先,发达国家之间的贸易自由化程度超过他们对发展中国家和社会主义国家的贸易自由化程度,发达国家之间彼此大幅度降低关税和放宽数量限制,但对发展中国家的一些商品征收较高关税和实行其他进口限制,对社会主义国家实行的关税和非关税壁垒又高于发展中国家,并且还对社会主义国家实行出口管制。其次,区域性经济组织内部的贸易自由化超过了他们对外部的贸易自由化。从商品看,不同商品的贸易自由化程度也不同,由于工业与农业、工业各部门的发展不平衡,工业品的贸易自由化超过农产品的贸易自由化,机器设备的贸易自由化超过纺织品、鞋类、皮革制品等工业消费品的贸易自由化。

二、新贸易保护主义

新贸易保护主义是相对历史上的保护主义和贸易自由化而言的。1973 年至 1974 年的世界性经济危机爆发,市场问题相对紧张,出现了新贸易保护主义。

新贸易保护主义以凯恩斯的经济理论为依据,但它主要是以保护国内充分就业和维持国际收支平衡为中心的。其政策目标是通过保护主义措施摆脱经济滞胀困境,促进经济繁荣。比较有影响的人物是高德莱,他是英国剑桥经济政策团体成员。他的观点是:从一国宏观角度来看,国际贸易业绩对于总需求和就业具有不可替代的作用。保护贸易并不一定缩减世界总贸易量和生产量,反而会导致世界总产量和总贸易量的增加。

20 世纪 90 年代以来,经济全球化步伐加快,各国经济依赖性空前加强,新贸易保护主义一味地单边保护措施不断遭到国际报复。20 世纪 90 年代中期,国际多边贸易体系建设取得实质性进展,WTO 作为正式法人取代 GATT(关贸总协定),新贸易保护主义“以邻为壑”的保护政策日益受到世界贸易组织规则的约束。与此相适应,新贸易保护主义不得不转变其贸易政策,其原有的特征也发生了一些变化。

新贸易保护主义的主要特点有:

(一) 被保护的商品不断增加

被保护的商品从传统产品、农产品转向高级工业品和劳务部门。进入 20 世纪 80 年代以来,美国对日本汽车实行进口限制,迫使日本实行汽车的“自愿出口限额”。加拿大、德国也相继采取限制汽车进口的措施。

(二) 限制进口措施的重点从关税壁垒转向非关税壁垒

非关税壁垒的种类显著增多,在 20 世纪 60 年代末 70 年代初,世界上采用的非关税壁垒由 850 种增加到 1000 多种。目前,世界上采用的非关税壁垒已超过 5000 种。

(三) 加强了征收反补贴税和反倾销税行动

近年来,发达国家采用的征收反补贴税和反倾销税的行动更是有增无减。1991 年至 2000 年,发达国家对发展中国家进行的反补贴和反倾销调查增加至 3000 多起。进入 21 世纪以来,世界每年采取的反补贴和反倾销调查多达 2000 多起。

(四) 管理贸易日益合法化和系统化

第二次世界大战后,随着国家垄断资本主义的加强,发达资本主义国家加强了管理贸易。20 世纪 80 年代以来,管理贸易进一步加强,主要表现在以下几个方面:第一,合法化。许多发达资本主义国家重新修订和补充原有的贸易法规,使对外贸易管理更加有法可依。第二,系统化。对各种对外贸易制度和法规,制定更为详细、系统、具体的细则,并与国内法规进一步结合,以便各种管理制度和行政部门更好地配合与协调,加强对进出口贸易更系统的管理。

(五)"奖出限入"措施的重点从限制进口转向鼓励出口

20 世纪 70 年代中期以来,随着发达资本主义国家之间贸易战的日益加剧,各国政府仅靠贸易壁垒来限制进口不但难以满足本国垄断资本对外扩张的需要,而且往往会遭到其他国家的谴责和报复。因此,许多发达国家把"奖出限入"措施的重点从限制进口转向鼓励出口,从财政、组织等方面鼓励出口,以促使商品输出。

新贸易保护主义对世界经济和贸易产生的不利影响:

一是对发达国家的影响。发达国家为争夺农产品销售市场,采取出口价格补贴,进行销售援助,为此每年支付巨额补贴费用。

二是对发展中国家的影响。由于发达国家采取贸易保护政策,严重阻碍发展中国家出口的增长,由此削弱了其偿还债务的能力。

三、国际贸易新理论和政策

(一)产业内贸易理论

第二次世界大战后,国际贸易中出现了一种新的现象,即工业化国家之间的工业制成品贸易在整个国际贸易中所占比重日益增大,以往的国际贸易理论无法解释这种产业内贸易现象。从 20 世纪 60 年代到 80 年代初,陆续出现了一些对这种新现象解释的理论,如规模经济理论,使产业内贸易理论逐渐成为国际贸易理论中的一个新的分支。到 20 世纪 80 年代中期,产业内贸易理论已经有了比较完善的模型,能够对贸易现象提供一种有效的分析框架。

1. 产业内贸易的含义

产业内贸易理论认为,当代国际贸易可以分为产业间贸易和产业内贸易两大类。产业间贸易是指两国不同产业之间完全不同产品的交换,如:发展中国家用初级产品来交换发达国家的工业制成品。产业内贸易是指同一产业内的产品在两国之间相互进出口,例如美国和日本之间进行的汽车、电子产品的贸易等。

2. 产业内贸易理论的解释

产品的差异性是产业内贸易的重要基础。同类产品在总体上是有差异的,这种差别是一国产品与其他国同类产品在主观上或客观上有差异。产品的这种差异有垂直差别和水平差别两种。垂直差别是指同一类别中的产品虽具有一样的根本特性,但产品根本特性在程度上有差别;水平差别是指具有完全相同的根本特性的同类产品,具有的一系列不同规格、商标、牌号和款式的差别。与此同时,消费者的偏好具有多样化且互有差别。由于规模经济,本国产品的生产不可能满足本国各类消费者的需求。因此产生了产业内贸易。

规模经济或规模报酬递增是产业内贸易的重要原因。按照保罗·克鲁格曼的观点,国与国之间之所以从事贸易和专业化生产是由于两个原因:①国与国之间在资源上或在技术上存在差别,因而各国生产各自擅长的产品;②规模经济使每个国家只能在一些有限的产品和服务上具有专业化生产的优势。产业内贸易理论认为,生产要素比例相近或相似的国家之间能够进行有效的国际分工并获得贸易利益,其主要原因是企业会尽可能地扩大生产以取得规模经济效益。

所谓规模经济,是指生产过程中,随着产量的增加,产品的平均成本不断降低的生产状况。规模经济有内部和外部之分,按克鲁格曼的定义,"外部规模经济是指单位产品的成本取决于行业规模而非单个厂商的规模;内部规模经济指的是单位产品的成本取决于单个厂商的规模而不是其所在行业的规模"。无论是外部规模经济还是内部规模经济,其共同的基本特征是:规模的扩大伴随着劳动生产率的提高或平均生产成本的下降,在资源相同的情况下,规模经济可以带来比较优势,进而成为国际贸易的一个独立源泉。

经济发展水平是产业内贸易的重要制约因素。这是林德理论的应用。如上所述,发达国家产业结构相似,他们之间的分工大多是部门内产品的分工。他们的收入水平相近,消费结构相似,经济发展水平都比较高,从而人均收入水平也就比较高。收入水平较高的消费者,需求会变得复杂和多样化,从而形成对异质性产品的需求。因而,两国之间人均收入水

小资料

中国的产业集群

随着改革开放的顺利进行,产业集群也在全国范围内蓬勃发展起来。如北京中关村的电子产业群、上海的纺织业和机械制造业群、四川西昌的中国航天产业群、山东寿光的蔬菜产业群、青岛的家电电子产业群、河北清河的羊绒产业群、香港的手表产业群、云南斗南的花卉产业群等等。这些产业群广泛地分布在广东、浙江、福建、山东、河北、河南、江苏等省份,其中以广东和浙江最为集中。

在珠江三角洲的404个建制镇中,以产业集群为特征的专业镇占了四分之一。如广东佛山的陶瓷产业群,东莞的电子和服装产业群,惠州的制鞋产业群,中山的灯具产业群,南海的纺织印染产业群,澄海市的玩具、工艺品产业群,云浮市云城区的石材产业群,顺德伦教、龙江、乐从三镇的家具产业群等。

浙江省以"块状经济"为代表的产业集群众多,形成了富有特色的"专业化产业区"。目前浙江省平均每个县有3个产业集群,具有代表性的产业集群有:浙江嵊州的领带产业群,温州的鞋、服装、眼镜和打火机产业集群,苍南金乡镇的标牌产业群,绍兴的轻纺和化纤产业群,永康的五金产业群,义乌的日用小商品制造业集群,海宁的皮革、服装产业群,余姚的轻工模具产业群,鄞县的服装产业群,奉化的服饰产业群,慈溪的渔钩和长毛绒产业群,永嘉的纽扣和泵阀产业群,诸暨大唐的袜业群和山下湖镇的珍珠产业集群,温州瓯海的阀门产业群,温州柳市的低压电器产业群,台州的精细化工产业群,湖州织里镇的童装业集群,杭州的女装业集群等。

另外,在苏南地区,产业集群也初露端倪。其中,苏州吴江县逐步形成了一批"一镇一业"的特色产业,正由松散型的产业集群向战略联盟型的产业集群转变,由劳动密集型产业集群向劳动技术密集型产业集群转变,由"一镇一品"型产业集群向"一镇一业"型产业集群转变。其中,闻名全国的吴江市横扇镇的羊毛衫产业集群,年产羊毛衫1亿件,全镇羊毛衫生产经营户已基本做到足不出户便能完成从生产到销售的全部环节。

平越相近,其重合需求就越大,产业内贸易发生的倾向也就越强。

(二) 国家竞争优势理论

国家竞争优势理论是由美国哈佛大学教授迈克尔·波特 1990 年在其著作《国家竞争优势》中提出的。

1. 国家竞争优势理论的主要观点

第一,一个国家的竞争优势就是企业、行业的竞争优势,也就是生产力发展水平的优势。

第二,一国在国际市场上能否取得竞争优势,关键在于其能否使主导产业具有优势。要使主导产业具有优势,企业必须有创新的机制,提高自身生产效率。

第三,从一个国家的角度来分析,其竞争优势来源于四个基本因素和两个辅助因素。四个基本因素是:生产因素状况;国内需求状况;行业相关与辅助状况;企业战略、结构与竞争。两个辅助因素是:机遇及制定有关制度和政策的政府。

2. 国家竞争优势的发展阶段

波特将一个国家的竞争优势的发展分为四个阶段:

第一,要素推动阶段。该阶段的竞争优势主要取决于一国在生产要素(廉价劳动力和丰富的自然资源)上拥有的优势。

第二,投资推动阶段。该阶段的竞争优势主要取决于资本要素。大量的资本用于更新设备、扩大规模、增强产品的竞争力。

第三,创新推动阶段。该阶段的竞争优势主要来源于研究、开发及营销创新。

第四,财富推动阶段。该阶段创新和竞争意识明显下降,经济发展主要依靠以往积累的物质财富维持,缺乏强有力的推动力,呈衰退趋势。

 小资料

中国和美国的比较优势贸易

据美国商务部统计,2012 年美国与中国的双边贸易额为 5362.3 亿美元。其中,美国对中国的出口总额为 1105.9 亿美元;自中国的进口总额为 4256.4 亿美元。中国成为美国第二大贸易伙伴、第三大出口目的地和首要进口来源地。美国对中国出口的主要商品为机电产品、植物产品和运输设备,2012 年的出口额分别为 212.2 亿美元、174.4 亿美元和 155.5 亿美元,占美国对中国出口总额的 19.2%、15.8% 和 14.1%。家具玩具、纺织品及原料和贱金属及制品分别居美国自中国进口的第二、第三和第四位大类商品,进口额分别为 468 亿美元、392.9 亿美元和 211.3 亿美元,占美国自中国进口总额的 11%、9.2% 和 5%。

"劳动力成本优势"被视为对外贸易中的"比较优势",并相应地大力发展起了诸如纺织企业等众多以出口为导向的劳动密集型企业,因此我国向美国出口的主要是劳动密集型产品,而从美国进口的往往是技术先进或具有其他优势的产品。

国际贸易概论

（三）战略性贸易政策理论

面对第二次世界大战后发达国家经济发展的新情况，一种新的要求国家干预、通过对某些所谓战略性产业扶持以刺激经济增长的新的理论观点，即战略性贸易政策理论出台了。

战略性贸易政策是指国家从战略高度，用关税、出口补贴等措施，对现有或潜在的战略性部门（产业）进行支持和资助，以使其获得竞争优势，提高经济效益和国民福利。战略性贸易理论的主要代表人物是美国经济学家布兰德、斯潘塞和保罗·克鲁格曼。

1. 措施

战略性贸易政策的主要措施是"以补贴促进出口""以关税保护国内市场，以进口保护促进出口"等。

（1）以补贴促进出口

政府通过对本国厂商实施生产补贴和出口补贴，包括直接的资金转移和减免税等形式，可以人为地降低产品成本，从而使其产品在国际市场占有更大的市场份额，实现规模经济，获取规模经济效益。

（2）以关税保护国内市场，以进口保护促进出口

在不完全竞争和规模经济效益递增的条件下，一个受到保护的企业可以充分利用国内封闭市场扩大生产，不断降低产品成本，获取静态规模经济效益，并通过销售经验的积累使销售成本不断下降，降低产品的成本，促进产品的出口。当这些产业成熟到足以与外国产业相抗衡后，政府即可取消保护。

2. 战略性目标产业的确定

（1）高附加值产业

高附加值产业是指投入少而产出价值高的产业。通过扶植理想的具有战略性的目标产业提高该产业的竞争力，扩大市场，从而提高整个国民的福利水平。故政府要把高附加值的产业作为优先考虑的战略性产业。

（2）高科技产业

高科技产业是指依靠产品及生产过程的快速革新而获取成功的产业。目前普遍认可的高科技产业有生物工程、新型材料、远程通信、计算机软件等。

战略性贸易政策和理论虽然出现在 20 世纪 80 年代，但一些发达国家根据竞争的需要，有的在 80 年代以前就采取了类似的政策和措施。

 小资料

发展中国家采取进口替代战略成效显著

第二次世界大战后，一些采用进口替代发展战略的国家和地区，其经济发展的高通货膨胀率和失业率等问题得到缓解、抑制，增强了各国和地区的经济实力。

中国台湾、韩国、新加坡、巴西、墨西哥、阿根廷等都是采用进口替代政策后得到快速发展的。

新加坡实施进口替代后，其 GDP 年均增长 7.3%，国内经济逐步进入多元化发展道路，其转口贸易在外贸总额中的比例显著下降。

（四） 管理贸易论

管理贸易论者主张：一国政府应对内制定各种对外经济贸易法规和条例，加强对本国进出口贸易有秩序发展的管理；对外通过协商，签订各种对外经济贸易协定，协调与其他国家对外经济贸易方面的权利与义务，维护自由、公平的贸易环境和竞争秩序。

管理贸易论是适应发达国家既要遵循自由贸易原则，又要实行一定的贸易保护的现实需要而产生的。其实质是协调性的保护，它将贸易保护制度化、合法化，通过各种巧妙的进口管理办法和合法的协定来实现保护。管理贸易不仅盛行于发达国家，也为发展中国家所采用，并运用于区域性贸易集团。

（五） 人力资本说

人力资本说是美国经济学家舒尔茨（Schultz）创立的。该学说用人力资本的差异来解释国际贸易产生的原因和一国开展国际贸易的模式。

舒尔茨和许多其他西方经济学家认为，劳动不是同质的，这种不同质表现在劳动效率的差异上，而劳动效率的差异主要是由劳动熟练程度决定的，而劳动熟练程度的高低又取决于劳动者受教育、培训等智力投资的影响。因此，高素质的劳动力是一种投资的结果，是过去资本支出的结果。商品生产中的资本除了包括物质资本以外，还应该包括人力资本。物质资本指厂房、机器设备、原材料等有形资本，它是对物质资料投资的结果。人力资本指寓于人体中的人的智能，表现为人的文化水平、生产技巧、熟练程度、管理才能及健康状况，它是人力投资的结果，即政府、企业和个人投资于教育和培训的结果。各国人民的天赋是相近的，人的智能差别则是后天人力投资的结果。一国通过对劳动力进行投资，可以使劳动者的素质得到很大改善，大大提高劳动生产率，从而对该国的对外贸易格局产生重要影响。

人力资本在比较优势的决定中起着重要作用。初级产品的生产需要较少、较低的人力智能，因而人力资本缺乏、自然资源和劳动力丰富的发展中国家具有初级产品的生产和出口

 **小资料**

人力资本投资收益高

20 世纪 60 年代，美国经济学家舒尔茨指出：人力资本的收益高于物质资本。他认为，在美国半个多世纪的增长中，物质资源投资增加 4.5 倍，收益增加 3.5 倍；人力资本投资增加 3.5 倍，收益却增加 17.5 倍。舒尔茨还指出，从 1919—1957 年，美国 38 年中的生产总值增长额中 49％是由人力资本的投资带来的。

《中国青年报》称，从 20 世纪末起，惠悦公司就开始跟踪调查北美 400 家上市公司人力资本投入与股东收益之间的关系，结果发现，人力资本投入指数与股东收益成正比。人力资本投入指数在 25％以下的，股东收益很低，有的甚至是负收入；指数在 25％- 75％之间，股东收益增加 30％的回报；如果指数高于 75％，股东最高可以获得 150％的收益。

国际贸易概论

优势;而信息技术、生物技术、空间技术、新材料技术、新能源技术等新兴产业的产品需要较高的人力智能,因此,人力资本丰富的发达国家具有比较优势。

★★★★★ 本章学习路径 ★★★★★

本章包括四方面内容:一、国际贸易政策的含义、内容、类型、制定与执行;二、自由贸易政策;三、保护贸易政策;四、第二次世界大战后的贸易政策。

一、对外贸易政策是一国(或地区)在一定时期内制定的指导对外贸易活动的原则、条例、法令、法规和措施

二、国际贸易政策——自由贸易政策
　　　　　　　　　　　保护贸易政策

三、国际贸易政策的发展过程——
- 资本主义自由竞争时期,英国最早完成了产业革命,主张实行自由贸易政策。但一些经济发展起步较晚的国家,如德国和美国,采取了保护贸易政策
- 垄断资本主义时期的前期,欧美主要资本主义国家实行带有垄断性质的超保护贸易政策
- 第二次世界大战后,随着生产国家化和资本国际化,出现了世界范围的贸易自由化。走上政治独立的广大发展中国家则实行了贸易保护主义
- 20世纪70年代中期以后,由于经济危机、石油危机的冲击等原因,在世界贸易自由化的同时,出现了新贸易保护主义,阻碍了贸易自由化的发展
- 20世纪90年代中期,在世界范围内出现商品、劳务、资金、技术、信息流通自由化的浪潮

四、自由贸易理论——
- 绝对优势理论(亚当·斯密)
- 比较优势理论(大卫·李嘉图)
- 要素禀赋理论(赫克歇尔-俄林模型)

五、保护贸易理论——
- 汉密尔顿的保护贸易理论
- 李斯特的保护幼稚工业论

六、国际贸易新理论和政策——
- 产业内贸易理论
- 国家竞争优势理论
- 战略性贸易政策理论
- 管理贸易论
- 人力资本说

本章复习思考题:
1. 对外贸易政策主要包括哪几个部分?
2. 自由贸易政策和保护贸易政策的含义是什么?

3. 战后贸易自由化和新贸易保护主义的主要特点有哪些？
4. 什么是战略性贸易政策？其主要措施是什么？

知识扩充

印度的贸易保护主义无处不在

2015年6月9日，中国中车集团大连机车车辆有限公司和印度的铁道部交换合同文本，这标志着这家中国公司已经与印度的铁道部签订合同，承接印度加尔各答地下铁路车辆制造订单。但有人认为，中国公司和印度合作充满风险，因为印度是一个贸易保护主义国家，这份合同很可能会让中国车辆公司深受其害。

印度采取的是一种整体性的贸易保护主义政策，凡是进入印度的企业，不仅会受到来自政府各项政策的限制，而且会受到来自于社会各方面的巨大压力。可以这样说，印度的贸易保护主义无处不在。

首先，印度是一个土地私有化的国家，在印度投资设立企业必须征得土地所有权人同意，而要做到这一点几乎比登天还难。许多准备到印度投资的企业，往往会被土地制度搞得焦头烂额。尽管印度政府试图通过修改土地管理法律制度，解决土地征收存在的问题，但是，由于受到各方面利益主体的相互掣肘，这项改革法案始终无法通过法定的程序成为国家的法律。可以这样说，印度现行的土地制度是最大的贸易保护制度，对于到印度投资的外国企业来说，是挥之不去的梦魇。

其次，印度是一个劳动保护制度相对严格的国家。印度是一个"低社会保障"的国家，可是，印度关于劳动保护方面的法律规定并不少。譬如，印度赋予了劳动者罢工的权利，也赋予了印度劳动者通过集体谈判改善劳动条件的权利。不仅如此，印度的劳动法明确规定，如果企业雇工达到一定的人数，必须经过政府备案，如果企业大规模裁员必须得到政府的批准，如果企业破产，企业必须支付印度劳动者补偿费用。所有这些规定，都使得准备到印度投资的企业不得不权衡再三。因为按照印度法律规定，到印度设立企业若想停业转产，不能自己说了算，还必须征求政府的意见。

对印度来说，繁琐的法律制度是保护本国贸易和投资的有效手段。现在印度的经济增长迅速，其中很大一部分原因就在于，印度本土的投资者充分了解印度的国情，他们可以利用本国的法律制度进行投资，而外来的投资者却无法做到这一点。

对于中国企业来说，应当充分了解印度的社会状况，了解印度的政治结构。在印度投资的过程中，尽可能地缩短交易的期限，减少交易的风险。在印度进行大规模投资从目前来看时机尚未成熟，除非印度希望改善与中国的关系，双方签订保护投资者的具有法律约束力的双边协定，否则，中国企业不宜在这个国家盲目投资。

（资源来源：上海商报 http://news.hexun.com/2015-06-24/177009868.html）

参考文献：
1. 李富. 国际贸易概论(第二版)[M]. 北京：中国人民大学出版社，2016.
2. 王荣艳，刘永胜. 国际贸易理论与政策[M]. 武汉：武汉大学出版社，2016.
3. 韩华英，兰峰. 国际贸易[M]. 上海：上海财经大学出版社，2016.

第七章 关税及非关税措施

　　第二次世界大战后，随着国际贸易在广度和深度上的不断拓展，以及世界贸易组织等国际组织的长足发展，直接利用关税来实现保护本国贸易的做法受到越来越大的限制，目前的趋势是关税税率和关税水平呈日渐下降的趋势，关税壁垒的功能不断遭到削弱，各国都纷纷转而采用更为隐蔽的非关税措施来限制进口，保护本国产业和市场。

　　本章系统地介绍了关税与非关税措施。对关税的分析按如下逻辑顺序展开：关税的起源——什么是关税——为什么要征收关税——关税的作用——如何征收关税；对非关税措施按如下逻辑展开：提炼出非关税措施的内涵，概括出非关税措施的特征后，对名目繁多的非关税措施进行分类，最后总结出非关税措施进一步发展的趋势，以及应如何应对非关税措施。

导入案例

现在在国内，你也可以买到世界各国的特产，瑞士手表、德国汽车、日本家电、法国香水；同时，标着"made in China"字样的产品也遍布世界其他各国。这都归功于国际贸易的存在。国际贸易的好处是巨大的，甚至有许多小国的经济完全靠国际贸易支撑。然而，自有国际贸易的历史以来，各国几乎没有采取过完全的自由贸易政策，或多或少都设置了保护程度不一的贸易壁垒，这是为什么？(在本章的几节中你可以找到答案)

第一节　关税措施

一、关税的起源

关税措施是国际贸易政策中最古老的,也是当代各国使用最普遍的对外贸易政策措施。

在我国,西周的时候就出现了有关关税的最早记载;唐朝的时候,国家强盛,贸易发达,外国人都争相同中国做生意,于是政府开始在对外贸易发达的港口设立市舶使,负责征收关税,管理对外贸易;两宋时期,对外贸易更加发达,关税与市舶司制度得到进一步完善;1685年,清政府在广东、福建、浙江、江苏4个贸易口岸设置了4个海关,是我国最早的海关;到了20世纪初,我国建立了近代国境关税制度。

在欧洲,关税最早出现于古希腊时代。近代关税制度最早诞生于1640年的英国。法国在1680年至1791年间废除了全部内地关税而设立国境关税,随后,欧洲其他国家也普遍建立了国境关税制度。

小知识

市舶使与市舶司

"市舶使"一名源于唐代的广州,到了宋代普遍采用"市舶司"的称号,设在广州、泉州、明州、杭州等七八个地方,是管理外贸的机构。"市舶司"的长官叫提举市舶使,其下分设于各地的支司为"市舶务"或"市舶场"。据《北宋要辑稿》记载,北宋政和三年(1113年)在华亭县(今上海松江区)设置了市舶务,这是上海地区的第一个海外贸易管理机构即上海海关的起源。市舶司的主要职能是:在船舶入口后,检查货物,按物征税,然后选择其中货物的一部分由政府按官价收买。

二、关税的定义与特点

(一)关税的定义

所谓关税是指国家以主权为基础,按照固定的税制,由海关向进出口商就经过一国关境的进出口商品和劳务征收的一种税收。

趣味案例　　**以代购为名走私奢侈品案值达3.2亿元**

新京报讯 2019年10月30日,记者从深圳海关获悉,一团伙以海外代购为名,走私世界名牌服饰、箱包、手表等。海关缉私人员在嫌疑人的高档公寓内现场查获各类货物3000多件,涉案金额达3.2亿元。目前,9名犯罪嫌疑人被控制,案件正在进一步调查中。

深圳海关缉私人员介绍,近日一名女子拿着6个大行李箱从香港出关,行色匆匆。缉私人员察觉异常,让她安检,但该女子以赶高铁为由拒绝检查。海关人员将6个行李箱通

国际贸易概论

过 X 光机进行检查,发现图像异常,随即开箱检查,发现里面有多件高档服装、挎包以及花胶、鲍鱼、高丽参等高档食品。

经询问,涉事女子周某无法提供购买这些物品的相关票据,且与正常旅客不同,近期有多次进出境的记录。海关缉私部门通过审查获知,周某是受人雇用,以蚂蚁搬家的方式向境内走私高档商品。

海关缉私人员通过对嫌疑人的相关信息分析研判,发现走私入境的货物最终都流向上海,货主是刘某、沈某夫妇。据悉,刘某、沈某以他们创立的公司为依托,在国内通过微信以代购的名义收揽客户的奢侈品订单,后安排人员在意大利、美国等地采购商品,再将商品运到公司在香港的仓库。

海关缉私部门掌握的证据显示,以刘某、沈某夫妇为首的走私团伙,每个月销售盈利达 300 万元人民币。刘某、沈某夫妻俩从中获利巨大,不仅在上海市中心区购置了高档住宅,还拥有劳斯莱斯等多辆豪车。从 2016 年至案发时,该团伙走私奢侈品案值高达 3.2 亿元人民币,偷逃税款数千万元。

(二)关税的特点

首先,关税是由国家行政机关征收的税,因此具备税收的基本属性,即强制性、无偿性和固定性。

1. 强制性

关税的强制性是指关税是以国家权力为基础,凭借法律的规定强制征收的,任何满足应税要求的行为都应无条件纳税。

2. 无偿性

关税的无偿性是指征收关税获得的收入直接归国家所有,国家无须付出相应的商品或服务作为交换。

3. 固定性

关税的固定性是指关税课征的数额、比例、征纳程序等都由国家颁布的税法条款事先予以规定,不得随意变更。

其次,关税又是一种特殊的税,其特殊性表现在:

第一,关税的税收客体是进出口货物,主体是进出口商。关税税率的高低影响着一国经济和对外贸易的发展,由此决定了关税是一种对国与国之间经济贸易关系进行调节与管理的政策措施,是实施对外贸易政策的重要手段。

第二,税收由税务机关征收,关税则由海关征收,海关是设在关境上的国家行政管理机构,是具体执行本国进出口政策、法规和规章的重要工具。

三、关税的税制要素

下面以中国为例具体说明。

(一)关税的纳税人

关税的纳税义务人是进口货物的收货人和出口货物的发货人。

（二）关税的征收对象

关税的征税对象，包括应税货物和应税物品两类。征税对象和进出口范围不同，其适用的税率也不同。

（三）关税的完税价格

进口货物的完税价格是以海关审定的成交价格为基础的到岸价格作为完税价格。到岸价格包括货价，加上货物运抵国境内输入地点起卸前的包装费、运费、保险费和其他劳务费等费用。

出口货物完税价格是以海关审定的货物售价与境外的离岸价格，扣除出口关税后，作为完税价格。

（四）关税的缴纳

一是货物进出口关税的缴纳。进出口货物的纳税人，应当自海关填发税款缴纳证的次日起七日内缴纳税款。

二是物品进出口关税的缴纳。进出境物品的纳税义务人，应当在物品放行前缴纳税款。

（五）关税的减免

下列货物，经海关审查无讹，可以免税：①关税税额在人民币十元以下的一票货物；②无商业价值的广告品和货样；③外国政府、国际组织无偿赠送的物资；④进出境运输工具装载的途中所必需的燃料、物料和饮食用品。

有下列情形之一的进口货物，海关可以酌情减免关税：①在境外运输途中或者在起卸时，遭受损坏或者损失的；②起卸后海关放行前，因不可抗力遭受损坏或者损失的；③海关检验时已经破漏、损坏或者腐烂，经证明不是保管不善造成的。

四、关税的种类

（一）按照征收对象或商品流向分类

1. 进口税

进口税是进口国家的海关在外国商品输入时，对本国进口商所征收的关税。进口税在外国商品直接进入关境或国境时征收，或外国商品由自由港、自由贸易区、保税区等提出，运往进口国的国内市场销售，在办理海关手续时根据海关税则征收。通常称为一般进口税。

一般进口税分为最惠国税和普通税两种。当应税对象是来自于与进口国签订有最惠国待遇条款的贸易协议的国家或地区的商品时，适用最惠国税。普通税则适用于从没有与该国签订此类贸易协议的国家或地区进口的商品。普通税高于最惠国税，二者差幅一般为1～5倍，少数甚至高达 10 - 20 倍。例如，美国对玩具征税，最惠国税率为 6.8%，普通税率为 70%。

趣味案例　　　　　　**中国降低进口关税，涵盖 859 项进口商品**

　　2020 年 1 月 1 日起，中国调整了部分商品的进口关税，850 余项商品实施低于最惠国税率的进口暂定税率。同时，对中国与新西兰、秘鲁、哥斯达黎加、瑞士、冰岛、新加坡、澳大利亚、韩国、智利、格鲁吉亚、巴基斯坦的双边贸易协定以及亚太贸易协定的协定税率进一步降低。目前，各种享受新关税的进口商品，如意大利橙汁、巴基斯坦黑蟹，已陆续入关。

　　尽管关税领域很多专业术语令人感到陌生，但降税的积极影响实实在在。分析人士指出，中国降低进口关税是兑现持续扩大开放承诺的有力举措，不仅有助于满足国内消费升级需求、促进提升市场竞争环境，还将让全球更多企业获得中国机遇。

　　早在 2010 年，中国加入世贸组织时的货物降税承诺就已全部履行完毕；2015 年，中国的贸易加权平均关税已降至 4.4%。近几年，中国主动扩大对外开放，在 WTO、区域自贸协定、双边贸易协定等框架下连续推出降低进口关税的举措，目前贸易加权平均关税与美欧等发达经济体已经相差不大，算术平均关税税率也逐年降低。2015 年以来，中国已连续多次降低消费品进口关税，主要选取了国内居民在境外购买意愿较强、关税税率较高的消费品。通过降低关税，中国经济将进一步实现贸易自由化、便利化、市场化，国外企业将获得更多中国市场红利，国内企业尽管面临更多竞争，但同时也将收获更多产业合作的机遇。

2. 出口税

　　出口税是出口国的海关在本国商品输往国外时，对出口商征收的关税。出口商通常会向商品输入国的消费者转嫁出口关税，因此，出口关税的征收一般会提高本国商品在国外市场的销售价格，削弱其竞争力，从而影响商品出口。

　　目前，征收出口税主要是一些发展中国家，目的在于：

　　第一，在国内财源不足的情况下，课征出口税以弥补财政收入的不足。此种目的的出口税通常税率不高（1%- 5%之间），征税对象一般是本国资源丰富，且在世界市场占有较大份额的出口产品。

　　第二，为保护国内生产或市场供应，限制某类产品的出口。比如：对某些稀缺资源课以重税将减少其出口，从而达到保护本国资源的目的。我国目前对生丝、铅矿砂、生锑、山羊绒等 100 种初级产品征收出口税。

趣味案例　　　　　　**中国将免征低硫燃油出口关税**

　　据路透社报道，中国已经批准了一项取消低硫船用燃油出口关税方面的政策，旨在促进中国炼油厂商生产出口、满足国际航运低硫油需求，为中国生产的燃料走上国际市场铺平道路。

路透社在报道中说,中国对每吨燃油征收1218元人民币(合175.73美元)的消费税,并对燃油生产征收13%的增值税,这在很大程度上加重了炼油厂商的负担,不利于其与新加坡、马来西亚等一些国家和区域的供油商竞争。比如全球最大的石油进口国——韩国,一直依赖从新加坡进口燃油来满足其需求。

而如果此次中国降低燃油出口税,将促进国内炼油厂商的船用燃油生产和出口,包括低硫燃油的生产出口。中国炼油厂将向该国沿海的保税仓库供应新的VLSFO(低硫燃油),然后在那里将它们零售给大约12家持牌燃油经销商。保税仓库中燃油的供应被视为出口,免缴关税。

资料来源:海事服务网 CNSS 2020 - 01 - 16

3. 过境税

过境税又称通过税、转口税,是由海关对通过本国关境运往别国的外国商品课征的关税。最初征收过境税的主要目的是为了增加财政收入,随着国际贸易及国际货物运输的发展,过境税的征收越来越妨碍本国交通运输业的发展,影响到本国银行、保险、仓储等方面收入的增加。因此,目前大部分国家已经废除了过境税,只征收少量的印花税、登记费、统计费和准许费等。

(二)按照差别待遇和特定的实际情况分类

1. 进口附加税

进口附加税是指进口国家对进口货物征收一般关税之外,根据特定的目的额外加征的关税。它通常是一种临时性措施,一旦征税目的达到或原因消除即予以取消。开征进口附加税的目的在于:①应付国际收支危机,维持进出口平衡;②防止外国商品低价倾销;③对别国实行歧视或针对别国歧视展开报复。

针对不同的目的,进口附加税有的是对所有国家或商品征收,有的只向某个特定的国家或商品征收,其中,最常见的有反补贴税、反倾销税和差价税,但差价税目前已被世界贸易组织禁止使用。

(1) 反补贴税

反补贴税又称抵消税、补偿税,是对在生产、制造、加工、买卖、输出过程中间接地接受了奖金或补贴的进口商品征收的进口附加税,其税额等于或少于补贴或奖金的数额。目的在于抵消进口商品因接受补贴而形成的竞争优势,削弱其竞争力,使本国同类产业免遭损害或威胁。

(2) 反倾销税

反倾销税是对进行倾销的外国货物所征收的一种进口附加税。所谓倾销是指一国商品以低于本国市场价格甚至低于生产成本的价格向进口国销售的行为。征收反倾销税的目的是为了抵制外国货物倾销,保护本国市场与产业。

(3) 差价税

差价税又称差额税,是进口国对进口商品价格低于国内生产的同类商品价格的差额征收的一种关税。课征差价税的目的是为了削弱进口商品的竞争能力,保护国内同类商品或替代商品的生产。目前,差价税已经被世界贸易组织禁止使用。曾经产生过重大影响的差价税是欧共体为实现共同农业政策,对农畜产品进口征收的。

趣味案例　　　　　美公布对中国木制橱柜、浴室柜反倾销调查初裁结果

2019 年 10 月 3 日,美国商务部发布公告,对原产于中国的木制橱柜和浴室柜产品作出反倾销初步裁定:中国橱柜及浴室柜企业倾销幅度(进口产品的出口价格低于其正常价值的幅度)在 4.49% 至 262.18% 之间,全国统一倾销幅度为 262.18%。根据调查程序,当局将于 2019 年 11 月 18 日作出最终裁定。

在此次针对中国橱柜、浴室柜产品反倾销调查中,美国商务部裁定中国强制应诉企业江苏弘嘉木业有限公司倾销幅度为 4.49%,大连美森木工有限公司倾销幅度为 262.18%,日照富凯木业有限公司倾销幅度为 80.96%,分别税率企业倾销幅度为 39.25%,全国统一倾销幅度为 262.18%。

在此前的 8 月 6 日,美国商务部已对中国橱柜、浴室柜产品作出反补贴调查初裁,江苏弘嘉木业、大连美森木工、日照富凯木业三家中国企业反补贴税率为 10.97%、16.49%、21.78%,其他配合美国调查但未被挑选进行单独检查的中国企业反补贴税率为 16.41%,不配合美国商务部调查的中国企业反补贴税率为 229.24%。

根据这些规定,目前美国贸易官员已指示当地海关及边境保护局从中国进口实木和工程木橱柜和装潢品(包括组装和准备组装)以及木质部件的进口商处收取现金存款。

---

2. 普通关税

普通关税又称一般关税,是进口国对没有与本国签署经济贸易优惠协议的国家生产的货物征收的非优惠性关税。该种关税税率通常由进口国自行决定,税率较高。以加拿大为例,该国《海关税则》设有多栏进口税率,对不同产地的进口商品实施不同的关税待遇,其中第一栏即为普通关税税率,适用于未与加拿大签订关税互惠协定的国家原产的货物,税率高达 35%。

3. 优惠关税

优惠关税是指对来自与本国签订有最优惠协议的国家进口的货物征收的关税,其税率低于普通关税税率。优惠关税一般是互惠的,但也存在非互惠的单向优惠关税,即给惠国只对受惠国给予优惠关税待遇,而受惠国不向给惠国提供等同的优惠。优惠关税通常有如下三种类型:

(1) 特惠税

特惠税是指对某个特定国家或地区进口的全部商品或部分商品给予特别优惠的低关税或免税待遇。最早的特惠税是殖民主义的产物,主要适用于宗主国与殖民地附属国之间的贸易,其中最著名的是 1932 年英联邦国家在渥太华会议上建立的英联邦“帝国特惠制”。第二次世界大战后实行的特惠税主要是西欧共同市场向参加“洛美协定”的非洲、加勒比和太平洋地区发展中国家单方面提供的特惠税。

小知识

给予我国普惠制待遇的国家

目前给予我国普惠制待遇的共有 40 个国家,即欧盟 28 国(包括英国、法国、德国、意大利、荷兰、卢森堡、比利时、丹麦、爱尔兰、希腊、葡萄牙、西班牙、瑞典、芬兰、奥地利、匈牙利、捷克、斯洛伐克、波兰、马耳他、斯洛文尼亚、立陶宛、拉脱维亚、爱沙尼亚、塞浦路斯、保加利亚、罗马尼亚、克罗地亚)、土耳其、日本、挪威、新西兰、瑞士、列支敦士登、澳大利亚、加拿大、俄罗斯、白俄罗斯、乌克兰、哈萨克斯坦。

(2)普遍优惠关税

普遍优惠税简称普惠制,是指在一定数量范围内,发达国家对从发展中国家或地区输入的商品,特别是制成品和半制成品给予的关税减免优惠待遇。

普惠制的主要原则是普遍的、非歧视的、非互惠的。所谓普遍的,是指发达国家应对发展中国家或地区出口的制成品和半制成品给予普遍的优惠待遇。所谓非歧视的,是指所有发展中国家和地区都不应例外,不受歧视地享有普惠制待遇。所谓非互惠的,是指发达国家单方面给予发展中国家或地区优惠,而不向发展中国家或地区谋求反向优惠。

最早的普惠制是 1971 年 7 月 1 日欧洲共同体首先开始实施的普惠制方案,现已有 37 个国家实行了普惠制,享受普惠制关税优惠的发展中国家或地区达到 190 多个。

(3)最惠国关税

最惠国关税适用于从与该国签订有最惠国待遇条款的贸易协定的国家或地区所进口的商品。第二次世界大战后,大多数国家都加入了关税与贸易总协定和世界贸易组织,或者签订了双边贸易条约或协定,相互提供最惠国待遇,享受最惠国税率,因此这种关税通常又称为正常关税。最惠国税率界于普通税率和特惠关税税率之间,低于普通税率,高于特惠关税税率。

(三)按征税目的分类

1. 财政关税

财政关税是以增加一国财政收入为主要目的而征收的关税。要达到筹集收入的目的,一国开征的关税必须满足如下三个条件:① 征税的进口商品在国内必须有较大的消费量;② 征税的商品必须是国内不能生产,而且没有替代品,只能依靠国外进口的;③ 关税税率要适中或较低,如果税率过高,将阻碍进口,达不到增加财政收入的目的。

因此,财政关税的税额有一个明显的界限,即国内外价格差,税额超过价格差则进口全都停止,也就无法获得财政收入了。

2. 保护关税

保护关税是以保护本国产业免受国外竞争为主要目的而征收的关税。与财政关税不同,保护关税的税率完全可以使税额等于或大于国内外价格差,一旦保护关税高到一定程度,进口完全停止,就能达到彻底保护的目的,这一关税水平被称为禁止性关税。一般来说,保护关税税率较高,且越高越能达到保护目的。

五、关税作用

为什么要征收关税呢？历史上，筹集财政收入曾经是各国政府开征关税的主要目的，财政性关税一度成为政府财政收入的重要来源。然而，随着经济发展，关税的财政收入功能逐渐淡化。目前，除一些税制不够发达的发展中国家外，大多数国家的关税收入占政府财政收入的比重呈逐渐下降的趋势。关税更多的是起调节国际经济贸易关系、保护本国产业发展的作用。具体包括如下四方面：

（一）维护国家主权和经济利益

从表面上看，对进出口货物征收关税，好像只是一个与对外贸易相联系的税收问题。实质上，一个国家采取什么样的关税政策直接关系到国与国之间的主权和经济利益。今天，关税已经成为各国政府维护本国政治、经济权益，进行国际经济斗争的一个重要工具。各国都在争取国际间的关税互惠，并反对他国对本国的关税歧视，从而促进对外经济技术交往，扩大对外经济合作。

（二）保护和促进本国生产的发展

一个国家采取什么样的关税政策，是实行自由贸易还是采用保护关税政策，是由该国的经济发展水平、产业结构状况、国际贸易收支状况以及参与国际经济竞争的能力等多种因素决定的。国外进口的产品有可能造成对本国同类产品的冲击，因此，许多发展中国家为了顺利发展民族工业，纷纷实行保护关税政策，以保护本国"幼稚产业"，促进进口替代工业发展，关税在保护和促进本国工农业生产发展方面发挥了重要作用。

（三）调节国民经济和对外贸易

关税是国家的重要经济杠杆。国家通过税率的高低和关税的减免，可以影响进出口规模，调节国民经济活动。比如：可以对不同的进出口产品设定不同的税率，调节进出口产品价格，有意识地引导各类产品的生产和进口，调节进出口商品的数量和结构，最终达到促进国内市场商品的供需平衡、保护国内市场物价稳定等目的。

（四）筹集国家财政收入

虽然随着各国经济的发展，关税的财政收入功能逐渐淡化，大多数国家的关税收入占政府财政收入的比重呈逐渐下降的趋势，但对一些发展中国家，特别是那些国内工业不发达、工商税收有限、国民经济主要依赖于少数几种初级资源产品出口的国家而言，征收进出口关税依然是它们取得财政收入的重要渠道之一。

趣味案例　　　　　　**"美国关税收入涨了，但买单的不是中国"**

彭博社 2019 年 1 月 17 日援引美国海关和边境保护局的数据称，截至 2018 年 12 月 18 日，特朗普政府对进口货物加征的关税已超过 130 亿美元，由于退款和其他因素，实际收款可能滞后或降低,但财政部的报告显示,自特朗普关税生效以来,关税收入大幅上升。

2018年年初开始,特朗普对进口商品开始了一系列征收关税行动。2018年1月,美国政府打响第一枪,宣布对外国制造的太阳能设备和洗衣机征收关税。3月,开始对进口钢铝征收关税;6月,此前被豁免钢铝关税的欧盟、加拿大、墨西哥也加入被征税队伍。与此同时,美国也进一步对中国挑起贸易争端。

根据美国海关和边境保护署的数据,自上述关税开始征收以来,至2018年12月18日,美国已经从中获得131.9亿美元的关税收入。

彭博社指出,不少美国经济专家都认为,美国增加的关税收入并没有如特朗普预期的那样,由中国或是其他国家支付,而是都转加到了美国企业和消费者身上。

美国智库"芝加哥全球事务委员会"(Chicago Council on Global Affairs)全球经济高级研究员、小布什总统经济顾问委员会高级经济学家菲尔·列维(Phil Levy)指出,尽管"特朗普暗示这(关税)将带来大量新的收入,且所有负担都落在了中国人身上,但我认为这基本上是错误的。"

"中国进口商品被征收的关税是由美国人支付的,而不是中国人或是中国政府,"里根总统经济顾问委员会成员、约翰霍普金斯大学应用经济学教授史蒂夫·汉克(Steve Hanke)直言不讳地表示,"总统的关税只是对美国消费者征收的一种税。"

六、关税水平与结构

(一)关税水平

关税水平是指一国或一产业部门中各种商品的平均进口税率。反映的是关税对一国或一产业部门的整体保护率。它是一个综合性的宏观指标,代表一国关税平均税率的高低。

关税水平主要有如下两种计算方法:

1. 简单平均法

简单平均法即关税水平等于关税税则中所有税目的税率之和除以所有税目的和。

虽然该方法简单易行,但由于没有考虑到进口商品的数量和价格以及税则分类的差别,因而难以真正全面反映一国关税对其经济的保护程度。

2. 加权平均法

加权平均法即关税水平等于所有商品进口关税收入之和除以进口商品价值总和。

其中,进口关税收入等于各种进口商品的价值总量乘以各自适用的进口税率,再予以相加得出的总额,进口总值等于进口商品数量与价格的乘积之和。

(二)关税结构

关税结构实质上是指关税税率结构,即一国关税税则中各类高低不同的商品关税税率之间的相互关系。各国政府在征收关税时,为了更好地实现关税的保护作用,通常并不采用单一税率,而是对不同的商品征收不同的税率,这就构成了一国进出口商品的关税结构。

世界各国因其国内经济和进出口商品的差异,关税结构也各不相同。就进口关税而言,一般都表现为资本品税率较低,消费品税率较高,生活必需品税率较低,奢侈品税率较高。其中一个突出的特征是关税税率随产品加工程度的逐渐深化而不断提高。制成品的关税税率高于中间产品的关税税率,中间产品的关税税率高于初级产品的关税税率,这种关税结构现象称为关税升级结构。许多国家采用这种关税结构,对原材料免税或征税极低,对中间产品征较低的关税,对最终产品实行高税率。

七、关税制度

关税制度是征收关税的建制与规范,是一国关税政策的具体表现。

(一)征税方法

海关征收关税的方法主要有以下四种:

1. 从量税

从量税是以进口货物的计量单位(重量、数量、长度、面积等)作为计税标准。从量税额＝每单位从量税×商品总量。例如:新西兰对进口的葡萄酒征收每公升1.99新西兰元的从量税,那么进口一千公升葡萄酒应征收的关税额为1000公升×1.99新西兰元/公升＝1990新西兰元。

大多数情况下,从量税以商品的重量为单位进行计征。尽管从量税具有手续简便、能有效阻止逃税等优点,但却无法反映商品价格和币值的波动。随着第二次世界大战后通货膨胀愈演愈烈,物价不断上涨,目前单纯使用从量税的国家已经很少,大部分国家按从价计征办法征税。

2. 从价税

从价税是按照进口货物的价格作为计税标准,其税率表现为货物价格的一定百分比。从价税额＝货物总价×从价税率。与从量税相比,从价税额能反映货物在价格与质量上的差别,使税负更合理,并可以自发随价格和币值波动而变化。例如,日本对进口红茶征收20%的从价税,那么进口价值为500万日元的红茶应征收的关税额为:500万日元×20%＝100万日元。

采用从价税计征关税,必须确定进口货物的完税价格。确定这一价格的过程就是海关估价。现今大多数国家都采用《WTO估价协议》进行海关估价,这一估价协议规定了六种海关估价的方法:进口商品成交价格法、相同或类似商品成交价格法、倒扣法、计算价值法以及其他合理估价方法。

3. 混合税

混合税又称复合税,是指对某种进口商品既征收从量税,又征收从价税。可分为两种,一种以从量税为主,从价税为辅;另一种以从价税为主,从量税为辅。因此,混合税额也由从量税额和从价税额两部分组成。例如,加拿大对进口的棉缝纫线征收10%的从价税和每公斤11加分的从量税。如果加拿大进口1公吨价值1万加元的棉缝纫线,应征收的关税额为10000加元×10%＋1000千克×0.11加元/千克＝1110加元。

4. 选 择 税

选择税是对一种商品同时订有从量税和从价税两种税率,征税时可根据实际情况的需要选择其中一种。例如,加拿大对进口樱桃制订的税率为每公斤 11.02 加分,但不低于12.5%。如果加拿大进口 10 公吨樱桃,价值 12 万加元,则:

按从量税计:10000 千克×11.02 加分/千克=11020 加元。

按从价税计:120000 加元×12.5%=15000 加元。

则这批樱桃应征收 15000 加元。

(二)海 关 税 则

海关税则也叫关税税则,是一国对进出口商品计征关税的规章和对进出口的应税与免税货物加以系统分类的一览表。

海关税则由两部分组成:海关课征关税的规章条例及说明;关税税率表。关税税率表主要包括税则序列(税号)、货物分类目录和税率。

海关税则是海关征收关税的依据,是一国关税政策的具体体现,可根据不同的标准进行分类。按税率的种类可分为单式税则和复式税则。单式税则一个税目里只有一种税率,适用来自于任何国家的货物,无差别待遇;复式税则一个税目里有两个或两个以上的税率,对来自不同国家的货物采用不同的税率。另外,依据制订税则的权限的不同可分为自主税则和协定税则。

(三)通 关 手 续

通关手续也称报关手续,指进出口商或其代理人向海关办理进出口货物的手续。通关手续办完,交纳应付税款和相关费用之后,经过海关同意,货物即可放行,完成进口或出口。进出口货物的通关一般分为四个环节:

申报 → 查验 → 征税 → 放行

1. 申 报

申报即是通常所说的"报关",指进出口商或其代理在进出口货物时,在规定时间内向海关递交有关单证及相关资料,向海关申请办理审查放行的行为,是通关的第一个环节。

2. 查 验

货物查验是海关在接受申报人的申报后,对进出口的货物进行实际查核,确定实际货物是否与报关单的内容相一致,防止非法进口或出口。海关查验货物一般在进出口口岸的码头、车站、邮局等海关监管场所。

3. 征 税

海关在审核单证、查验货物之后,根据本国有关法律、法规进行征收税款和收缴相关费用。

4. 放 行

当所有海关手续办妥之后,即在提单上盖上海关放行章以示放行,进出口商提取货物,完成通关。

小知识

宁波海关物流无纸化作业助推企业高效通关

近年来,宁波口岸开放的步伐逐步加快,业务量也随之大大增加,2018 年宁波舟山港年货物吞吐量和年集装箱吞吐量在世界港口中更是分别列第一和第三,而物流业务作为整个海关监管业务的基础,不断提升效能,自无纸化作业施行以来对整个口岸营商环境的优化起到了不可或缺的作用。

2018 年 11 月,宁波海关结合"关检合一"应用新一代船舶管理系统,实现了五个"统一",即统一企业申报单证、统一作业系统、统一风险研判、统指令下达、统一现场执法施行,协同推进了进出境船舶海关申报无纸化,单船平均节约时间 2 小时以上;2019 年初舱单变更作业无纸化实施后,企业从原来的业务现场提交一系列纸质材料再经海关审批变为只需在网上申请中填写变更原因,海关收到电子申请后即可进行审核,舱单变更周期由原来的 1—2 天缩短至数小时,有效节约了通关成本,提升了口岸整体通关效率,自施行之日起截至 12 月 10 日,宁波海关依电子申请完成舱单变更 21.18 万票。宁波船务代理有限公司孙屹对海关的无纸化作业效率表示了认同:"舱单变更作业无纸化以后,我们只需要通过'单一窗口'就可以以无纸化形式提交电子申请,企业甚至可以'零跑腿'。"

随着物流业务无纸化作业的逐步推进,原本业务办理的相关繁琐纸质手续逐渐被替代,企业不仅节约了办事来回奔波的时间,业务办理进度也实时可查,真正实现了数据多跑路,企业少跑腿。

第二节　非关税措施

一、非关税措施概述

（一）非关税措施的概念

非关税措施是指一国或地区采取的除关税以外的一切限制进口的政策措施。该种措施形式多样,名目繁多。

非关税措施早在资本主义发展初期就已出现,在 20 世纪 30 年代"大萧条"时一度广为流行,但直到 20 世纪 70 年代,非关税措施的作用才日益突出,出现了以非关税壁垒为主、关税为辅的新贸易保护主义。

（二）非关税措施的特点

与关税措施相比,非关税措施具有以下特点:

1. 限制进口的作用更加直接

关税措施是通过征收关税来提高商品成本和价格,进而削弱其竞争能力的,因而其保护作用具有间接性。一旦出口国采用出口补贴等措施降低出口商品成本,鼓励出口,或者进口商品受价格影响较小的话,关税措施就无法很好地起到限制进口的作用。而一些非关税措施如进口配额,预先限定进口的数量或金额,超过限额就直接禁止进口,能够快速和直接地达到关税措施难以达到的目的。

2. 灵活性更大、针对性更强

非关税措施比关税具有更大的灵活性和针对性。关税的制定,往往要通过一定的立法程序,要调整或更改税率,也需要一定的法律程序和手续,因此关税具有一定的延续性,不能及时起到限制进口的作用。而制定和实施非关税措施则只需通过简便迅速的行政程序,制定起来比较迅速,程序也较简单,且不受贸易协定的最惠国待遇等条款限制,能随时针对来自特定国家的特定商品进口采取限制措施,从而较快地达到限制进口的目的。

3. 隐蔽性和歧视性更强

非关税措施比关税更具有隐蔽性和歧视性。关税措施,包括税率的确定和征收办法都是透明的,出口商可以比较容易地获得有关信息。另外,关税措施的歧视性也较低,它往往要受到双边关系和国际多边贸易协定的制约,采用关税措施限制进口更容易受到对方的抵抗和报复。但一些非关税措施则透明度差、隐蔽性强,许多措施都是非公开。同时非关税壁垒往往是针对特定国家、特定商品制定的,有较强的针对性,容易对他国实施差别待遇,歧视性大为增强。

二、非关税措施的分类

非关税壁垒措施名目繁多,但大致可以分为以下三大类:

(一)限制数量的非关税措施

该措施是指进口国对进口商品的数量或金额加以限制。

1. 进口配额制

进口配额制是一国政府在一定时期内(一个季度、半年或一年)直接限制某种商品的进口数量或金额的措施。在配额之内准许进口,超过配额便不准进口或者征收高关税或罚款后才能进口。进口配额主要有绝对配额和关税配额两种。

(1)绝对配额

绝对配额是指在一定时期内,对某项商品的进口在数量上或金额上规定一个最高限额,超过这个限额便不准进口。在具体实施中,按商品进口来源的不同,又可分为全球配额和国别配额。所谓全球配额是适用世界范围的配额,一国在一定时期内对某种商品规定一个全球性的配额度,不分国家和地区,超过配额就停止进口。如:加拿大于1981年12月1日起,对除皮鞋以外的各种鞋类进口实行为期三年的全球配额,第一年的配额为3560万双,以后每年递增3%。

所谓国别配额,是指在总配额中按国别和地区分配一定的配额,超过配额就停止进口。国别配额又有自主配额和协议配额之分。自主配额又叫单方面配额,是进口国单方面规定一定时期内从特定国家或地区进口特定商品的配额;协议配额则是进口国和出口国通过谈判达成的进口配额。如:1981年英国分配给我国皮手套出口到英国的配额为5万双,超过这一数额不准进口。

（2）关税配额

关税配额对某项商品进口的绝对数不加限制，超过配额仍可进口，对在一定时期内规定配额以内的进口商品，给予免税或低关税待遇，对超过配额的进口商品征收高额进口附加税或罚款。关税配额可以分为全球性关税配额和国别关税配额。如：美国政府 2000 年 2 月决定对加拿大和墨西哥以外国家进口的钢铁线材实施为期三年的全球性关税配额，第一年总配额数为 143 万吨，超过配额进口部分加征 10% 的关税。

趣味案例　　　　　　**玉米、小麦、大米三大主粮进口配额不会调整**

中方在中美第一阶段经贸协议中承诺大幅度增加农产品进口。官方并披露，协议实施后，中国会从美国进口一部分小麦、玉米、大米。外界非常关注具体数字，此前并有猜测玉米进口配额会提高甚至放开。2020 年 1 月 4 日，中美经贸谈判成员、中农办副主任韩俊向财新记者确认，玉米、小麦、大米三大主粮进口配额不会调整。

总体上，入世后，中国农产品开放程度已经非常高。农产品进口平均关税 15.2%，相当于世界平均水平的四分之一。中国对大豆进口早已完全放开，对三大主粮进口仍实行配额管制。配额内实施 1% 低关税，配额外关税为 65%。

依据 2019 年 9 月中国国家发改委公布的信息，2020 年粮食进口配额及分配同上年无变化。小麦配额 963.6 万吨，其中 90% 为国营贸易配额；玉米配额 720 万吨，其中 60% 为国营贸易配额；大米配额 532 万吨，50% 为国营贸易配额。分配给企业的国营进口配额，必须通过国营贸易企业代理进口。

往年主粮进口配额使用通常低于 50%。2018 年，受中美贸易战影响，中国对美国小麦、玉米进口大幅减少。小麦全球总进口量 286.4 万吨，同比减 32.1%。增加配额内进口还有较大空间。

来源：财新网、美国中文网

---

2. 自动出口限制

自动出口限制是出口国家或地区在进口国家的要求或压力下，自动规定在某一时期内（一般为 3 - 5 年）某些商品对该国的出口限额，超过限额则自行控制出口。

自动出口限制与绝对进口配额在形式上存在差异。绝对进口配额是由进口国家直接控制进口配额来限制商品进口，而自动出口限制是由出口国家直接控制这些商品对指定进口国家的出口。两个措施尽管在形式上不同，但结果都达到限制进口的作用。

自动出口限制主要有非协定的出口限制和协定的出口限制两种形式。

（1）非协定的自动出口限制

非协定的出口限制不受国际协定的约束，是由出口国在进口国的压力下自行单方面规定出口配额。

（2）协定的自动出口限制

进出口双方通过谈判签订"自限协定"或"有秩序销售协定"来限制出口的方法。大多数自动出口限制都属于这种。协议的内容主要有配额水平；自动出口限制商品的分类；限额的通融；保护条款；出口管理规定；协定的有效期限。如：1969 年美国与日本达成钢铁输送的自

国际贸易概论

动限定协议,规定日本钢铁对美国出口年增长率不得超过5%;1972年期满后,该协定又延长了三年,并把出口年增长率降低到2.5%。

趣味案例　　　　　　**日本"自愿"限制出口美国的汽车数量**

至1963年,世界的小汽车生产集中在美国和西欧国家,日本的汽车产量只占世界产量的2.6%。然而,到1980年,日本小汽车产量占世界产量的比重上升到28%,日本汽车出口量占世界市场的比重达37%。日本汽车大量出口到美国和西欧国家。在这种形势下,1981年,美国政府要求日本"自愿"出口限制,出口到美国市场上的汽车数量,每年不得超过168万辆,为期三年。

为什么日本会接受这种"自愿"出口限制呢?据一些经济学家的分析,这种"自愿"出口限制的重要原因在于,日本对美国的市场依赖较大。面对美国政府所施加的压力,如果日本不接受这种较为体面的"自愿"限制,那么它就会受到更加强硬的制裁,如实施进口配额,或者征收100%、200%的报复性关税等等。此外,如果日本在汽车的出口方面不接受"自愿"限制,美国就会在其他商品的进口方面采取更为严格的限制措施。

---

3. 进口许可证制

进口许可证制是一国政府规定某些商品的进口必须领取该国颁发的进口许可证,无许可证不得进口的制度。政府通过管制许可证的颁发来控制商品的进口。按进口许可证与进口配额的关系可分为两种:有定额和无定额的进口许可证。

一是有定额的进口许可证。一国政府有关部门预先规定有关商品的进口配额,然后在配额额度内,根据进口商的申请,对每一笔进口货物发给进口商有关一定数量商品的进口许可证。

二是无定额的进口许可证。不与进口配额相联系,进口国政府事先不公布配额,颁发许可证只是在个别考虑的基础上进行。

进口许可证又可根据进口商品的种类和来源地分为一般许可证和特种进口许可证。

一是一般许可证。该证对进口的管制最松,没有国别或地区的限制。凡属于一般许可证范围的商品,进口商品在进口商填写公开一般许可证后,即获准进口。

二是特种进口许可证。进口商必须向政府有关部门申请,经过逐笔审批后才能进口。这种进口许可证一般都规定进口国别和地区,管制较严。

4. 外汇管制

外汇管制是一国政府为了维持本币汇价和平衡国际收支,通过法律对外汇交易和国际结算实行一定程度的限制,以集中外汇资金,再根据国家的实际需要进行分配的制度。国际贸易与外汇是紧密相联的,没有外汇就无法完成进出口。

在外汇管制下,出口商必须按官方汇率向外汇管制机构交售其所赚取的外汇,兑换成本币;进口商也必须向外汇管制机构申请按官方汇率购买外汇,然后用外汇购买外国商品。在国境内禁止外汇自由买卖。这样,国家就可以通过确定官方汇价、集中外汇收入和控制外汇的供应量来有效控制进口商品的来源、数量和品种。

外汇管制的方法多种多样,主要有以下三种:

（1）数量性外汇管制

国家外汇管理机构对外汇买卖的数量直接进行限制和分配，从而达到限制进口的目的。一些国家在实行数量性外汇管制时，往往规定进口商必须获得进口许可证后，才能得到所需的外汇。

（2）成本性外汇管制

国家外汇管理机构对外汇买卖实行多重汇率制度，利用外汇买卖成本的差异，间接影响不同商品的进出口。

（3）混合性外汇管制

同时采用数量性和成本性外汇管制的办法，这种管制对外汇的控制更为严格。

5. 进口押金制

进口押金制又称进口存款制度，规定进口商必须按进口金额的一定比例，在规定时间内向指定银行存入一笔无息存款，然后才能进口。这种做法将使进口商蒙受利息损失并增加其风险，从而达到限制进口的作用。如：1974 年 5 月 7 日至 1975 年 3 月 24 日，意大利政府曾对 400 多种进口商品实行这种制度，规定进口商无论从哪国进口这些商品，在办理信用证时必须向意大利中央银行交纳相当于总额 50% 的押金，无息冻结 69 日，这项措施相当于征收 5% 以上的进口附加税，无形中提高了进口成本。巴西、芬兰等国家也曾经实行这一措施。

6. 进口最低限价

最低限价就是指一国政府确定某种进口商品的最低价格，如果进口商品价格低于这一价格就不允许进口，或准予进口但必须征收进口附加税。这样会使进口商的利润降低，甚至无利可图，以此达到限制进口的目的。如：阿根廷从 1995 年 11 月开始对从我国进口的自行车实行最低限价：24 英寸、26 英寸无变速车均为 60.13 美元，18 段变速以下为 83.83 美元，18 段变速以上为 119.76 美元。

（二）技术性贸易壁垒

1. 技术性贸易壁垒的含义

技术性贸易壁垒是指在国际贸易中，一国以维护国家安全或保护人民健康和安全、保护生态环境、保护动植物、防止欺诈行为、保证产品质量为目的，或以贸易保护为目的所采取的一些强制性或非强制性的技术性措施，如技术标准与法规、绿色贸易壁垒、包装和标签要求及产品检验检疫制度，这些措施成为其他国家商品进入该国的障碍。

技术性贸易壁垒已成为当今世界非关税壁垒的重要组成部分，它有狭义与广义之分。狭义上讲，技术性贸易壁垒是世界贸易组织《技术性贸易壁垒协议》中规定的技术法规和技术标准。广义的技术性贸易壁垒是指所有影响贸易的技术性措施，不仅包括《技术性贸易壁垒协议》的内容，还包括《服务贸易总协定》《知识产权协议》等世界贸易组织规定的内容。

2. 技术性贸易壁垒的主要内容

（1）技术标准

技术标准是指商品必须符合一些极为严格、繁琐、近乎苛刻的技术标准才能进口。其中，某些规定往往是针对特定国家的商品。目前，发达国家制定了大量的技术标准。到 2003 年，欧盟规定的技术标准有 10 多万个，日本有 390 多个农产品标准和 8000 多个工业标准，美国的更多。

（2）技术法规

技术法规是指政府规定必须强制执行的有关产品特性或其他相关工艺和生产的方法。发达国家颁布的技术法规，名目繁多，一经颁布就强行执行，在国际贸易中构成了比技术标准更难逾越的技术性贸易壁垒。

（3）合格评议程序

合格评议程序又称质量认证。认证可分为产品认证和体系认证。产品认证是由授权机构出具证明，认可和证明产品符合技术规定、标准的规定。美国、日本、欧盟都有严格的产品认证标准。

（4）产品检验、检疫制度

产品检验、检疫制度，即进口国以保护本国人民健康为由，制定复杂的、严格的、经常变化的检疫检验规定，使试图进口的外国产品难以符合要求，从而达到限制商品的进口。如日本对茶叶农药残留量限制在百万分之零点二五，陶瓷含铅量限制在百万分之七，超过标准不准进口。

（5）商品包装和标签的规定

商品包装和标签的规定是指某些国家对进口商品的包装和标签的内容加以严格的规定，不符合要求的要按规定重新包装和贴标签。这样增加了商品成本，削弱了商品竞争力，间接起到限制进口的目的。

技术性贸易壁垒具有广泛性、系统性、双重性、隐蔽性、可操作性和针对性的特点。各国使用越来越多，占国际贸易非关税壁垒30％以上。

趣味案例　　　　　　　　　**技术标准导致的贸易壁垒**

各国采用不同的技术标准，提高商品贸易的成本，对各国商品的自由贸易形成一定程度的障碍，一些国家甚至有意通过不同标准来设置贸易壁垒。以下是几个技术标准不同导致贸易障碍的典型例子。

1. 意大利空心粉。在意大利有一个"空心粉纯度法"，要求空心粉的制作原料必须是硬质小麦，而这种硬质小麦主要产于意大利南部。欧洲其他国家的空心粉大多由混合种类的小麦制成，不符合"空心粉纯度法"，很难进入意大利市场。

2. 日本滑雪板。日本有很多滑雪场，本国也生产滑雪板。日本滑雪场对滑雪板有严格的技术标准要求，除了日本生产的滑雪板以外，外国的滑雪板基本上都达不到这种标准。日本强调他们的雪质特殊，必须使用适应日本雪的滑雪板，如果使用不合标准的滑雪板，日本保险公司也不给予保险，出现伤害事故自己负责。因此，日本不会轻易进口外国产的滑雪板。

3. 中国的中草药。美国加利福尼亚州法院引用食用水的重金属含量标准，判定中国117种中草药有毒，强令在这些中草药销售时贴上有毒标签，作为警示，否则将予以高额罚款。

4. 木制家具出口遭遇技术壁垒。美国《雷斯法案》规定，不论木制家具经过几道工序加工，精加工还是粗加工，一个家具用多少个产地的原材料，要提供每一个部位的木材合法来源证明，不能提供木材合法来源证明的将受到严厉处罚。而且，《雷斯法案》已经在中国开出第一张罚单，对上海一家台资企业罚款4万美元。

国际贸易概论

（三）其他形式的非关税措施

1. 歧视性政府采购

歧视性政府采购政策是指国家制定法令,规定政府机构在采购时优先购买本国产品,只有在本国生产商无法生产时,再考虑进口该种产品。美国从 1933 年开始实行,并于 1954 年和 1962 年两次修改的《购买美国货法案》就属于这一类型。

由于歧视性政府采购政策愈演愈烈,印度、埃及等发展中国家在关税与贸易总协定东京回合谈判中提出将政府采购纳入多边贸易体系,通过了东京回合《政府采购协议》,并据此对政府采购的规则、程序等作了较为严密周详的规定。乌拉圭回合谈判中又对此协议作了进一步补充。

2. 专断的海关估价制度

采用从价税计征关税,首先要确定进出口货物的完税价格。完税价格的高低直接影响缴纳关税额的多少。如果采用不同的海关估价办法,就会计算出不同的完税价格。一旦进口国海关采用专断的海关估价制度,选择较高价格作为估价基础,或者将估价程序复杂化,模糊价值定义,可以增加进口商的成本和风险,成为限制进口的措施。这就是海关估价的非关税壁垒的作用。美国的原估价办法就是这其中的典型。

3. 进口和出口的国家垄断

进口和出口的国家垄断是指在国际贸易中,某些或者全部产品的进出口由国家机构直接垄断经营,或是国家机构不直接经营,而是把商品的进出口的垄断专营权给予某些组织。各国的进出口国家垄断主要集中在三类商品上:烟、酒;农产品;武器。

4. 国内税

国内税是指通过对进口商品征收国内税的方法来限制进口。由于国内税属于一国内部经济事务,不受国际贸易协定和条约的限制,地方政府机构也可以自行征收国内税,因此比关税更灵活、更具隐蔽性。这些国内税包括:销售税、消费税、增值税、零售税、货物税、营业税、周转税等。如:法国曾规定对引擎为 16 马力的汽车每年征收 30 美元的养路费,而当时法国生产的汽车发动机最大马力才 12 马力,这一措施无疑是针对进口引擎的。

5. 繁琐的通关手续

进口商品通关时,要经过四个主要基本环节,手续比较繁琐,一些国家为限制进口,会在通关过程中故意制造麻烦,拖延通关时间,增加进口阻力和进口商的风险及成本。

趣味案例
"普瓦蒂埃效应"

20 世纪 80 年代初期,日本电子消费品大量进入法国市场,1982 年 10 月,法国政府宣布所有进口的录像机只能从普瓦蒂埃进口。普瓦蒂埃是距法国北部港口数百英里的内地小镇,历史上法国人曾成功地在此地击退外族的入侵。镇上海关人员很少,但对进口的录像机检查却非常彻底,大量录像机被搬出箱子仔细校对序号,随箱文件也要被逐一核对。检查一卡车录像机原来只要半天,后来却要两到三个月。这项规定使法国每月进口的录像机数量从 64000 多台急剧下降到不足 10000 台。

日本向关贸总协定提出审议法国这项政策的请求,随后,在日本公司同意向法国投资,在法国同法国公司一起生产录像机零件后,法国政府取消了这项政策。

把录像机进口限制在普瓦蒂埃,对限制录像机进口起到了明显的作用。"普瓦蒂埃效应"后来被泛指阻碍进口的非关税壁垒。

三、非关税壁垒发展趋势

总体上,非关税壁垒呈现出日益加强的发展趋势,这一趋势主要表现在以下几个方面:

(一) 非关税壁垒的项目更加繁杂

世界各国实行的非关税壁垒措施从 20 世纪 60 年代的 850 多项增加到 70 年代末的 900 多项,到了 90 年代,林林总总的项目已达到 1000 多项。

我国划分的十三类贸易壁垒中,除第一类是关税措施外,其他十二类都是非关税壁垒。

(二) 非关税壁垒措施适用商品的范围扩大

随着项目的增加,适用商品的范围跟着扩大。从产品角度看,不但包括初级产品,而且涉及所有的中间产品和工业制成品,产品的加工程度和技术水平越高,所受的制约和影响也越显著。从过程角度看,涵盖了产品的整个生命周期,从研究开发、生产、加工、包装、运输、销售到消费。从领域角度看,已从有形商品扩展到金融信息等服务贸易及环境保护等各个领域。从表现形式看,涉及法律、法令、规定、要求、程序等各个方面。

(三) 技术性贸易壁垒的作用加强、使用频率增多

技术性贸易壁垒是国际贸易保护主义的最后庇护所,是调节当今国际贸易的重要杠杆。因为这一壁垒具有合法性、隐蔽性、针对性、可操作性更强的特点,成为很多国家特别是发达国家贸易保护的重要手段。20 世纪 70 年代,在国际贸易的非关税壁垒中,技术性的占 30%,进入 90 年代,比重仍在不断攀升。

四、对非关税措施的应对

(一) 建立非关税壁垒的预警机制

非关税措施种类繁多、灵活多样。政府应设立专门机构或部门负责各类措施的信息收集、整理和发布工作,同时建立预警机制,对国外的限制性措施的发展动态密切跟踪,以免国内企业处于被动状态。

(二) 坚持以质取胜战略,增加产品的附加值

出口企业提高产品质量,提升产品档次,增加商品的附加值,这是对付进口配额、技术性贸易壁垒等非关税措施最根本的办法。既可以扩大出口值,又可以更好地达到出口国的技术要求。

国际贸易概论

（三）增加海外直接投资，绕过非关税壁垒

直接投资可以利用当地的技术，按当地的标准生产，就地销售，直接绕过非关税壁垒，扩大本国出口。

（四）积极推广国际标准，积极参与国际标准互认

通过采用国际标准，不但可以防止和消除技术壁垒，而且可以有效地缩短与发达国家的差距，避免再走发达国家在技术发展过程中走过的弯路，减少代价。

★★★★★ 本章学习路径 ★★★★★

关税是海关向进出口商就经过一国关境的进出口商品和劳务征收的一种税收。按照征收对象或商品流向可将关税分为进口税、出口税和过境税；按照差别待遇和特定的实际情况可将关税分为进口附加税、普通关税和优惠关税；按照开征的目的可将关税分为财政性关税和保护性关税。关税的作用是为了维护国家主权和经济利益，保护和促进本国生产的发展，调节国民经济和对外贸易，筹集国家财政收入。实际上，现代关税的收入功能逐渐淡化，保护功能更为突出。关税水平是指一国或某一产业部门中各种商品的平均进口税率。关税结构实质上是指关税税率结构，是指一国关税税则中各类高低不同的商品关税税率之间的相互关系。关税制度是征收关税的建制与规范，是一国关税政策的具体表现，由关税征收办法和通关手续构成。

```
                  关税起源
                  关税的定义与特点 ┌ 定义
                                  └ 特点
                                  ┌ 纳税人
                                  │ 征收对象
                  关税税制要素 ─── 完税价格
                                  │ 缴纳
                                  └ 减免
    关税措施                      ┌ 按照征收对象或商品流向分类
                  关税种类 ─────── 按照差别待遇和特定的实际情况分类
                                  └ 按征税目的分类
                                  ┌ 维护国家主权和经济利益
                  关税作用 ─────── 保护和促进本国生产的发展
                                  │ 调节国民经济和对外贸易
                                  └ 筹集国家财政收入
                  关税水平与结构
                                  ┌ 征税方法
                  关税制度 ─────── 海关税则
                                  └ 通关手续
```

国际贸易概论

非关税壁垒是指一国或地区采取的除关税以外的一切限制进口的政策措施。非关税壁垒措施名目繁多,但大致可以分为以下三大类:限制数量的非关税壁垒、技术性贸易壁垒、其他形式的关税壁垒。与关税措施相比,非关税措施作用更为直接、灵活性更大、针对性更强、更具隐蔽性和歧视性,因此逐渐受到各国政府的青睐,目前国际贸易中流行的是以非关税壁垒为主、关税为辅的新贸易保护主义,非关税措施名目更为繁多,其运用具有如下发展趋势:适用范围扩大、作用加强、使用频率增多。应从四个方面入手应对非关税措施。

```
              非关税措施概述 ┌ 概念
                            └ 特点

                           ┌ 限制数量的非关税措施
              非关税措施分类 ┤ 技术性贸易壁垒
                           └ 其他形式的非关税措施
非关税措施
                              ┌ 项目更加繁杂
              非关税措施的发展趋势 ┤ 适用商品的范围扩大
                              └ 作用增强、使用频率增多

                          ┌ 建立非关税壁垒的预警机制
                          │ 坚持以质取胜战略,增加产品的附加值
              非关税措施的应对 ┤ 企业增加海外直接投资,绕过非关税壁垒
                          └ 积极推广国际标准,积极参与国际标准互认
```

本章复习思考题:

1. 什么是关税? 关税按照征收对象或商品流向可分为几类?

2. 关税征收的方法有几种?

3. 通关大致有哪几个基本环节?

4. 什么是非关税壁垒? 与关税措施相比,有哪些特点?

5. 非关税壁垒的主要措施有哪些?

6. 绝对进口配额和自动出口限制有何异同?

7. 如何应对非关税措施?

知识扩充

2009 年 3 月 5 日,全球反倾销数据库监控系统监测报告显示,2008 年反倾销进口限制增加,贸易保护主义抬头。

总体上看,2008 年反倾销调查的数量(188 次)比 2007 年(143 次)增加了 31%,采取反倾销措施的数量(120 次)比 2007 年(100 次)增加了 20%。2008 年,发展中国家是反倾销调查的主要发起者,占到了所有反倾销调查的 73%。发展中国家的出口商是调查的主要对象,占到了 78%。

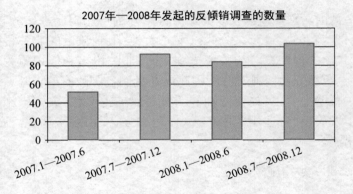

2007年—2008年发起的反倾销调查的数量

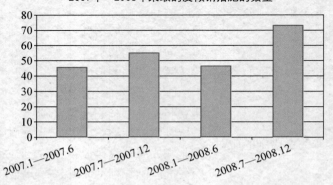

2007年—2008年采取的反倾销措施的数量

　　有关反倾销的历史数据显示,绝大多数的反倾销调查都最终引发了反倾销措施。

　　2008年,发达国家发起了50次反倾销调查,占全球反倾销调查总数(188次)的27%,最终采取新反倾销措施54项,占总数(120)的45%。而2007年,发达国家发起调查58次,最终采用反倾销措施23项,各占到总数的41%和23%。

　　2008年,发展中国家发起反倾销调查138次,占全球反倾销调查总数188起的73%,最终采取反倾销措施66项,占总数120起的55%。而2007年,发达国家发起反倾销调查85次,占总数的59%,采取反倾销措施77项,占总数的77%。

　　2008年,发起反倾销调查数量最多的国家是印度,达到54次。其次是土耳其和巴西(各23次)、阿根廷(19次)、美国和欧盟(各18次)、中国(7次)、哥伦比亚和澳大利亚(各6次)、韩国(5次)、加拿大(3次)、巴基斯坦(3次)、和南非(3次)。和2007年的数据相比,可以看出,加拿大、欧盟、印度、巴基斯坦、土耳其、中国、哥伦比亚、澳大利亚、巴西和阿根廷的反倾销数量在上升,而美国、南非、韩国的数量在减少。曾在2007年发起过反倾销调查的埃及和新西兰,2008年一次都不曾发起。

　　2007年,以发展中国家的出口商为对象的反倾销调查共有101次,而2008年达到147次,增加了45%。

　　此外,2007年,100项反倾销措施中,78项是针对发展中国家的出口产品,而2008年,120项措施中的98项是为此目的。2008年,中国的出口产品是反倾销调查的主要对象,共受到调查66次,占反倾销调查总数的35%。

　　相比2007年的52次,2008年,中国出口产品受到反倾销调查的数量增加了27%。欧盟、泰国、印度尼西亚受到的反倾销调查各为 11 次。其他主要国家和地区的情况是：马来西亚 10 次，中国台湾 9 次，韩国 8 次，印度 7 次，美国 6 次，巴西、日本、沙特阿拉伯各 4 次，伊朗、南非、土耳其、越南各 3 次，白俄罗斯、加拿大、中国香港、秘鲁、俄罗斯和乌克兰各 2 次。另有 13 个国家分别受到过一次反倾销调查。

2008 年，受到反倾销调查最多的产品是钢铁类产品，多达 48 次。其次是化工产品和纺织服装类，各被调查 35 次。在针对钢铁类产品的调查次数中，印度的发起次数占总数的一半，欧盟发起次数为 11 起。

2008 年，印度最终采取新反倾销措施 26 项（比 2007 年少了 2 项），美国 23 项，欧盟和巴西各 15 项，土耳其 11 项，韩国 8 项，阿根廷、中国各 4 项，加拿大、埃及、南非、澳大利亚各 3 项，新西兰 2 项。和 2007 年的数字相比，美国、欧盟、埃及、土耳其、南非、新西兰、澳大利亚、巴西和韩国采取反倾销措施的数量有所增加；而印度、中国、阿根廷采取的反倾销措施数量有所减少。此外，2007 年曾经采取过反倾销措施的巴基斯坦、中国台湾、哥伦比亚在 2008 年未采取新的反倾销措施。

2008 年，中国产品是反倾销措施的最主要对象，在 120 项新反倾销措施中，针对中国产品的共 49 项，占到了总数的 41%，比 2007 年多了 5 项。排在第二位的是欧盟（9 项），接下来依次为中国台湾（8 项），韩国（7 项），美国（6 项），印度、印度尼西亚（各 4 项），巴西、俄罗斯、新加坡、南非（各 3 项），日本、马来西亚、泰国、土耳其、越南（各 2 项），另有 11 个国家的产品分别受到 1 项的反倾销制裁。

2008 年，化工产品是反倾销措施的最主要对象，在 120 项反倾销制裁中，有 47 项是关于化工产品的，钢铁产品是 18 项，塑料和橡胶产品是 14 项。针对化工产品而采取的 47 项反倾销措施中，有 23 项是印度发起的，几乎占到总数的二分之一。

反倾销案件为何有增加趋势？反倾销对一国产业有何作用？

第八章 国际贸易协定和组织

众所周知，所有参与国际贸易的国家都知道，为保证国际贸易活动的正常开展，必须达成各成员国都愿意遵守的国际贸易行为准则。国际贸易协定就是这样一种有签约国协商达成的、能约束签约国贸易行为的、能给签约国带来贸易利益的协议。从全球范围来看，国际贸易组织则是世界上各个国家自愿参加、并愿意服从其规约的机构。

导入案例

　　莫桑比克媒体俱乐部2017年1月9日报道，1月6日，莫桑比克向世界贸易组织(WTO)递交了接受《贸易便利化协定》(TFA)的文件，成为第105个批准TFA的世贸组织成员。在161个世贸组织成员中，还需要5个成员国的批准，TFA才能达到三分之二多数成员同意的生效条件。

　　那么，莫桑比克这个非洲比较落后的发展中国家为什么要接受《贸易便利化协定》呢？这个协定对其他世贸组织成员有无益处呢？

第一节　国际贸易条约和协定概述

一、国际贸易条约和协定的定义

国际贸易条约和协定(international commercial treaties and agreements)是两个或两个以上的主权国家为了确定他们之间在经济贸易关系方面的权利与义务而缔结的书面协议。两个主权国家之间缔结的这种书面协议称为双边贸易条约和协定;两个以上主权国家共同缔结的这种书面协议称为多边贸易条约和协定。

国际贸易条约和协定一般都反映了缔约国的对外贸易政策,并为实现这些政策服务。国际贸易条约和协定是以国际法为准则的,这是它具有法律效力的依据。因此,与国际贸易惯例不同,除了缔约各方已声明保留的条文外,均具有法律效力。

二、国际贸易条约和协定的结构及内容

国际贸易条约和协定一般由序言、正文和结尾三部分组成。

序言通常载明缔约双方(或多方)发展经济贸易关系的意愿及缔结条约或协定所遵循的原则。

正文是主要组成部分,它具体规定了有关缔约双方相互之间开展经济贸易时的权利、义务。不同的贸易条约和协定的正文中所包含的权利、义务内容条款有所不同。

结尾部分主要包括条约和协定的生效时间、有效期限、延长或废止的程序、文件的份数、文件所使用的文字及签约地点、签约时间与签约各方代表签名。

在国际贸易条约和协定中,通常所适用的法律条款是最惠国待遇条款和国民待遇条款(详见第二节)。

三、国际贸易条约和协定的种类

国际贸易条约和协定的种类很多,都是围绕着双边或多边贸易的正常开展而制定的。

(一)通商航海条约

通商航海条约(treaty of commerce and navigation)是全面规定两国间经济贸易关系的条约。

通商航海条约的内容相当广泛。它一般涉及双方公民和企业在对方国家的经济权利问题;双方在进出口商品方面的关税和国内税及海关待遇、数量限制问题;关于知识产权保护和贸易仲裁裁决的执行问题等。

(二)贸易协定和贸易议定书

1. 贸易协定

贸易协定(trade agreement)是指两个或两个以上的国家之间调整相互贸易关系的一种书面协议。

贸易协定对缔约国之间的贸易关系规定得比较具体。通常规定相互遵守的最惠国待遇条款及适用范围和例外;规定进出口贸易额及贸易作价原则;规定贸易支付和清算办法;制

国际贸易概论

定相互适用的优惠关税条款及其他事项。

贸易协定的有效期一般比较短，签约程序也较简单。

 小资料

2019 年 10 月 17 日，中国商务部部长钟山与毛里求斯驻华大使李淼光分别代表两国政府在北京签署了《中华人民共和国政府和毛里求斯共和国政府自由贸易协定》。在此之前，中国已经和 24 个国家或地区签署了 16 个自由贸易协定。2018 年 11 月 12 日，在李克强总理和新加坡总理李显龙共同见证下，商务部国际贸易谈判代表兼副部长傅自应与新加坡贸易与工业部部长陈振声分别代表两国政府在新加坡签署《自由贸易协定升级议定书》。到 2019 年 11 月，中国与十五个 RCEP 成员国已经结束于 2012 年启动的《区域全面经济伙伴关系协定》(RCEP) 全部 20 个章节的文本谈判以及实质上所有的市场准入问题的谈判，将于 2020 年签署协定。

知识扩充

跨太平洋伙伴关系协议(Trans-Pacific Partnership Agreement，TPP)，也被称作"经济北约"，是目前重要的国际多边经济谈判组织。前身是跨太平洋战略经济伙伴关系协定(Trans-Pacific Strategic Economic Partnership Agreement，P4)，是由亚太经济合作会议成员国中的新西兰、新加坡、智利和文莱四国发起，从 2002 年开始酝酿的一组多边关系的自由贸易协定，原名亚太自由贸易区，旨在促进亚太地区的贸易自由化。TPP 不仅涵盖国际贸易领域，还对劳工和环境、知识产权、国有企业等敏感议题进行了规范，因此也被称为"21 世纪的贸易协定"。

2016 年 2 月 4 日，美国、日本、澳大利亚、文莱、加拿大、智利、马来西亚、墨西哥、新西兰、秘鲁、新加坡和越南等 12 个国家，在新西兰奥克兰正式签署 TPP 协议。这 12 个国家加起来占全球经济的比重达到 40%，超过欧盟。

2. 贸易议定书

贸易议定书(trade protocol)是指缔约国就发展贸易关系中某项具体问题所达成的书面协议。

贸易议定书往往是作为贸易协定的补充、解释或修改。有的议定书是作为贸易协定的附件，在签订长期贸易协定时，通过它来确定年度贸易的具体事项。

贸易议定书的内容和签订程序更为简单。

（三）支付协定

支付协定(payment agreement)是两国间关于贸易和其他方面债权债务结算办法的书面协议。

在外汇管制条件下，货币不能自由兑换，对一国拥有的债权不能用来抵偿对第三国的债务,结算只能在双边基础上进行。因此,两国间的债权债务问题只能通过支付协定解决。自从发达资本主义国家相继实行货币自由兑换,放松了外汇管制之后,这种支付协定只是在少数仍实行外汇管制的发展中国家之间使用。

支付协定一般有下列内容:清算机构和清算账户(清算账户又分为单边账户和双边账户两种)的规定;清算项目、范围和结算货币的规定;清算方法和清算账户差额处理的规定等。

(四)国际商品协定

国际商品协定(intenational commodity agreement)是指某项商品的主要出口国和进口国之间为了稳定该项商品价格和保证供销等目的所缔结的政府间多边协定。

国际商品协定的主要对象是发展中国家的初级产品。发展中国家希望通过协定维持和稳定这些商品的合理价格,保证这些商品的生产和销售。

国际商品协定一般由序言、宗旨、经济条款、行政条款和最后条款等部分构成,并有一定的格式。其中,经济条款(确定各成员国权利和义务的依据)和行政条款(关于权力机构和表决票的分配)是两项重要条款。

第二节　关税与贸易总协定

一、关税与贸易总协定的产生

关税与贸易总协定(general agreement on tariff and trade, GATT,简称关贸总协定)是旨在规范国际贸易行为、协调各国国际贸易关系、促进贸易自由化的国际性临时协定。

两次世界大战期间,资本主义世界的力量对比发生了重大变化。美国长期以来身处两次大战之外(只在第二次世界大战后期卷入战争),不仅本土经济、社会发展未遭战争破坏,而且通过向战争双方提供军火,大发战争财。而英、法等资本主义国家则饱受战争创伤,即使成了战胜国,也已满目疮痍,更不用说日、德、意等战败国。美国希望利用其优势地位扩充其势力范围,后者则急于恢复经济,希望通过建立国际经济秩序进行战后重建。因此,在第二次世界大战后,美、英等国积极策划建立三个方面的国际组织:国际货币基金组织(IMF),主要帮助成员国解决国际收支不平衡问题;国际复兴开发银行(IBRD),主要解决国际投资问题,使资金流向理想的地方;设想中的国际贸易组织将创建一个管理世界贸易的规则体系,引导国际贸易走向自由化。

1946 年 2 月,联合国经济与社会理事会通过决议,召开联合国贸易与就业会议,负责国际贸易组织的筹建和该组织宪章的起草。在宪章谈判过程中,一些国家觉得有必要进行关税减让。1947 年 4 月,美、英、中和印度等 23 个国家在日内瓦举行"世界贸易和就业会议"的第二次筹备会上,草拟了国际贸易组织宪章,同时进行首轮关税减让谈判并达成协议。之后,参加国将这些协议与宪章草案中有关贸易政策的部分加以合并,汇编成一个协定,称为《关税与贸易总协定》。同年 10 月 30 日,23 个国家签署了《关税与贸易总协定临时适用议定书》,并于 1948 年 1 月 1 日起正式生效。

由于美、英等国对 1947 年 11 月在哈瓦那"世界贸易和就业会议"通过的《国际贸易组织宪章》未予以批准,其他各国也持观望态度。因此,国际贸易组织一直没有建立,关贸总协定就成为调节国际贸易关系的准则。它作为推行多边贸易和贸易自由化的唯一多边协定,一直沿用到世界贸易组织正式成立,才结束其历史使命。

二、关贸总协定的宗旨与基本原则

(一)关贸总协定的宗旨

GATT 在它的序言中提出了自己的宗旨:"缔约各国政府在处理彼此之间的经济贸易关系时,应以提高生活水平,保证充分就业,保证实际收入和有效需求的巨大持续增长,扩大世界资源的充分利用以及发展商品生产与交换为目标。"为实现上述宗旨,提出要求各国达成互惠互利协议、大幅度削减关税、降低关税与削减非关税贸易壁垒,取消国际贸易中的歧视性待遇,由此引出了总协定的基本原则。

> **小知识**
>
> **关贸总协定的原始缔约国**
>
> 关贸总协定的原始缔约国有 23 个,它们是澳大利亚、比利时、巴西、缅甸、加拿大、斯里兰卡、智利、中国、古巴、捷克斯洛伐克、法国、印度、黎巴嫩、卢森堡、荷兰、新西兰、挪威、巴基斯坦、南罗得西亚、叙利亚、南非、英国与美国。

(二)关贸总协定的基本原则

1.非歧视待遇原则

非歧视(non-discrimination)待遇原则是总协定最基本的原则之一,又称为无差别待遇原则。该原则规定:一缔约方在实施某种限制或禁止措施时,不得对其他缔约方实施歧视待遇。这一原则表明,如果总协定的缔约一方对所有其他缔约方在贸易中实行同样的做法,即称为非歧视待遇。

非歧视待遇原则是通过总协定的最惠国待遇和国民待遇两个条款体现的。最惠国待遇是指一方给予另一缔约方的贸易利益、优惠、特权或豁免,必须无条件地自动给予所有缔约方。这一原则的目的是使来自不同国家的产品在同一缔约方的市场上处于同等的竞争地位。国民待遇是指在贸易条约或协定中,缔约国之间相互保证给予另一方的自然人(公民)、法人(企业)和商船在本国境内享有与本国自然人、法人和商船同等的待遇。

2.关税保护与关税减让原则

关税保护原则是指缔约国只能通过关税保护本国产品和市场,而不应采取其他关税壁垒的方法。这一原则使各国对本国产品和市场的保护程度清晰明了,便于缔约方进行关税减让谈判。

关税减让原则是指通过缔约方之间以互惠与平等为基础的谈判,降低关税的总体水平,尤其是降低阻碍商品进口的高关税。任何缔约国无权单方面改变关税减让表中达成的税率,以促进国际贸易的发展。关贸总协定成立之初,国际贸易领域里最大的障碍就是高关税。因此,该协定的主要任务就是通过多边关税谈判来消除关税壁垒。

3.一般取消数量限制原则

数量限制的形式有配额、进口许可证、自动出口约束、禁止(如禁运)等。关贸总协定的一般取消数量限制原则是指:任何缔约方除征收捐税或其他费用以外,不得设立或维持配额、进口许可证或其他限制或禁止其他缔约方领土的产品进口或向其他缔约方领土出口,从而保障关税作为主要保护手段。

4. 公平贸易原则

公平贸易原则是指总协定禁止缔约国在出口方面实行倾销、限制出口国政府给予出口产品以补贴，并授权缔约国在某项工业品由于倾销或出口补贴给国内工业造成重大损害或重大威胁时，可以征收反倾销税和反补贴税，但征收的程度要遵循规则，不能滥用。

5. 互惠原则

在国际贸易中，互惠是指两国相互给予对方贸易上的优惠待遇。

互惠原则是关贸总协定最重要的原则之一。一方面，它不仅明确了各缔约国在关税谈判中相互之间应采取的基本方式，而且也包含着各缔约国之间应建立一种什么样的关系；另一方面，从总协定过去的谈判来看，互惠是谈判的基础。

6. 透明度原则

透明度原则是指缔约国政府在实施有关过境货物的法律和规章时，除了会妨碍法令的贯彻执行、会违反公共利益或损害正当商业利益的机密以外，都应予以公布，以使其他缔约国贸易商可以了解到。这种透明度也是互惠的。

7. 市场准入原则

所谓市场准入，是指一国允许外国的货物、劳务与资本参与国内市场的程度。市场准入原则旨在通过增强各国对外贸易体制的透明度，减少和取消关税、数量限制和其他各种强制性限制市场进入的非关税壁垒，以及通过各国对外开放本国特定市场所作出的具体承诺，切实改善各缔约国市场准入的条件，使各国在一定的期限内逐步放宽市场开放的领域，加深开放市场的程度，从而达到促进世界贸易的增长，保证各国的商品、资本和服务可以在世界市场上公平、自由竞争的目的。

8. 对发展中国家和最不发达国家优惠待遇原则

在总协定的缔约国中，有三分之二以上是发展中国家。发展中国家在总协定中的地位和作用日益加强。在他们的努力下，总协定制定了一些有利于发展中国家的特殊优惠待遇条款，具体表现为第18条，即规定发展中国家为建立某一特定工业可实行关税保护，为了保障国际收支平衡可以实施某些数量限制。1965年总协定又增加了第四部分，包括几个方面：非互惠原则，即对于发达缔约国作出的减让或撤销非关税壁垒的承诺，发展中国家不必有相应的承诺；发达缔约国优先降低和撤除与发展中缔约国目前或潜在的出口利益特别相关的产品的贸易壁垒及不建立新的壁垒；建立贸易和发展委员会，贯彻实施第四部分的规定。

1979年11月，"东京回合"中的"授权条款"授权发达国家可以不受最惠国条款的约束，给发展中国家差别的、更加优惠的、非互惠、非歧视的待遇（普惠制）。

9. 磋商调解贸易争端原则

由于社会政治、经济制度不同，文化、宗教、传统互异，国际贸易争端是国际经济交往中极为普遍的现象。总协定为了维护缔约国的正当权益，规定了磋商调解贸易争端的程序和办法。总协定通过该原则求得当事人各方均能接受的解决争端的办法，通过解决贸易争端来保持缔约国之间权利与义务的平衡。

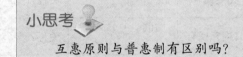

小思考

互惠原则与普惠制有区别吗？

国际贸易概论

（三）关贸总协定的例外条款

总协定在规定各缔约方应遵守的基本原则的同时,也考虑到各缔约方的实际情况,尤其是发展中国家的具体困难,规定了若干例外条款,允许在特殊情况下,豁免某项义务。

1. 国际收支例外

当某一缔约国遇到国际收支困难时,可以对进口实行限制,但这必须经总协定工作组审查。同时,一旦国际收支改善,就应取消限制。

2. 幼稚工业的保护例外

当某一缔约国因保护本国刚建立起来、尚缺乏国际竞争力而具有发展前途的新工业时,可以采用高关税,或实行进口许可等非关税壁垒。

3. 行业保障条款

某一缔约国的某一行业因突然的大量进口而遭到严重损失时,可以实行临时性进口限制措施。当然在保障期限内(一般1～2年)必须进行结构调整。

4. 关税同盟或自由贸易区例外

关税同盟或自由贸易区例外,是指同盟或贸易区成员之间相互给予的贸易优惠可以不必同时给予非成员国。

5. 安全例外

缔约方可以为了国家安全和社会安全的需要,不予公布相关资料,禁止武器、毒品、淫秽出版物等的进口。

三、关贸总协定的成果与作用

（一）关贸总协定的成果

从1947年关贸总协定筹划到1994年年底关贸总协定完成历史使命,其条款的扩充、修改、完善都是以多边贸易谈判完成的。关贸总协定的成果也是通过八个回合的多边谈判取得的。因此,我们有必要了解关贸总协定的历次谈判(见表8-1)。

表 8-1 关贸总协定历次多边谈判概要

名　称	日期及参加缔约方数量	题目及方式	结　果
日内瓦回合	1947年　23个	关税:产品对产品的谈判	45000个税号的减让
安纳西回合	1949年　29个	关税:产品对产品的谈判	适度的关税降低
托奎回合	1950—1951年 32个	关税:产品对产品的谈判	8700个税号的减让
日内瓦回合	1955—1956年 33个	关税:产品对产品的谈判	适度的关税降低
狄龙回合	1960—1961年 39个	关税:产品对产品的谈判;欧盟关于工业制成品20%线性削减建议未被通过	1957年欧共体建立后进行关税调整;4400个税号的相互减让

名　称	日期及参加缔约方数量	题目及方式	结　果
肯尼迪回合	1963—1967年 74个	关税:公式法减让;辅之以产品对产品的谈判;非关税措施:反倾销、海关估价	发达国家平均降税35%,30000个税号被约束;反倾销和海关估价协议
东京回合	1973—1979年 99个	关税:公式法减让;非关税措施:反倾销、补贴、海关估价、政府采购、进口许可证程序、产品标准、保障条款	发达国家平均降税1/3(工业制成品达60%);所谓的有关非关税措施的行为守则适用于有关GATT成员
乌拉圭回合	1986年　103个 1993年末　117个 1995年初　128个	关税:产品对产品和公式法相结合;非关税措施:所有东京回合议题加上装船前检验、与贸易有关的投资措施、原产地规则;新议题:服务贸易和知识产权、争端解决程序、贸易政策和监督的透明度	发达国家平均降税1/3;农产品和纺织品被列入GATT;创立WTO;服务贸易协议和知识产权协议;许多东京回合的守则得到加强并成为1994年GATT的一部分,即适用于WTO的所有成员

（二）作用

由关贸总协定历次谈判的结果可以看出,尽管以美国为代表的少数发达国家在谈判中起主导作用,得益多于发展中国家,但总的来说,从总协定生效起,它始终对国际贸易和世界经济发挥着积极作用。

1. 推动了战后的贸易自由化

总协定签署的主要目的就是力图使国际贸易朝着自由化方向发展。从1947年起直到其完成历史使命,历经八轮多边谈判,不仅使日益增多的缔约国进口关税不断降低,还积极抑制了非关税壁垒对贸易的障碍,为国际贸易的自由化创造了基本条件。

2. 规范了各缔约方的贸易行为

总协定所确定的各项基本原则以及在多边贸易谈判中形成的多边协议,作为贸易行为规则和处理争端依据,一直指导着各缔约方开展贸易活动,使世界多数国家的贸易活动有序、平稳地进行,从而促进了国际贸易。

3. 改善了发展中缔约国的国际贸易地位

随着政治的独立,60年代后,越来越多的发展中国家加入了关贸总协定,他们团结一致,在被称为"富人俱乐部"的总协定中为自己的合法利益争取、斗争,使关贸总协定添加了有利于发展中缔约方的条款,保障了发展中缔约方的相应权益,促进了他们经济贸易的发展。

4. 维护了知识产权,促进了国际服务贸易和国际投资的正常发展

在乌拉圭回合中,首次将服务贸易、知识产权保护和与贸易有关的投资纳入谈判议题,并达成了相关协议。这使得缔约方的上述活动也受总协定协调,在很大程度上促进了这些

国际贸易概论

领域活动的正常发展。

5. 维护了世界多边贸易体制

在总协定达成的协商调解原则的指导下,受理并解决了很多贸易争端案件,达成了各缔约国之间权利与义务的平衡,维护了世界多边贸易体制的稳定。

第三节　世界贸易组织

一、世界贸易组织的产生

世界贸易组织(World Trade Orgnization, WTO,以下简称世贸组织)是按照乌拉圭回合多边谈判达成的最后文件所形成的一整套协定的条款作为国际贸易法规准则,对各成员国之间经济贸易关系的权利和义务进行监督、管理和履行的正式国际经济组织。

关贸总协定的最后一轮谈判——乌拉圭回合的谈判已涉及货物贸易以外的问题,如知识产权保护、服务贸易以及与贸易有关的投资等。这些重要议题很难在关贸总协定的旧框架内进行谈判,因此,有必要建立一个正式的国际贸易组织来分别谈判解决。

1990年初,当时担任欧共体主席的意大利首先提出了建立一个多边贸易组织(MTO)的倡议。该倡议后来以12个成员国名义正式提出,得到美国、加拿大等西方大国的支持。1990年12月召开的布鲁塞尔部长会议作出正式决定,并于次年12月形成了一份"关于建立多边贸易组织协定草案"。在1993年的12月15日,乌拉圭回合谈判结束时,根据美国的提议把"多边贸易组织"改名为"世界贸易组织"。

世贸组织协议于1994年4月15日在摩洛哥的马拉喀什部长会议上获得通过。1995年1月1日,世界贸易组织正式成立运转,取代了1947年的关税与贸易总协定。

二、世界贸易组织的宗旨与原则

(一)世界贸易组织的宗旨

根据1994年4月15日在马拉喀什部长会议由104个政府代表签署的《建立世界贸易组织协议》,世贸组织建立的宗旨是:在关贸总协定成立宗旨的基础上再强调坚持以可持续发展的视点,持久地开发和合理地利用世界资源;努力保护和维持环境;强调应以符合不同经济发展水平下各成员需要的方式,加强采取各种相应的措施,并确保发展中国家,尤其是最不发达国家,在国际贸易的增长中获得与其经济发展水平相应的份额和利益。

为了有效地实现上述宗旨,世贸组织规定各成员国应当通过达成互惠互利的安排,大幅度削减关税和其他贸易壁垒;在国际竞争环境中,废除歧视性待遇,扩大市场准入包围及提高贸易政策和法规的透明度,实施通知与审议等原则,从而协调各成员之间的贸易政策,共同管理全球贸易。

(二)世界贸易组织的原则

世贸组织在取代关贸总协定后,继承了关贸总协定的基本原则,并在其所管辖的服务贸

国际贸易概论

易、与贸易有关的知识产权和投资措施等新的领域中予以适用并加以发展。

在关贸总协定基本原则的基础上,世贸组织在某些方面又有所发展。

1. 发展多边主义原则

发展多边主义原则原本也是关贸总协定的一个基本原则,但由于东京回合达成的协议采取了自行选择签署参加的做法,使该原则的贯彻实施大打折扣。世贸组织要求缔约方必须无选择地以"一揽子"方式签署参加其管辖的《乌拉圭回合最后文件》,重振了多边主义。

2. 进一步加强发展中国家的特殊优惠待遇原则

世贸组织除了继续实行"非互惠原则"外,增加了一定的优惠待遇:①允许发展中国家用较长的时间履行义务,或有较长的过渡期;②允许发展中国家履行义务时可以有较大的灵活性;③规定发达国家对发展中国家提供技术援助,以便发展中国家更好地履行义务。

小思考

美国意欲制裁与古巴开展贸易的外国公司的《赫尔姆斯-伯顿法》是否违反世贸组织原则?为什么?

3. 灵活处理入世门槛

世贸组织充分考虑到转型国家的复杂的内部、外部条件,对这些国家加入该组织给予鼓励并承诺给予灵活处理。

三、世界贸易组织的组织机构与职能

(一)世界贸易组织的组织机构

世界贸易组织(简称"世贸组织")的总部设在瑞士的日内瓦,其最高权力机构和决策机构由世贸组织成员方的部长组成,称为部长会议。一般每两年召开一次部长会议,对世贸组织的重大问题作出决定。部长会议下设总理事会、贸易政策审议机构和争端解决机构。

总理事会由所有成员方的代表组成,定期召开会议。在部长会议休会期间,行使部长会议的职权,负责监督各项协议和决定的贯彻执行。总理事会下设三个分理事会:货物贸易理事会,负责各项货物贸易协议的执行;服务贸易理事会,监督执行服务贸易总协议的贯彻执行;知识产权理事会,监督与贸易有关的知识产权协议的贯彻执行。

小资料

针对美国 2016 年 12 月提起的中国小麦、大米、玉米三种农产品进口关税配额管理措施的争端解决诉讼,世界贸易组织周四(18 日)公布裁决结果,认为中国的做法存在不透明之处,有违加入 WTO 的承诺,同时驳回了美方认为中方有公布配额分配和再分配详细情况义务的诉求。

对于与 WTO 其他成员的贸易争端,中国一直主张通过世贸组织争端解决机制来妥善解决,既主动起诉,维护自身贸易利益和世贸规则权威,也积极应诉,尊重并执行世贸组织裁决。

需要指出的是,世贸组织就这起中美农产品争端解决诉讼做出裁决,凸显了其在维

国际贸易概论

护多边贸易规则方面的重要作用,而不是诉讼的哪一方获得了胜利。

　　以世贸组织为核心的多边贸易体制,为推动全球贸易发展、建设开放型世界经济发挥了中流砥柱作用。其中,争端解决机制被视为 WTO 中负责裁决贸易争端的"法院",目的是维护成员权利和义务的平衡,保障 WTO 原则及规则得到有效落实。

　　目前,这一机制受理的争端案件已突破 500 起,所做出的裁决虽然不具强制执行力,但绝大多数成员都能认真对待,将自身的胜诉或败诉结果视为常态。这是基于对世贸组织协商一致原则的尊重,而不会简单地视为诉讼一方的胜利或失败。

　　贸易政策审议机构负责评审成员国的贸易政策、法规是否与世贸组织相关协议、条款规定的权利与义务相一致。

　　贸易争端解决机构由专家小组和上诉机构组成。专家小组由世贸组织秘书处向争议双方推荐 3 人组成。他们按有关规定所授予的职权在 6 个月内对争端作出裁决。上诉机构通常在世贸组织成员国代表中选出 7 人,负责在 60 天内完成对争端的复审,以维护争端当事人的合法利益和裁决的公正性。

　　世贸组织还在日内瓦设立由部长会议任命的总干事领导的秘书处,负责处理日常事务。世贸组织的组织机构设置及其关系如图 8-1 所示。

图 8-1　世贸组织的组织机构及其关系

（二）世界贸易组织的职能

按《建立世界贸易组织协议》的规定,世界贸易组织的职能可以归纳为三个方面:

1. 组织谈判和管理协议

世界贸易组织替代关贸总协定后,仍然具备的一项基本职能,就是组织成员方就贸易问题进行谈判,为成员方谈判提供机会和场所。它主要体现在两个方面:一是为成员方在执行《建立世界贸易组织协定》各附件所列协议遇到问题时,提供谈判场所,通过双边或多边谈判解决有关问题;二是为各成员方继续进行新议题的谈判提供场所、谈判准备和框架草案。乌拉圭回合结束时,有许多问题由于在谈判中难以达成一致、而不得不留待以后继续谈判予以解决,如贸易与环境保护问题、贸易与劳工标准问题、政府采购问题和具体服务贸易部门自由化问题等。在乌拉圭回合结束后,世界贸易组织按照部长会议举行有关谈判的决议,已组织了涉及服务贸易部门的多项谈判,有些谈判达成了有关协议,如《全球金融服务协议》《基础电信协议》等。按照部长会议的安排,世界贸易组织今后还将继续组织各种谈判。

世界贸易组织管理协议的职能是指对多边贸易谈判达成的多边贸易协议、诸边贸易协议的实施予以管理。它对协议的管理职能不仅涉及目前已达成的协议,而且也包括今后将在世界贸易组织框架下达成的新协议。

2. 解决贸易争端

世界贸易组织第二大职能就是负责对《关于争端解决的规则及程序的谅解》进行管理,解决成员方之间的贸易争端。这一职能使世界贸易组织能够采取有效的措施解决成员方在实施有关协议时发生的争议,保证其所管辖的各协议的顺利实施。同时,各国在开展正常的贸易活动时发生的各种贸易纠纷,也应该在世界贸易组织贸易争端解决机构的管辖下,按其规则和程序给予裁决。

 小资料

中国运用 WTO 诊断解决机制情况

按照世贸组织案件号的统计,截至 2018 年底,中国在 WTO 被其他成员起诉的案件 42 起,起诉其他成员的案件 17 个,作为利益相关第三方,参与了 149 起案例。在中国被诉的 42 起案件里面,有 33 起已结案。

在 33 起已结案件中,WTO 争端解决机构判定中国败诉的,中国或已改正,或在立案后的磋商阶段,主动调整有关政策措施。中国在执行 WTO 裁决过程中,完全以事实为依据、以多边贸易规则为准绳,赢得了 WTO 广大成员的普遍赞誉。中国没有一起案件因为不履行 WTO 裁决而被其他成员报复。

值得一提的是,中方对 WTO 其他成员的一些经贸做法存有异议时,不是用单边力量去向对方施压,而是选择到 WTO 争端解决机构,利用多边规则解决问题。

比如,2009 年 7 月,中国起诉欧盟紧固件反倾销措施案,后来 WTO 判中方胜诉后,欧盟对有关条例进行修改,继续对中国相关产品实施反倾销措施,随后中国再将欧盟做法诉诸 WTO,并终于在 2016 年得到了世贸组织的公正裁决,欧盟最终撤销了对中国相关产品征收反倾销税的措施。中方合法主张得到了彻底执行,维护了中方正当贸易权利和产业利益。

国际贸易概论

3. 审议贸易政策

世界贸易组织的另一职能是对各成员国的贸易政策进行审议。世贸组织的这一机制创立于乌拉圭回合,是在 1979 年东京回合达成的《关于通知、协商、争端解决和监督谅解书》的基础上形成的。《贸易政策审议机制》共 7 条,作为《建立世界贸易组织协定》的附件三,内容包括审议的目标、透明度、审议程序、提交审议的报告等。所有成员国的贸易政策及其变革都要由世贸组织贸易政策审议机构按《贸易政策审议机制》给予评审。

四、世贸组织的运行及特点

(一) 世贸组织的运行

根据 WTO 协定,WTO 的职能由部长级会议行使,部长级会议是世贸组织的最高决策机构,一般每两年召开一次。

第一次部长级会议于 1996 年 12 月 9 日至 13 日在新加坡召开。会议主要审议了世界贸易组织成立以来的工作及上一轮多边贸易谈判即"乌拉圭回合"协议的执行情况,并决定成立贸易与投资、贸易与竞争政策、政府采购透明度 3 个工作组,同时将贸易便利化纳入了货物理事会的职责范围。会议最后通过了《新加坡部长宣言》。

第二次部长级会议于 1998 年 5 月 18 日至 20 日在瑞士日内瓦举行。会议主要讨论了已达成的贸易协议的执行情况、既定日程和未来谈判日程等问题以及第三次部长级会议举行的时间和地点。会议的主要目的是为第三次部长级会议启动新一轮多边贸易谈判做准备。

第三次部长级会议于 1999 年 11 月 30 日至 12 月 3 日在美国西雅图市召开。由于非政府组织的示威游行和干扰所产生的压力以及成员间在一系列重大问题上的意见分歧,会议未能启动拟议中的新一轮多边贸易谈判,最终以失败告终。

第四次部长级会议于 2001 年 11 月 9 日至 14 日在卡塔尔首都多哈举行。会议启动了被称为"多哈发展议程",即所谓"多哈回合"的新一轮多边贸易谈判。会议的另一个重要成果是批准中国加入世贸组织。会议最后通过了《部长宣言》等 3 个文件。

第五次部长级会议于 2003 年 9 月 10 日至 14 日在墨西哥坎昆举行,来自世界贸易组织 146 个成员的近 5000 名代表以及非政府组织代表出席了会议。会议对世界贸易组织新一轮谈判进行了中期评估,同意接纳柬埔寨和尼泊尔两国为世界贸易组织正式成员,发表了《部长会议声明》。由于与会各方对《部长宣言草案》存在巨大分歧,大会未取得实质性成果,这是世界贸易组织成立 8 年来无果而终的第二次部长级会议。

第六次部长级会议于 2005 年 12 月 13 日至 18 日在香港举行,来自世界贸易组织 149 个成员国的近 5800 名代表以及 2000 多名非政府组织代表出席了会议。会议通过了《部长宣言》。根据《部长宣言》,发达成员和部分发展中成员 2008 年前向最不发达国家的所有产品提供免税、免配额的市场准入;发达成员 2006 年取消棉花的出口补贴;2013 年底前取消所有形式的农产品出口补贴。

第七次部长级会议推迟了两年后于 2009 年 11 月 30 日至 12 月 2 日在日内瓦举行。来自全球的 100 多位贸易部长参加了本次会议。会议的主题是"WTO:多边贸易体制和当今全球经济环境"。本次会议的三大议题是:应对全球经济危机和贸易困境、多哈回合谈判现状和讨论 WTO 未来改革。

第七次部长级会议取得了一定成果：①会议认为多哈回合谈判需要特别关注对发展中国家具有重要意义的议题，部长们重申多哈回合谈判要以现有成果为基础，并在 2010 年前结束谈判；②各成员国对最不发达国家问题的讨论取得了实质性进展，包括出口免关税免配额待遇、棉花和服务豁免等；③会议认为要保证双边与多边贸易协定在贸易开放方面的互补性；④各成员认为新成员加入对扩大和加强 WTO 具有重要意义，但对如何推进加入工作，发达成员与发展中成员有较大分歧；⑤会议认为对发展中成员要通过能力建设来解决其供给方面的局限；⑥部长们普遍认为应加强 WTO 运作机制的有效性，WTO 还需要改善通报以及数据的收集、分析与传播；⑦成员国普遍认为 WTO 的争端解决机制是成功和有效的；⑧部长们广泛议及了 WTO 应如何在目前热点问题和未来议题上发挥作用。

最后，一些部长呼吁：在尊重 WTO 授权的基础上加强同其他国际组织的联系。

第八次部长级会议于 2011 年 12 月 15 日在日内瓦召开，为期三天的会议围绕多边贸易体制与世贸组织重要性、贸易与发展、多哈回合谈判未来等议题展开讨论。来自世贸组织 153 个成员以及 4 个新加入成员（俄罗斯、萨摩亚、瓦努阿图和黑山）的部长和代表出席了会议。

会议在服务贸易中对最不发达国家的最惠国待遇豁免、电子商务、与知识产权有关的决议、小经济体工作项目、最不发达国家的加入、贸易政策审议机制、政府采购等议题取得了一定共识。

第九次部长会议于 2013 年 12 月 7 日在印尼巴厘岛举行，世贸组织 158 个成员和 27 个观察员与会。在延期一天后，终于就多哈回合“早期收获”协议达成一致。

会议通过了“早期收获”协议，包括贸易便利化、部分农业议题以及发展三个部分。会议同时明确，在未来 12 个月内，对所有多哈未决议题，尤其是农业、发展和最不发达国家关心议题制订工作计划。

第十次部长级会议于 2015 年 12 月 15 日至 19 日，在肯尼亚内罗毕举行。来自 162 个成员超过 3000 名代表出席会议。这是世贸组织成立 20 周年来，世贸组织部长级会议首次在非洲大陆召开。

经过几天几夜艰苦的谈判，会议通过了《内罗毕部长宣言》及 9 项部长决定，承诺继续推动多哈议题，成果丰富。一是世贸组织成员首次承诺全面取消农产品出口补贴，并就出口融资支持、棉花、国际粮食援助等方面达成了新的多边纪律；二是达成了近 18 年来世贸组织首个关税减让协议——《信息技术协定》扩围协议，涉及 1.3 万亿美元国际贸易；三是在优惠原产地规则、服务豁免等方面切实给予最不发达国家优惠待遇；四是正式批准阿富汗和利比里亚加入世贸组织。

世贸组织总干事阿拉维泽在世贸组织成立 20 周年时，在 WTO 网站上发表讲话。阿拉维泽说，在过去的 20 年中，WTO 透明的多边规则对全球经济增长和稳定作出了重要的贡献。WTO 帮助推动贸易增长，解决贸易争端，支持发展中国家融入全球经济，帮助各国抵御贸易保护主义，尤其是帮助成员对 2008 年全球金融危机作出了冷静克制的贸易政策回应。20 年来，WTO 规模不断扩大，包括最大经济体和最不发达经济体在内的多个经济体加入 WTO。现在世贸组织 162 个成员国的贸易占全球贸易的 98% 以上。

到最近的第十次部长会议为止，WTO 在国际贸易各个领域达成了有利于全球贸易，尤其是有利于发展中国家的许多协议，极大地推动了国际贸易增长，世界贸易总额从 2001 年到 2015 年增长了 4 倍。

世贸组织从正式运行以来，取得了一定实绩。它主持了一系列乌拉圭回合未能完成的谈判，如金融服务、自然人流动、基础电信、海运服务、政府采购等，并达成了一些协议（比如于 1996 年 4 月 30 日结束的基础电信谈判使占全球电信市场总额 93％ 的 53 个世贸组织成员中的 48 个作出开放本国电信市场的承诺），且就世贸组织的一些协议的具体条款和规定进行了定期审议。世贸组织还受理并解决了不少贸易争端案件。经过几年的发展，到 2009 年 7 月其成员数已增加到 153 个。

在世贸组织正常运转的同时，还存在一些问题：少数发达缔约方操纵世贸组织决策的现象未得到根本改善；发达缔约方还未能将协议规定给发展中缔约方的好处落实；接纳新成员的进程受政治因素和其他经济因素影响而放慢；不顾发展的多样性，过分追求自由化等。上述问题只能通过世贸组织自身的改革和发展来解决。

 **小资料**

多哈回合谈判

2001 年，在卡塔尔首都多哈举行的 WTO 第四次部长级会议启动了新一轮多边贸易谈判，简称"多哈回合"。其宗旨是促进 WTO 成员削减贸易壁垒，通过更公平的贸易环境来促进全球特别是贫穷国家的经济发展。谈判包括农业、非农产品市场准入、服务贸易、规则谈判、争端解决、知识产权、贸易发展以及贸易环境 8 个主要议题。它是到目前为止最宏伟、参与方最多的一轮多边贸易谈判。

2003 年 9 月，在墨西哥坎昆举行的 WTO 第五次部长级会议上，由于各成员无法达成共识，多哈回合谈判陷入僵局，不能按最初计划在 2005 年 1 月 1 日前结束。其中，农业问题成为分歧的核心。

2004 年 8 月，WTO 总理事会上达成《多哈回合框架协议》，同意将结束时间推迟到 2006 年底。协议明确规定美国及欧盟逐步取消农产品出口补贴及降低进口关税，为达成协议跨出了重要一步。

2005 年 12 月 13 日，WTO 第六次部长级会议重点是推进多哈回合谈判，使之能在 2006 年底前结束，但由于各方利益的冲突，2006 年 7 月谈判全面终止。

2007 年 1 月，谈判再次恢复，但依旧无果而终。分析人士认为，如果 2008 年底前无法达成协议，多哈回合将面临被长期搁置的风险。

2008 年 7 月，来自世界各国 35 个 WTO 主要成员的贸易和农业部长在日内瓦聚会，试图在一周时间就多哈谈判农业和非农业产品市场准入问题取得突破。但最后，谈判难以取得进展，于 7 月 29 日以失败告终。

2009 年 11 月 30 日在瑞士日内瓦召开世界贸易组织第七届部长级会议。这是继 2005 年香港会议之后世界贸易组织所有 153 个成员的最高贸易官员 4 年来首次聚首。历时 8 年的多哈回合谈判仍没有打破僵局。这次部长级会议的主题被定为"世贸组织、多边贸易体系和当前全球经济形势"。

2013 年 12 月 7 日,在世贸组织第九届部长级会议上,多哈回合第一份成果,《巴厘一揽子协定》以 159 个成员国全数通过,成为多哈回合"0 突破"。

(二) 世贸组织体制的主要特点

世贸组织与关贸总协定相比,主要具有以下特点:

1. 组织协定具有权威性

关贸总协定是仅由有关国家的行政部门签署的临时协定,并未经过其签字国的立法机构的批准。世贸组织协定则要求各国代表草签后,还须通过立法程序,经本国立法机构批准,才能生效,因而使世贸组织协定更具权威性。

2. 组织机构具有正式性

关贸总协定是一项临时协定,是非正式的国际经济机构。世贸组织是根据协定建立的一整套的组织机构,是具有法人地位的正式国际经济组织。其组织机构及有关人员享有外交特权和豁免。

3. 管辖内容具有广泛性

关贸总协定主要适用货物贸易。世贸组织的多边贸易体制还包括服务贸易、与贸易有关的国际投资和与贸易有关的知识产权保护。这表明世贸组织所管辖的内容更具广泛性。

4. 注重权利与义务的统一性

关贸总协定在 1997 年东京回合达成的 9 个协议及多边纺织品协议是选择性贸易协议,如不参加便无需履行该协议的义务,因而缔约方在总协定中的权利与义务不尽平衡。世贸组织要求所有缔约方必须无选择地以"一揽子"方式签署参加协议,从而加强了缔约方的权利与义务的统一性和约束性。

5. 与有关国际经济组织决策的一致性

世贸组织根据其职能,要加强它与国际货币基金组织、世界银行的联系,加强合作与协调,以保障全球经济决策的一致性。

五、中国与世贸组织

(一) 中国"复关"与"入世"的历程

中国为了加入世界贸易组织,曾经历了从"复关"到"入世"异常艰难、曲折、复杂、漫长的马拉松式的谈判过程。

1. 中国是关贸总协定的创始缔约国之一

1948 年 3 月 24 日,中国政府签署了在哈瓦那召开的联合国世界贸易和就业会议最后文件,成为国际贸易组织临时委员会执行委员会的成员。1948 年 4 月 21 日,中国政府签署了关贸总协定的《临时适用议定书》,并于同年 5 月 21 日正式成为关贸总协定的缔约方。1950

国际贸易概论

年3月6日,台湾当局以"中华民国"的名义非法退出了关贸总协定。虽然中国政府从未承认过这一退出的合法性,但在西方少数发达国家的操纵下,关贸总协定中断了同我国的关系。

2."复关"谈判阶段

1965年,台湾当局又成为关贸总协定的"观察员"。1971年,关贸总协定全体缔约方按照联合国有关决议将台湾当局的代表驱逐出去,这实际上为中国"复关"提供了合法性。由于当时复杂的国际环境,中国直到1980年才重新开始与总协定接触,并参加了总协定主持下的一系列活动。1986年7月,我国正式提出了恢复在关贸总协定缔约国地位的申请,同时阐明"复关"三原则:是恢复缔约方地位,而非重新加入;只承诺减让关税,不承担具体进口义务;以发展中国家身份享受应有待遇和承担相应义务。同年9月,中国代表团列席了乌拉圭缔约方部长会议,开始全面参加乌拉圭回合谈判。1987年6月,总协定成立了"中国的缔约方地位工作组",负责起草恢复中国席位的议定书。

由于主要的发达国家在谈判中要价太高,致使谈判没有进展,直到1995年总协定被世贸组织替代,"复关"问题仍未有实质性突破。

3."入世"谈判阶段

世贸组织成立后,中国的"复关"谈判转为"入世"谈判。1995年7月,中国获得世贸组织观察员身份。1997年,中国在亚洲金融危机中顾全大局的表现,赢得了国际社会的交口称赞,为入世奠定了良好的基础。1998年和1999年,中国与要价最高、最难谈判的对手——美国进行了频繁的高层接触,并达成了农产品协议。由于美国政界的反复,未能顺势签署中美关于中国入世的协议。1999年7月,日本同意接受中国加入世贸组织的条件。

1999年11月,美国贸易代表巴尔舍夫斯基对中国作了"最后一次机会"的访问,中国代表团在坚持基本原则的前提下,与美方本着互谅互让、平等协商的精神,经过六天紧张、认真的工作,终于于11月11日下午在协议上签字,结束了漫长而又艰难的谈判。

2001年11月10日,WTO第四届部长级会议一致通过中国加入WTO的决议。30天后即12月11日,WTO接到中国全国人大常委会批准的通知,中国正式成为WTO的第143个成员国。

（二）中国"入世"的权利和义务

按照中国"入世"多边谈判达成的协议,加入世贸组织后,中国享有的权利与应尽的义务如下:

1. 中国可享有的权利

（1）可享有多边的、无条件的最惠国待遇

以前,中国是通过签订双边贸易协定获得最惠国待遇的,这使我国经常被动地受制于对方国家,非常不稳定。比如美国就经常利用最惠国的年审,向我国提出不合理要求。入世后,凡是世贸组织的缔约方,都要受世贸最惠国待遇原则的约束,我国就能无条件地获得所有世贸组织成员方的最惠国待遇,从而在最大范围内享受有利的对外贸易竞争条件。

（2）可享有大多数发达国家给予的普惠制待遇

普惠制是根据关贸总协定的第四部分、东京回合的授权条款以及乌拉圭回合的有关规则,对发展中国家出口的制成品和半制成品所给予的普遍的、非歧视的、非互惠的优惠待遇。过去,中国的普惠制待遇由发达国家单方面决定是否给予。入世后就可以按照"非歧视原则"无条件享有同为缔约方的发达国家给予的这种特殊优惠待遇,这将大大有利于中国的工业品出口。

（3）可以获得在多边贸易组织的发言权

以前，中国是以观察员身份参加世贸组织，所以只能表态，没有表决权。现在作为世贸组织的正式成员，可以参与各个议题的谈判，发表自己的意见，维护中国在国际贸易的合法权益。中国还可以利用世贸组织积极发展与世界各国的经济合作、贸易往来和技术交流。

（4）有利于利用世贸组织的贸易争端解决机制，处理双边贸易纠纷

随着中国对外贸易规模的扩大，经济贸易纠纷也不断增多。以前在处理纠纷的过程中，往往只能接受一些发达国家不平等地运用国内单边的法律条款实行的歧视待遇。入世后，中国就能通过世贸组织设立的贸易争端解决机构和程序，公平解决贸易争端。

（5）可以运用世贸组织例外条款与保障措施合理保护国内经济

世贸组织在规定基本原则时，还制定了一些例外条款和保障措施，尤其是对发展中国家有些照顾。中国可以利用这些规定在享受优惠待遇的同时，保护本国的某些幼稚产业和国内市场。

2. 中国应尽的义务

（1）降低进口关税

关贸总协定经过八个回合的关税减让谈判，各缔约方的加权平均进口税已大幅度下降。发达成员方降到 3.7%，发展中成员方降到 11%。中国在入世前的关税高于 11%。所以，入世后首先要把关税降低到世贸组织的要求。我国在 2004 年已降到 10.4%，2005 年降到 9.9%，2006 年降到 9%，是发展中国家最低的。

（2）逐步取消非关税措施

中国本来是实行贸易管制的国家，当然存在着种种诸如进口许可、进口配额等非关税措施。作为入世"门票"，这些非关税措施的逐步取消和关税的减让一起被纳入市场准入的谈判，并按最惠国待遇原则，同等地给予一切世贸组织缔约方。从 2005 年起，我国已全部取消普通商品的进口许可证管理。

小资料

中国现存进口许可证管理的特殊商品

中国从 2005 年起，全部取消了普通商品的进口许可证管理，目前，只有 3 种特殊商品保留进口许可证管理。它们是：监控化学品、易制毒化学品和消耗臭氧层物质。

（3）取消出口补贴

1994 年总协定规定，各成员方应该力求避免对产品的输出实施补贴。中国自 1991 年 1 月开始，在调整汇率的基础上，对所有产品实行企业自主经营、自负盈亏的经营机制，已达到了世贸组织的要求。

（4）开放服务市场

乌拉圭回合达成的服务贸易总协定要求缔约方对服务贸易与货物贸易一样，开放银行、保险、运输、建筑、旅游、通讯、商业批发和零售等行业。中国在入世谈判中，就被要求在 3 至 5 年内将保险业、旅游业、银行业、影视业等开放到一定程度。

（5）扩大知识产权保护范围

根据"与贸易有关的知识产权协议"的要求，中国作为世贸组织的一员，有义务扩大对知识产权的保护范围。中国有关企业必须通过支付专利许可证费用来购买发达国家的专利和

小资料

中国资本市场开放新进展

在落实对外开放有关措施"宜早不宜迟,宜快不宜慢"的期许下,2019年中国资本市场对外开放呈现了四个突出特点:一是,开放速度快。如果说2018年之前中国资本市场的开放就像是"小步走"的话,2018年下半年以来中国资本市场的对外开放就是"大步流星"。二是,开放力度大。三是,开放范围广。四是,开放成效显著。

下一步中国资本市场开放需要直面的四个挑战:一是,更开放的资本市场要求尽可能减少歧视,实行准入前的国民待遇和负面清单制度。二是,更开放的资本市场要求避免单兵突进,加强政策协同。三是,更开放的资本市场要求避免单向开放,实现能进能出,双向开放。四是,更开放的资本市场要求适应金融市场的高波动性,改进宏观审慎管理。

2020年中国资本市场开放的六个突破口:一是,多项吸引国际资本流入的开放措施将继续贯彻和落实。二是,放松国际资本流出的开放措施可能出现进展。三是,资本市场外资参与主体的市场准入国民待遇进一步推进。四是,资本市场的互联互通渠道继续拓宽。五是,对日本开放的潜力有望得到发掘。六是,国际资本流动形势的变化可能对中国资本市场开放带来更多挑战。

技术,政府将严惩诸如假冒外国名牌商标的行为。

(6) 放宽和完善引进外资的政策

根据"与贸易有关的投资措施协议",中国入世后,将对所有世贸组织缔约方的投资按无歧视待遇、国民待遇原则给予鼓励和优惠政策,并相应扩大外商投资的范围,完善投资环境。

(7) 增加贸易政策透明度

根据透明度原则,入世后的中国将继续废除所谓的内部贸易政策、规定,代之以公开的贸易政策、制度。

(三) 中国"入世"后的伟大成就

经过15年的艰苦谈判,中国于2001年加入了世界贸易组织。中国是否履行了承诺? 对世界经济又起到了什么作用?

1. 中国"入世"后履行的义务

"入世"以来,中国严格按照加入议定书的各项条款,全面、认真地履行承诺,大力推进全国外贸政策统一透明,大幅度降低进口关税,进一步开放市场,放开外贸经营权,改善外商企业投资,加大对知识产权保护力度,合并对内对外的商品检验机构,建立了符合世贸规则的外经贸管理体制。

中央和地方开展了前所未有的、大规模法律法规清理工作,使得中国的市场准入条件更加透明和规范,更具可预见性。中央政府30个部门共清理各种法律法规和部门规章2300多件,通过人大、国务院各部门修订 325 件,废止 830 件,范围涉及货物贸易、服务贸易、知识产权、投资等各个方面;地方政府共清理出 9 万多件地方性法规、地方规章和其他政策措施,并分别进行了修改和废止处理。

在货物贸易领域,中国按照承诺逐步削减进口关税,平均关税总水平从 2001 年的15.3% 下降到 2010 年的 9.8%。其中农产品平均关税从 18.8% 降低到 15.2%,工业品的平均关税从 14.7% 降低到 8.9%。就具体产品而言,中国大排量汽车整车加入前平均关税高达 100%,小排量汽车整车加入前平均关税高达 80%,履行承诺后,降至 25%。化工品从平均 25% 左右降到 5.5% 到 6.5%,葡萄酒从平均 120% 降到 14% 左右。

服务贸易方面,中国在加入 WTO 时就总共 120 个服务部门中的 100 个部门作出了承诺,包括了金融、电信、分销、运输等重要部门,从承诺部门的数量来看,中国服务业的水平已接近发达国家。加入 WTO 后,我们认真履行了加入承诺,在各部门制定、修订了外资市场准入相关法律法规,取消了一些部门对外商企业的歧视性待遇以及股比、数量、地域、资质等方面的,外商企业在服务业领域也获得了较好的发展。对外带来的竞争也促进了国内服务业企业提升竞争力,为消费者提供更多质优价廉的服务。

迄今为止,中国在履行承诺方面的表现得到了广大成员的认可,中国加入后的三任 WTO 总干事——麦克·穆尔、素帕猜和拉米先生,都充分肯定了中国所做的巨大努力和取得的成绩。拉米先生曾对中国入世的意义作出评价,"中国加入世贸组织是载入史册的重要事件,是开放、竞争和经济一体化带来双赢的典型例子"。

2. 中国的发展及其对世界的贡献

加入世贸组织以来,中国经济获得了巨大成功:2001 年我国进出口总额 0.51 万亿美元,2015 年这一数字为 3.96 万亿美元,约为入世前的 8 倍。其中,2015 年中国出口额达 22765.7 亿美元,较 2001 年增长了约 7.6 倍;进口额达 16820.7 亿美元,增长了近 6 倍。目前中国已成为全球第二大经济体、世界第一大贸易国、世界第一大吸引外资国、世界第二大对外投资国。

加入世贸组织对促进中国外贸发展和拉动经济增长发挥了重要作用。目前,中国已连续三年稳居世界第一货物贸易大国,成为全球 120 多个国家和地区的最大贸易伙伴。

从 GDP 贡献率看,2001 年,中国实际 GDP 对全球贡献率为 0.53%,2015 年,这一数字为 24.8%;同时,中国对全球实际 GDP 增长率的拉动度也从 0.03 升至 0.6 个百分点。

***** **本章学习路径** *****

本章主要介绍关贸总协定与世界贸易组织的成立背景、基本原则及运作功能等。

国际贸易概论

关贸总协定
├─ 产生
│ ├─ 背景
│ └─ 过程
├─ 宗旨
├─ 基本原则
│ ├─ 非歧视待遇原则
│ │ ├─ 最惠国待遇
│ │ └─ 国民待遇
│ ├─ 关税保护与减让原则
│ ├─ 一般取消数量限制原则
│ ├─ 公平贸易原则
│ ├─ 互惠原则
│ ├─ 透明度原则
│ ├─ 市场准入原则
│ ├─ 对发展中国家和最不发达国家优惠待遇原则
│ └─ 磋商调解贸易争端原则
├─ 例外条款
│ ├─ 国际收支例外
│ ├─ 幼稚工业的保护例外
│ ├─ 行业保障条款
│ ├─ 关税同盟或自由贸易区例外
│ └─ 安全例外
└─ 作用
   ├─ 推动了战后的贸易自由化
   ├─ 规范了各缔约方的贸易行为
   ├─ 改善了发展中缔约国的国际贸易地位
   ├─ 维护了知识产权,促进了国际服务贸易和国际投资的正常发展
   └─ 维护了世界多边贸易体制

世界贸易组织
├─ 产生
│ ├─ 背景
│ └─ 过程
├─ 宗旨
├─ 原则
│ ├─ 继承了 GATT 的基本原则
│ ├─ 发展多边主义原则
│ ├─ 进一步加强发展中国家的特殊优惠待遇原则
│ └─ 灵活处理入世门槛
├─ 组织机构──部长级会议
│ ├─ 贸易政策审议机构
│ ├─ 贸易争端解决机构
│ ├─ 总理事会
│ └─ 贸易谈判委员会
├─ 运行──十一次部长级会议
├─ 特点
│ ├─ 组织协定具有权威性
│ ├─ 组织机构具有正式性
│ ├─ 管辖内容具有广泛性
│ ├─ 注重权利与义务的统一性
│ └─ 与有关国际经济组织决策的一致性
└─ 入世历程
   ├─ 中国是 GATT 的原始缔约国之一
   └─ 中国的复关、入世谈判过程

```
                          ┌ 享有多边的、无条件的最惠国待遇
                          ├ 享有大多数发达国家给予的普惠制待遇
                          ├ 享有在多边贸易组织的发言权
                    权利 ─┼ 可以利用世贸组织的贸易争端解决机制公正处理
                          │   贸易纠纷
                          └ 可以利用世贸组织例外条款与保护措施合理保护
                              国内经济
中国入世的权利与义务 ─┤    ┌ 降低进口关税
                          ├ 逐步取消非关税措施
                          ├ 取消出口补贴
                    义务 ─┼ 开放服务市场
                          ├ 扩大知识产权的保护范围
                          ├ 放宽和完善引进外资政策
                          └ 增加贸易政策透明度

中国入世后的伟大成就
```

本章复习思考题：

1. 什么是国际贸易条约和协定？它的正文一般包括哪些内容？
2. 关贸总协定的基本原则有哪些？
3. 什么是关贸总协定的例外条款？它涉及哪些方面？
4. 关贸总协定生效后对国际贸易发挥什么作用？
5. 在关贸总协定基本原则基础上，世贸组织在哪些方面又有发展？
6. 与关贸总协定相比，世贸组织有哪些特点？
7. 中国加入世贸组织后的挑战与机遇各是什么？

知识扩充

中国实行对外贸易"多边"与"双边"两条腿走路战略

加入 WTO 后，中国面临的国际经济形势发生了很多新的变化，需要建立一个更开放的经济体系。所以，中国政府一方面高度重视以 WTO 为代表的多边贸易体制，在履行"入世"承诺的同时，以遵守 WTO 原则为前提，积极开展与 WTO 成员国的贸易活动。另一方面，以更积极的姿态参与地区经济一体化进程，至 2016 年止，已与多个国家或地区签署了自由贸易协议（FTA），具体情况见下表：

表 8-2　我国对外双边自由贸易协议一览表

国别/地区/区域集团	备　注
《中国—东盟自由贸易区相关协议》	2002 年 5 月启动谈判,同年 11 月签署《全面经济合作框架协议》,2004 年 11 月签署《货物贸易协议》和争端解决机制协议》,2007 年 1 月签署《服务贸易协议》,2009 年 8 月签署《中国—东盟自由贸易区投资协议》,2010 年 1 月 1 日中国—东盟自由贸易区正式建立
《中国—智利自由贸易协定》	2004 年 11 月启动谈判,2005 年 11 月签署自由贸易协定,2008 年 4 月签署《中智自贸协定关于服务贸易的补充协定》
《中国—新西兰自由贸易协定》	2004 年 11 月启动谈判,2007 年 12 月结束谈判,2008 年 4 月签署协定
《中国—巴基斯坦自由贸易协定》	2005 年 4 月启动谈判,2006 年 11 月签署自由贸易协定。2009 年 2 月签署《中—巴自由贸易区服务贸易协定》
《中国—新加坡自由贸易协定》	2006 年 8 月启动谈判,2008 年 10 月签署协定
《中国—秘鲁自由贸易协定》	2007 年 9 月启动谈判,2009 年 4 月签署自由贸易协定
《中国—哥斯达黎加自由贸易协定》	2008 年 11 月启动谈判,2010 年 4 月签署协定
《中国—澳大利亚自由贸易协定》	2005 年 4 月双方签署备忘录正式启动谈判,2015 年 6 月 17 日双方正式签署,同年 12 月 20 日正式生效
《中国—冰岛自由贸易协定》	2007 年 4 月启动谈判,2013 年 4 月 15 日在北京签署
《中国—瑞士自由贸易协定联合可行性研究》	2009 年 1 月启动研究,2013 年 7 月 6 日在北京正式签署,是中国与欧洲大陆国家间首个自贸协定
《中国—韩国自由贸易协定》	2012 年 5 月正式启动谈判,2015 年 6 月 1 日正式签署协定

　　中国目前正在谈判的自贸协定还有 7 个,涉及 22 个国家,中国同上述国家或地区签定自由贸易协定后极大地促进了中国的对外贸易:第一,拓宽了经济发展空间;第二,保障了资源供应;第三,消除了贸易投资壁垒;第四,有助于冲淡"中国威胁论";第五,改善了国际(尤其是周边)大环境。

第 九 章　国际服务贸易

进入20世纪80年代以后，世界各国的服务业和服务贸易发展迅速：一方面，它在各国国民经济中的比重不断上升，并且其增长远远超出制造业的增长速度；另一方面，它已逐渐成为促进各国国民经济效率提高和国民产出总量增长的主导力量，未来国际市场将从以货物贸易为核心的竞争转向以服务贸易为核心的竞争，各国服务贸易的竞争实力昭示着其未来对外贸易的前景。因而，国际服务贸易的发展是世界性的前沿课题。

由于服务业的特殊性、敏感性及其难以估量的市场前景，处于竞争弱势的发展中国家的服务市场对外开放既给其经济增长带来了机遇，又将对其经济安全和新兴服务业的发展构成威胁。因而，对于发展中国家而言，对国际服务贸易的研究，尤其是对服务业开放的研究更具有紧迫性和重要性。

导入案例

上海大学日语系的二年级学生朱明，成绩优秀，又担任学校的学生会工作，是个品学兼优的好学生。作为对优秀学生的鼓励，学校每年均有与国外高校互派留学生项目的名额，鉴于朱明同学的出色表现，学校决定将他送往日本东京大学留学一年，并提供奖学金。请问这是否属于国际服务贸易的一种类型呢？（你可以在本章内容中找到答案）

第一节　国际服务贸易的构成与发展

一、国际服务贸易的概念、特点、分类和形成

（一）国际服务贸易（international trade in service）的概念

20世纪70年代前，国际服务贸易在世界贸易中的地位并不被人们所重视，20世纪70年代之后，服务贸易作为一个通用的贸易专门用语，开始渐渐流行。但是对于服务贸易的定义，各国有不同的解释。直到1994年关贸总协定主持下的乌拉圭回合谈判结束后，服务贸易的定义才被正式确定下来，并代表了大多数专家的意见。1994年4月签订的《服务贸易总协定》(General Agreement on Trade in Services，简称GATS)中明确指出，国际服务贸易是指一国的服务提供者通过商业市场或自然人的商业市场向他国服务消费者提供服务并获得外汇收入的过程。

（二）国际服务贸易的特点

与国际货物贸易相比，国际服务贸易的特点可以归纳为以下几点：

第一，贸易标的的无形性。国际货物贸易的标的都是有形的，如原材料、机器设备等，而国际服务贸易所提供的服务大多数是无形的，如金融、保险、咨询等，因此，海关人员无法在关境口岸发现服务的进口与出口，服务贸易也就无法被正常地纳入海关统计中。因此，也不能利用关税或配额来保护本国的服务业。

第二，交易过程与生产和消费过程的同步性。服务贸易中服务的提供和消费通常是同时发生的，在时间上，服务的生产与消费是不能分开的同一过程，对服务提供者(出口国)来说是生产过程，对服务接受者(进口国)来说是消费过程。服务并不像货物那样可以储存备用。

第三，国际服务贸易中，价值实体与使用价值可以分开，即不同时发生转移，而在国际货物贸易中，价值实体与使用价值必须同时转移。

第四，法律、法规和行政措施成了服务业保护贸易的主要手段。由于服务的无形及生产与消费过程的同一性，海关无法用关税或配额限制服务进口，于是，政府制定法律、法规及行政措施，成为限制国外服务提供者进入的主要保护手段。这就是规范服务业的市场准入、控制服务的从业资格、限制服务部门开放的领域。法律法规等措施也是一种非关税壁垒，而这种非关税壁垒比对有形商品的阻碍作用还要大。

（三）国际服务贸易的分类

按照《服务贸易总协定》中的"服务部门参考清单"，服务贸易大致包括12个大类(150多个服务项目)：

(1) 商业性服务，指在商业中涉及的服务交换活动，包括下列6种服务：①专业性服务，如法律服务、工程设计服务、旅游机构服务、城市规划与环保服务、公共关系服务等；②计算机及相关服务，如计算机硬件安装的咨询服务；③研究与开发服务，如自然科学、社会科学

等；④不动产服务，指不动产范围内的服务交换，但不包括土地的租赁服务；⑤设备租赁服务，包括交通运输设备，如汽车、卡车、飞机、船舶等；非交通运输设备，如计算机、娱乐设备的租赁，但不包括其中有可能涉及的操作人员的雇佣或所需人员的培训服务；⑥其他服务，指生物工程服务、翻译服务、展览管理服务、广告服务等。

（2）销售服务，指产品销售过程中的服务交换。主要包括：商业销售中的批发业务、零售业务；与销售有关的代理费及佣金等；特许经营服务；其他销售服务等。

（3）金融服务，指银行和保险业及相关的金融服务活动，如银行存款、货物运输保险等。

（4）娱乐服务，指不包括广播、电影、电视在内的一切文化、娱乐、新闻、图书馆、体育服务等。

（5）通讯服务，指所有有关信息产品、操作、储存设备和软件功能等服务。通信服务由公共通信部门、信息服务部门、关系密切的企业集团和私人企业间进行信息转接和服务提供，主要包括邮电服务、电信服务等。

（6）教育服务，指各国在高等教育、中等教育、初等教育、学前教育、继续教育、特殊教育和其他教育中的服务交往，如互派留学生、访问学者等。

（7）健康及社会服务，主要指医疗服务、其他与人类健康相关的服务和社会服务等。

（8）运输服务，包括货物运输服务，航天发射以及运输服务，附属于交通运输的服务等。货物的运输服务包括航空、海洋、铁路、管道运输等；附属于交通运输的服务包括报关行、货物装卸、仓储、港口服务等。

（9）建筑服务，主要是工程建筑从设计、选址到施工整个服务过程，包括：选址服务、国内工程建筑项目、建筑物的安装及装配工程等。

（10）环境服务，指污水处理、废物处理、卫生及相关的服务。

（11）旅游服务，指旅馆、饭店提供的住宿、餐饮服务、旅行社及导游服务等。

（12）其他服务。

国际服务贸易的分类方法还有以生产为核心的分类方法，可将国际服务贸易分为三类：①生产前服务，例如项目研究与开发、设计、市场和可行性研究等；②生产中服务，例如生产过程中的质量管理、软件和人力资源管理等；③生产后服务，例如营销、广告、包装和运输等。

按照国际服务贸易中生产要素的密集程度进行划分，可以分为：①资本密集型，如航运、通信、工程建筑等；②技术、知识密集型，如银行、金融、法律、信息服务等；③劳动密集型，如旅游、维修、建筑等。

此外，在世界服务贸易统计上，一般采用国际货币基金组织的统计方法，即分为：①货物运输；②其他运输服务；③旅游；④其他服务。

开篇导入案例中，朱明同学所参加的学校互派留学生的项目，就是属于国际服务贸易中的教育服务。

（四）国际服务贸易的形式

国际服务贸易的范围极为广泛，几乎包含了社会经济生活中的各个方面，《服务贸易总协定》对国际服务贸易的形式做了分类，认为国际服务贸易主要通过以下四种形式提供服务：

1. 跨境支付（cross-border supply）

跨境支付是指从一成员的境内向另一成员的境内提供服务，即服务产品的跨境流动，其特点是没有人员和物资的流动。例如，通过计算机网络、电讯等手段提供的信息、

国际贸易概论

视听等服务。

2. 境外消费（consumption abroad）

境外消费是指从一成员的境内向另一成员的服务消费者提供服务,该类服务的特点是服务的提供者在本国境内向外国服务消费者提供服务。例如,接待国外的游客。

3. 商业存在（commercial presence）

商业存在是指一成员的服务提供者在任何其他成员境内以商业形式提供服务,即服务提供者通过在外国建立商业机构在该国提供服务,例如,外资银行、会计师事务所进入中国开展业务。

4. 自然人流动（movement of personnel）

自然人流动是指一成员的服务提供者在任何其他成员境内以自然人的存在提供服务,也指个人为提供服务而进入另一个国家做短暂停留。例如,医务工作者、艺术家到另一个国家从事个体服务。

二、国际服务贸易的发展过程及发展原因

（一）国际服务贸易的发展过程

第二次世界大战之前,国际服务贸易主要是劳务输出,服务贸易的种类很少,发展的速度很慢,贸易额在世界总贸易额中所占的比重很小。第二次世界大战之后,特别是进入了20世纪60年代,受社会经济发展,尤其是第三次科学技术革命的影响,各国产业结构不断调整,经济和信息实现国际化,第三产业急剧发展,国际服务迅猛发展。1970年国际服务贸易额为867亿美元,1980年猛增到4275亿美元,1992年突破1万亿美元,1999年上升至1.35万亿美元。近年来,国际服务贸易更是发展迅速,年平均增幅为6%左右。根据WTO的统计,2003年国际服务贸易额为17630亿美元,2006年世界服务贸易额达27100亿美元,2003年到2006年增长速度分别为15%、19%、11%、11%。2010年是71666亿美元;2014年是98006.90亿美元;2015年是92450亿美元;2016年是9.415万亿美元。国际服务贸易额占国际贸易总额的比重,1982年为18%,1992年为22%,1999年相当于国际商品贸易的25%。国际服务贸易的增长速度明显高于国际商品贸易的增长速度。

（二）国际服务贸易发展的原因

第二次世界大战后,国际服务贸易迅速发展的主要原因是:

第一,服务业迅速发展,就业人员的数量和所占比重大大提高。第二次世界大战后,世界经济结构调整的步伐加快,传统制造业比重相对下降,服务行业迅速发展,使服务业在国民经济中的份额和就业人员的比重大幅度提高。

第二,第三次科技革命开辟了国际服务贸易的新领域。首先,战后新技术、新工艺的不断涌现,使国际间的技术转让、软件开发咨询、技术服务等已经形成了一个独立的技术贸易部门。其次,在计算机和通讯技术基础上发展起来的情报信息行业,以信息资料的收集、储存、整理、交换为主要服务内容,其规模和应用范围越来越大。信息部门已经成为服务业中一个重要的组成部分。再次,新技术的广泛运用,使运输、通讯、金融、保险等传统服务的服务范围有所扩大,使此类服务走向国际化。

第三,跨国公司的迅速发展对国际服务贸易的发展起着重要的作用。在 20 世纪 60 年代后期,跨国公司开始向全球扩张,在跨国公司全球经营和发展的过程中,通常是集商品贸易、服务贸易于一身,许多跨国公司深感服务业对其获取竞争优势的重要性,就加速了服务国际化的速度。跨国公司全球化的投资活动、技术转让和国际性生产专业化过程,促进了专家、技术人员和劳动力的国际流动,也带动了金融、法律、技术服务、计算机服务、保险、运输、工程咨询等服务业的发展。

第四,国际经济技术合作方式的多样化促进了国际服务贸易的扩大。随着世界范围内贸易自由化、外汇自由化、生产要素在国际间的流动性加强,国际经济技术合作的方式日趋多样化,如:国际投资合作、国际信贷合作、国际保险合作、国际服务合作、国际税收合作和各种国际间的经济援助等,导致了国际服务贸易的发展。

第五,各国经济的发展和国民收入的增加推动了国际服务贸易的发展。各国尤其是发达国家经济的发展和国民经济收入的增加,再加上休息日的增加和教育文化水平的提高,人们的消费水平和消费模式也发生了很大的变化,对服务的需求不断增加,推动了国际服务贸易的发展。

第二节　国际服务贸易的格局与地区分布

各个国家的服务业发展水平不尽相同,西方发达国家的服务业发展迅速,在国际服务贸易中所占的比重大,处于优势地位,而发展中国家的服务业相对比较落后。

一、西方发达国家

据统计,1996 年全球国际服务贸易中位居前 25 名的国家和地区主要是发达国家。美国、英国、法国、意大利、奥地利、比利时等国长期以来都是服务贸易的净出口国,其服务贸易出口额已经达到国民生产总值的 10％以上,美国是当今世界最大的服务贸易国。据 WTO资料统计,1999 年,美国、英国、法国、德国、意大利、日本、荷兰、西班牙、比利时、卢森堡、中国香港等国家和地区的服务贸易出口占世界服务贸易出口的比重大约是 60.7％,美国、德国、日本、英国、法国、意大利、荷兰、加拿大、比利时、卢森堡、中国等国家的服务进口占世界服务进口的 58.2％。2009 年,世界各国的服务贸易进出口比重请看表 9 - 1:

表 9-1　世界服务贸易国进出口比重									
2014 年世界服务进出口前十位出口和进口国家(地区)统计									
出口(亿美元)					进口(亿美元)				
排名	国家(地区)	金额	比重(％)	增长率(％)	排名	国家(地区)	金额	比重(％)	增长率(％)
1	美国	6860	14.1	3	1	美国	4540	9.6	4
2	英国	3290	6.8	4	2	中国	3820	8.1	16
3	德国	2670	5.5	5	3	德国	3270	6.9	1
4	法国	2630	5.4	4	4	法国	2440	5.1	6

出口（亿美元）					进口（亿美元）				
排名	国家(地区)	金额	比重(%)	增长率(%)	排名	国家(地区)	金额	比重(%)	增长率(%)
5	中国	2222	4.6	8	5	日本	1900	4	12
6	日本	1580	3.3	19	6	英国	1890	4	−1
7	荷兰	1560	3.2	11	7	荷兰	1650	3.5	8
8	印度	1540	3.2	4	8	爱尔兰	1420	3	16
9	西班牙	1350	2.8	5	9	新加坡	1300	2.7	0
10	爱尔兰	1330	2.7	9	10	印度	1240	2.6	−1

在发达国家中，各国的发展也极不平衡，行业发展也不平衡。如美国、法国、德国和日本是最大的运输服务出口国，它们约占全球运输服务的一半。特别是日本，在运输服务方面有巨额顺差。在国际货物运输业中，美国曾经是最大的服务运输出口国，如今已经失去了领先地位，变成了净进口国；在运输服务贸易中，美国逆差持续增长，但在国际空运业务中，美国所占的比重很高，而且顺差很大。一些发达的资本主义小国，如比利时、荷兰、丹麦、瑞典等，在运输服务中均有大量顺差。

在国际货币基金组织的统计资料中，"其他服务"是最大的服务贸易项目，包括政府和私人服务。美国是政府服务的最大贸易国，占世界该类服务贸易总额的一半以上。美国从培训外国留学生、国际组织活动等方面获取世界上最多的收入，但其在国外的官方机构费用、驻外军费开支已远远超过此项收入。德国、日本则有较大数量的顺差。由于美国在许可证出口、工程咨询服务、租赁、信息服务中处于领先地位，故其私人服务贸易顺差较大。美国在与英国、法国两个国家的私人交易中，凭借其在伦敦的金融、商业中心区的咨询和承包公司的大量收入，处于顺差的地位，但对于日本、德国却有逆差。

二、发展中国家和地区

一直以来，发展中国家和地区在国际服务贸易中的地位比较低，大部分国家和地区的服务贸易领域不发达，在世界经济中所占的比重比较小，资本分散。特别是现代服务项目，大多数发展中国家和地区在服务贸易中处于逆差。进入 20 世纪 90 年代，发展中国家的服务出口增长明显加快，据统计，1990 年至 1994 年发展中国家和地区服务出口年均增长 12%，高于发达国家年均增速一倍以上。发展中国家和地区的国际服务贸易发展也是不平衡的，亚洲（主要是东亚地区）服务贸易发展尤为迅速，亚洲的国际服务出口已经超过所有发展中国家和地区服务出口的一半。

发展中国家按照地区划分，国际服务贸易状况如下：

（一）拉丁美洲和加勒比海地区

拉丁美洲和加勒比海地区各国国内生产总值中，商品生产部门（即农业、采矿业和制造业）的比重有所下降，服务业所占比重急剧增长。其中，大部分来自基础设施和为生产者服务的增长。但是，运输和通讯、金融和商业服务在国民经济中的比重仍落后于发达国家。

（二）非洲

非洲各国在国家服务贸易中所处地位比商品贸易更差，其服务贸易逆差大于商品贸易的逆差，使经常项目长期处于逆差的状态。非洲国家对服务的进口依存度极大，除尼日利亚外，所有非洲国家都在国际服务贸易中呈现严重逆差状态，主要原因是这些国家服务业发展严重滞后，服务设施又严重缺乏，进口增长迅猛，而出口增长又相对缓慢。

（三）亚洲和太平洋地区

西亚地区整个经常项目是高度依赖石油，经常项目的顺差是商品贸易和投资收入，但在服务贸易和汇款项目上却是逆差。该地区是主要的服务进口者，近几年，旅游收入急剧下降，"其他服务"收入有所增加，但仍是逆差。在整个服务支出中，"其他服务"进口所占比重上升。服务贸易中，仅运输有少量顺差。特别是其中的石油输出国，它们既是劳动力服务的最大进口国，又是咨询、航运、旅游服务的主要进口国。

> **小思考**
>
> 发展中国家与发达国家的国际服务贸易结构差异的表现是什么？

亚洲的新兴工业化国家和地区，如韩国、新加坡、泰国、菲律宾、中国台湾地区、中国香港地区等，其经济发展速度较快，服务业更是如此。这些国家和地区均有一定数量的服务顺差，特别在旅游、咨询服务、运输等方面表现突出。但是，亚洲还有另一个类型的国家，如印尼、马来西亚等，它们的商品贸易上有一定数量的顺差，但服务贸易方面却呈现逆差。2009年，中国对外服务收支总额为2868亿美元，其中，服务贸易出口1286亿美元，服务贸易进口1582亿美元，出口和进口分别位居世界第五位和第四位。2017年，中国服务贸易进出口总额6957亿美元；出口2281亿美元，进口4676亿美元。

三、俄罗斯与东欧

俄罗斯、东欧国家在世界服务贸易中仅占5%左右，低于其在商品贸易中所占10%左右的比重。这些国家制造业比较发达，而服务业欠发达。它们的服务出口中首要部分是"其他服务"，其次是航运、旅游。在服务进口中航运也占一半以上，其次是建筑安装设计。服务项目集中在航运、旅游、建筑和工程承包，而保险、知识产权交易较少。其中，捷克、斯洛伐克、匈牙利、波兰有少量服务贸易顺差，而其他国家处于逆差地位。

第三节　服务贸易总协定

一、《服务贸易总协定》的产生及主要内容、义务和一般原则

《服务贸易总协定》（General Agreement on Trade in Service, GATS）是原关贸总协定在第八次谈判乌拉圭回合的成果，对于21世纪世界各国服务贸易的发展产生了深远的影响。

(一)《服务贸易总协定》的产生

随着国际服务贸易的不断发展,国际服务贸易在世界经济中的地位和作用日益加强,服务贸易的自由化问题也逐渐成为各国所关注的焦点,特别是以美国为首的发达国家,为了迅速占领世界服务市场,积极倡导服务贸易的自由化。1983年11月,日本在与美国协调了立场之后,在原关贸总协定第39届缔约方大会上第一个提出就召开新一轮多边谈判进行准备工作。日本此举的意图在于减轻因贸易大量顺差、日元长期低汇率而来自美国和欧共体的压力。而美国作为新一轮多边贸易谈判的积极倡导者,主要因为其在商品贸易上很难扭转的逆差形式,想借助多边贸易体系为其农产品及服务部门和高科技部门等优势产业部门,打开国际市场。

1986年9月15日,原关贸总协定第八轮多边贸易谈判在乌拉圭举行,被称为"乌拉圭回合"谈判。在乌拉圭回合中,首次将服务贸易纳入议程,经过4年多的艰苦磋商,前后召开了二十多次会议,服务贸易谈判取得了实质性的成就。在综合了关贸总协定秘书处、谈判各方、联合国贸发会议、经济与合作组织等提案及尽可能包括各方观点的基础上,于1990年7月拟定出了《服务贸易多边框架协议草案》。同年12月,在布鲁塞尔关贸总协定部长级会议上,该草案被更名为《服务贸易总协定》。在此基础上,各方对具体条款和部门承诺进行了深入的谈判。1993年12月15日,乌拉圭回合谈判成功结束,关贸总协定各缔约方就服务贸易问题达成了《服务贸易总协定》,并作为乌拉圭回合最后文本中的一部分,构成了世界贸易组织下新的多边贸易体系中的重要组成部分,包括《服务贸易总协定》在内的《乌拉圭回合最终文件》于1994年4月在摩洛哥正式签署,并于1995年1月1日起生效。

(二)《服务贸易总协定》的主要内容

《服务贸易总协定》(以下简称GATS)包括序言和六大部分,共29条及附件:

序言:阐述了签署GATS的宗旨和目标,指出了发展国际服务贸易的重要性,并强调了应有助于提高发展中国家的服务能力、效益和竞争力,对不发达的国家给予特殊的照顾。

第一部分:GATS的范围和定义。GATS的第1条明确指出了GATS适用的范围和定义。第1条的重要意义在于,将国际服务贸易按服务的提供方式分为四种形式:过境支付、境外消费、商业存在和自然人存在。

第二部分:一般义务和纪律,包括14个条款(第2条至第15条)。主要包括服务贸易的最惠国待遇;各国有关服务行业的规章制度的透明化问题;对发展中国家参与服务贸易提供帮助;对经济一体化下服务贸易的自由化问题的规定;有关服务贸易的国内规章的合理性;对另一缔约国签发的证书或资格认可;对垄断或专营服务的特殊规定;对服务行业的限制性商业惯例的约束;缔约方的紧急保障措施;对由于服务贸易而产生的支付和转移不应有的任何限制;当存在严重国际收支逆差或外部金融困难时,缔约方可对服务贸易采取限制措施;对政府采购不适用最惠国待遇;市场准入和国民待遇原则;服务贸易限制的一般例外条款。

第三部分:具体承诺,包括3个条款(第16条至第18条)。各缔约方对本国服务贸易的开放承诺主要是通过具体承诺表得以实施的。

GATS的第三部分主要包括市场准入和国民待遇。市场准入是指缔约方开放市场给予其他缔约国不低于按照减让表中同意并明确规定的条款、条件或限制所提供的优惠待遇,不采取任何其他限制措施妨碍市场进入。例如不得采取限制提供者的数量、限制服务交易或资产总额、限制服务业务的总量、限制雇佣人数、限制或要求某一服务提供者通过特定类型法律实体或合营企业提供服务的措施、限制外资持股比例或投资金额。

国民待遇是指在已承诺的部门、已承诺的条件和资格下,缔约的一方给予另一方不低于本国同类服务或服务提供者所得到的优惠待遇。

小知识

初步承诺减让表

初步承诺减让表是各国在谈判基础上提交的开放市场的承诺,是 GATS 不可分割的部分,具有法律约束力。初步承诺减让表中的内容是参加方在双边谈判基础上承担的关于国民待遇和市场准入的义务,列明有关服务部门和这些部门中的活动,保证其市场准入,同时还应明确注明对于这些部门实施国民待遇和市场准入的限制。各参加方只有提交初步承诺减让表,才能成为 GATS 的成员。

第四部分:逐步自由化,包括 3 个条款(第 19 条至第 21 条)。该部分规定缔约方在本协定生效后一定时间,开始进行连续多轮谈判,以逐步提高自由化水平。谈判应有确定的指导方针,通过削减或取消对服务贸易具有不利影响的各种措施。每一缔约方应将具体承诺列入减让表,包括市场准入的承诺义务,国民待遇的承诺义务,与承诺有关的保证,实行承诺的时间和承诺义务的生效日期。任何一项减让在其生效三年后可以进行修改或撤回。

第五部分:制度条款,包括 5 个条款(第 22 条至第 26 条)。该部分主要规定各缔约方通过磋商和解决争端的措施与步骤。对争端的解决和执行,可通过"争端解决机构"给予解决。此外, 这个部分还规定了服务贸易理事会的建立, 技术合作、与其他国际组织的关系等事项。

第六部分:最后条款,包括 3 个条款(第 27 条至第 29 条)。该部分就本协定的接受、加入、生效、适用、拒绝、修正、退出作出有关规定,还规定了有关名词的定义以及附件与协议的不可分割性。

附件:包括关于最惠国待遇豁免的附件,以及金融服务、电信、海运、自然人流动、空运服务等方面的附件。

(三)《服务贸易总协定》的义务和一般原则

《服务贸易总协定》所规定的义务分为两类:一是普遍性义务,即适用于各个部门的义务,不论缔约国是否开放这些部门,都必须相互给予无条件最惠国待遇;二是具体承诺的义务,是指经过双边或多边谈判所达成的协议所承担的义务。这些义务(如市场准入和国民待遇)只适用于各缔约国承诺开放的服务部门,不适用于未开放的服务部门。

《服务贸易总协定》所规定的原则有以下内容:

1. 最惠国待遇原则

最惠国待遇原则规定:每一成员方给予任何成员方的服务或服务提供者的待遇,应立即无条件地以不低于前述待遇给予其他任何成员方相同的服务或服务提供者。这一原则既是关贸总协定多边贸易体制的基础,也是多边服务贸易的基础。但是,GATS 中最惠国待遇的概念与关贸总协定中的最惠国待遇的概念并不完全相同。关贸总协定中的最惠国待遇只给其他缔约方的产品,而不给生产者。但 GATS 中的最惠国待遇不仅给予服务(相当于货物贸易中的产品),还给予服务的提供者(相当于货物贸易中的生产者)。

GATS 实施最惠国待遇的目的在于,保证各缔约方的服务和服务提供者在享受他国服务贸易市场开放的利益时,能够与其他成员的服务和服务提供者处于同等的竞争条件,以体现公平竞争的原则。

2. 国民待遇原则

GATS 规定,给予外国服务和服务提供者的待遇,不应低于给予本国相同服务和服务提供者的待遇。这意味着只要不对外国的服务和服务提供者造成歧视,都符合国民待遇原则。当然,如果外国服务提供者本身竞争力较弱,而在享受同等竞争条件时受到损失,不能要求给予赔偿。在GATS 中,每个行业规定的国民待遇条款都不相同,而且一般都是通过谈判才能享受,所以各国在谈判中在给予其他缔约方国民待遇时,都有附加条件。

> **观念运用**
>
> A 公司在 B 国开设了外资会计师事务所,向 B 国相关市场提供咨询服务。在征收营业税时,B 国要求 A 公司比 B 国国内的同类公司多缴纳 3% 的税金,请问 B 国这样做是否可以?为什么?

3. 透明度原则

GATS 规定:各成员国,除非在紧急情况下,都应立即并最迟在协定生效前,公布其所采取的所有与服务贸易或对该协定的执行产生影响的措施,并要求各缔约方建立一个或多个咨询点,以便尽快地回答其他成员国的咨询。该原则规定,每一成员方因对现行法律、法规或行政规定有新的规定或有所改变,以致严重影响 GATS 项下有关服务贸易协定的特定义务时,应立即或至少每年向服务贸易理事会提出报告。透明度原则还规定,那些一旦泄漏会阻碍法律的实施或有害于公众利益、或损害包括国营或私营企业合法商业利益的机密资料,可以不予以公布。

4. 发展中国家更多参与的原则

发展中国家更多参与的原则规定,发达国家应采取具体措施,旨在加强发展中国家国内服务业,为发展中国家的服务出口提供市场准入的条件。发达国家应在 GATS 生效后两年内建立"联系点",向发展中国家的服务提供者提供有关服务供给的商业和技术方面的信息。

5. 市场准入原则

GATS 规定:市场准入是一种经过谈判的具体承诺的义务,各成员国应为其他成员的服务和服务提供者进入市场提供可行的渠道,而这种渠道必须不低于其在减让表中已同意提供的条件和待遇。市场准入与国民待遇一样,都不是普遍义务。

6. 逐步自由化原则

为了减少或消除对服务贸易各项措施在有效进入市场方面的不利影响,应在互利的基础上,本着为促进所有成员方的利益,谋求达到权利和义务的全面均衡。为了达到这个目标,在 GATS 生效之日起不迟于五年内,所有成员方应就旨在使服务贸易自由化逐步达到较高水平的问题进行多轮谈判,并在以后定期举行。

二、《服务贸易总协定》的部门协议

由于在 1994 年 4 月 15 日签署的《服务贸易总协定》中,各国对国际服务贸易市场开放所进行的谈判是初步性的,因此在乌拉圭回合结束后,各国同意就服务贸易领域继续进行谈判。在世界贸易组织生效的五年间,各成员国就服务贸易项下的金融服务、电信服务、海运服务和自然人流动等四个部门相互开放市场进行谈判,并达成了《金融服务协议》、《基础电信协议》和《自然人流动服务协议》。

(一)金融服务协议

1997 年 12 月 13 日,世界贸易组织的 84 个成员方达成了《金融服务协议》,并于 1999 年 3 月起生效。

《金融服务协议》的主要内容是:允许外国公司在国内建立金融服务公司并按竞争原则运行;外国公司享受与国内公司同等的进入市场的权力,取消跨边界服务的限制;允许外国资本在投资项目中的比例超过 50％。该协议的签署使全球 90％的金融市场获得开放,包括 20 万亿美元的银行资产、20 万亿美元的银行存款、2 万亿美元的保险金、10 万亿美元的股市资本和 20 万亿美元的上市债券。

(二)基础电信协议

1997 年 2 月 15 日,世界贸易组织部分成员达成了《基础电信协议》,并于 1998 年 2 月 5 日生效。协议的目的在于约束各成员在提供电讯服务时以电讯作为限制其他成员的服务提供者提供服务的行为,或对提供服务的行为造成障碍。在客观公正的基础上,非歧视地向世界贸易组织成员承诺部分或全部开放国内的基础电信服务市场。

该协议包括以下基础电信领域:语音电话、数据传输、电传、电报、传真、线路租用、固定和卫星通讯系统及其服务、模拟数字蜂窝电话、移动数据传输、寻呼和个人通讯系统服务。

该协议扩大了各国电信市场的国际竞争力,制定了一套统一的竞争规则,以保证各国电信市场的透明度和防止各国大电信公司的不公平竞争行为。由于取消了电信方面的垄断,各国政府在这一部门有所损失,但这部分损失转化为商业利益,使消费者受益。

小知识

中国加入 WTO 电信协议后对普通消费者的影响

1. 消费者将得到更好的服务,电信资费的收取将更加合理。电信市场开放后,外资将会大量涌入中国市场,竞争将加剧,电信资费必然会下降,服务水平会进一步提高,运营商会提供更丰富的服务种类。

2. 消费者拥有更多电信选择权。中国加入 WTO 后,有更多世界电信企业进入中国市场,打破国内电信企业长期垄断经营的局面,消费者可以自主选择电信运营者,运营者会采取更多的新技术和新业务。

3. 网络将全面影响中国人的生活,互联网将成为中国的龙头行业。在目前中国资金相对紧张的情况下,利用国际资本发展互联网是一条非常理想的途径,而且互联网产业的一个特点是必须基于其所在地的语言和文化的基础上,才能有良好的发展。所以外资进入互联网并不会导致中国丧失对互联网产业的控制力。

(三)自然人流动服务协议

1995 年 7 月,世界贸易组织达成了《自然人流动服务协议》,旨在使各成员就自然人跨国流动提高开放承诺的谈判。但是其结果仅仅是极少数发达国家对自己的开放承诺做了极有限的调整,自由化水平很低。

该协议中的自然人是指各成员提供服务的自然人以及受雇于服务提供者的自然人,但不适用于寻找工作的自然人,也与公民权、居留权和受雇无关,也就是说自然人的流动必须跟随提供服务。

该协议规定,一成员国的自然人,不得进入其他成员国的就业市场,不应持有其他成员国的永久性公民资格,不得永久居留和就业。该协议同时规定,各成员国应按照 GATS 的原则就"自然人流动"的具体承诺进行谈判。该协议还规定,为保证一成员国的边境完整,确保自然人在流动时受到其接纳成员国的有效管理,各成员国可以对"自然人流动"采取管理措施,但是各成员国采取的管理措施不能对谈判达成的具体承诺构成破坏。

(四)海运服务协议

《海运服务协议》的谈判是从 GATS 生效后开始的,其目的是就国际海运、海运辅助服务、港口设施使用、在约定时间内取消限制等问题达成协议。谈判原定于 1996 年 6 月结束,但参加国最后未能就一揽子承诺达成协议,主要原因是美国拒绝作出任何承诺,谈判于 1996年 6 月中止。在达成协议之前,GATS 的第一部分不适用于海运服务,各成员国可以随时撤销在该部门的承诺,无需给予任何补偿。

第四节　中国服务贸易的现状及前景

一、中国服务贸易现状

我国在建国以后,由于一直执行计划经济体制,服务业在国民经济中的地位长期被忽视,虽然开展了一些传统的涉外服务项目,如海运、旅游等,但在很长的一段时间内,我国的服务贸易发展缓慢。1950 年至 1978 年,我国服务进口项目主要是国内基础工程建设和技术引进。20 世纪 50 年代至 60 年代,引进技术主要来自苏联和东欧地区。20 世纪 70 年代,主要引进西方技术和服务。而我国服务的出口仅限于非洲地区,且多为无偿援助。

中国的服务贸易主要问题突出表现为商业、金融保险业增长乏力,新兴产业发展缓慢,以劳动密集为特征粗放式发展,行业与地区垄断现象十分明显。可以说,服务贸易的发展与总体贸易发展和经济增长具有很强的不对称性。

改革开放以后,我国服务业有了较快的发展,我国在重视发展对外商品贸易的同时,也开始积极发展对外服务贸易,对外服务贸易的总体规模和在中国对外经贸关系中的地位均有很大程度的提高。1990 年至 2000 年间,中国服务贸易总体呈上升趋势,1993 年至 1996 年间发展速度较快,之后几年的发展平稳,2000 年出现新的快速增长势头,其中出口增长比进口增长速度快,2008 年受到世界金融危机的影响,服务贸易的发展出现增幅减缓,贸易逆差进一步增大,2008 年和 2009 年的逆差规模达到 115.6 亿美元和 296 亿美元。2013 年,1184亿美元;2014 年,1599 亿美元;2017 年,2395 亿美元。

我国的服务贸易具有以下的特征:

（一）服务业发展总体水平滞后

服务业在国民经济中所占比重仍然偏低,吸纳就业的潜力尚未充分发挥。一国服务业的发展水平可用服务业产值占GDP的比重以及服务业就业人数占总就业人数来衡量。中国1998年的水平为32.1%,不仅远远落后于经济发达国家60%-80%的平均水平,而且也低于发展中国家45%~55%的比重水平。中国1998年服务业的就业人数占国内总就业人数的比重为26.7%,低于发达国家的55%~75%和发展中国家的30%~55%。1999年中国服务贸易出口额在全球名列第14位,占世界服务贸易出口总额的2.0%,而同期中国商品贸易出口额在全球名列第9位,占世界商品贸易总额的3.5%;而且中国的服务贸易近年来一直都处于逆差状态,并且呈不断扩大的趋势。2004年中国服务贸易逆差额为96.98亿美元,2005年服务贸易逆差额94亿美元。2009年,我国服务贸易逆差达296亿美元,比上年增长1.6倍。主要逆差行业为运输、专有权利使用费和特许费、保险服务和旅游,逆差额分别为230亿美元、106亿美元、97亿美元和40亿美元。2013年,我国服务贸易逆差突破1000亿美元,达到1184亿美元。2014年我国服务贸易逆差突破2000亿美元,达到2137亿美元。

（二）服务贸易占全球的比重不断上升

1982年,中国服务贸易进出口额仅为43.4亿美元,其中出口24.8亿美元,占全球服务贸易出口总额的比重为0.7%。2015年,占全球服务贸易出口总额的比重提高到7.7%。中国服务贸易出口世界排名由1982年的第28位上升到2015年的第5位,进口世界排名由第40位上升到第2位。

（三）传统服务进出口仍占据服务贸易的过半江山

2017年,中国三大传统服务(旅游、运输服务和建筑服务)进出口合计4560亿美元,占服务贸易总额的65.5%。三大服务出口总额998亿美元,占服务出口总额的43.8%。其中旅游出口减少13%,占服务出口总额的比重为17%,退居各类服务第二;运输服务出口同比增长10%,占比16.3,位居第三;建筑服务出口实现了89%的强劲增长。旅游服务进口微减2.4%。建筑服务进口增幅3.6%。

（四）高附加值新兴服务进出口增长迅猛

2017年,中国高附加值服务进出口快速增长,知识产权使用费、电信、计算机和信息服务和个人、文化和娱乐服务进出口增速分别达到32.6%、20.0%和21.8%。其中知识产权使用费出口大增308.0%,达48亿美元;金融服务出口增长15%,达37亿美元。高附加值服务进出口的快速增长为资本技术型企业发展提供了助力,推动了中国经济转型升级。

（五）地区发展不平衡

中国服务贸易收支主要集中在北京、上海、广东、浙江和江苏等经济发达地区,中西部服务贸易规模较小。2009年,仅上海市的服务贸易进出口总额就已占全国进出口总额的27.55%。这与中国沿海地区货物贸易占比大、具备地理位置优势,且现代服务行业相对发达有关。东部经济发达地区在咨询、计算机和信息服务等附加值较高的新兴服务项目中所占份额较大,中西部地区所占份额较小,层次也较低。

(六) 服务贸易管理体制相对滞后

中国服务贸易的宏观管理机构、部门协调机制、政策环境、法律体系、统计制度等均有待建立健全。由于历史原因,中国对服务业的定义、服务贸易的统计范畴,以及划分标准与发达市场经济国家及国际惯例不完全一致,使得统计数据在全面性和准确性上尚有一定差距。在缺少全面准确的数据的情况下,政府很难制定出有针对性的发展政策和对外谈判方案。2006 年下半年,中国修订《对外贸易法》,增加了对国际服务贸易的法律解释。近年来,《海商法》《商业银行法》《保险法》《民用航空法》等涉及服务贸易相关子行业法律法规的颁布,使中国涉及服务贸易领域的立法面貌有所改观。不过,中国尚未出台有关服务贸易的一般性法律,部分领域法律仍然存在空白,服务贸易的政策法规体系的完善工作任重道远。

(七) 进出口市场主要集中在发达国家和地区

中国服务贸易出口前三大国家或地区分别为:中国香港、美国和欧盟;服务贸易前三大进口来源地分别为:中国香港、欧盟和美国。据美国商务部经济分析局报告,近年来,美国对中国的服务贸易顺差不断增大。2005 年美国对中国服务贸易出口 90.78 亿美元,进口 65.05 亿美元,顺差为 25.73 亿美元;2013 年该顺差扩大到 234.34 亿美元。据欧盟统计局报告,尽管 2004 年中国与欧盟的服务贸易额仅占欧盟的 2.5%,但增长显著。从 1994 年到 2004 年,原欧盟 15 国对其他国家和地区的服务贸易出口和进口增长了一倍。而同时,欧盟对中国出口增长了 6 倍,对中国进口增长了 5 倍。2004 年欧盟对中国顺差 15.2 亿欧元;2015 年欧盟对中国服务贸易顺差扩大到 103 亿欧元。

(八) 服务贸易伙伴国家(地区)高度集中

中国服务贸易收支主要集中于亚洲、欧洲和北美洲。中国香港、美国、日本以及欧盟等是中国服务贸易主要伙伴国家(地区)。

二、中国服务贸易的前景

《服务贸易总协定》的签署与生效,将给我国的服务业带来以下几个方面的有利影响:

第一,有利于服务业扩大出口。在劳动密集型服务业领域,我国有劳动力资源的优势,服务业的对外开放,为中国劳动密集型服务产业发挥比较优势获取规模效益打开了市场,一方面可有力地支持我国货物贸易的出口,另一方面,组织服务产品的出口可以改变长期以来我国出口贸易仅靠货物出口的单一结构偏向。在高技术领域,我国的卫星发射和部分电脑软件是强项。有不少科技项目都有出口创汇的可能。

第二,全面了解世界服务业的信息。GATS 的透明度原则可以让各缔约方相互了解各国国内供求、何处开放、何处限制及服务业发展水平和相关法律。这有利于我国制定服务出口战略,提高服务业的水平。

第三,有利于引进外国先进的技术、服务管理经验和竞争机制。目前我国的服务业只有 40 多个种类,而在 WTO 的统计下的服务业有 150 多个种类。开放服务市场后,外国服务业参与国内服务市场的竞争,促进国内同行业的改革。这些外来服务并没有冲垮国内的同行,反而丰富了我国的服务市场,广大消费者得到了竞争的好处。

第四,进一步完善投资环境。我国参加服务贸易总协定后,意味着我们的服务市场将更为开放,在法律、金融、通讯、运输、广告等领域将引入更多的外资,这本身会进一步改善我国的投资环境。如引进外资银行,有利于形成竞争性银行体系,引入先进的银行技术和新金融产品,降低融资成本,推动经济增长。此外,外资银行的进入可以为我国增加利用外资的渠道,扩大外资来源。

第五,促进国民经济的发展和结构改善。服务业可以影响国民经济的整个发展进程。交通运输是国民经济的大动脉,法律服务、广告、会计服务在企业的发展过程中起着重要的作用;信息业是扩大金融、保险业的必要手段,银行业务则是一个国家金融货币体制的重要组成部分。有些服务是商品生产的重要投入,直接影响生产成本。技术革命的到来,特别是信息技术的高速发展及服务的国际化正在改变整个经济乃至政治生活。

第六,有利于利用多边争端解决机制,解决我国服务贸易中的涉外争端。

与此同时,我们也应该清楚地看到GATS签署和生效之后给我国服务业带来的挑战,这种挑战主要是:

(一)体制适应的挑战

GATS是以市场经济为基础的,加入GATS,逐步实现国际服务贸易自由化也同样必须按照市场经济的规律运作。长期以来,我们采用政府补贴保护某些出口服务的办法以及用指令性计划规定进口限额和市场准入的做法,与市场经济体制不相一致。我们必须进一步加快构建社会主义市场经济体制的步伐,以国际市场经济规则为标准,改革和完善我国的服务贸易体制。

(二)开放国内市场的挑战

尽管GATS采取的是逐步自由化的方式,并对发展中国家予以一定的照顾,但服务贸易自由化乃大势所趋。加入GATS将促使我国按协定部署逐步开放国内的服务市场。由于服务企业国际化经营主要依靠的是国际直接投资形式,所以开放国内服务市场,势必将主要通过接受国外服务业直接投资来实现。不仅如此,外资服务企业还可能控制国内相关服务产业的技术和管理,对民族产业的发展,尤其是对具有宏大发展空间的新兴产业的成长构成一定威胁,使原来在国内市场上生存的内资服务企业,或者被外资服务企业吞并,或者由于失去自主发展的空间而产生过度的依赖性。

(三)竞争差距的挑战

如前所述,我国服务业不仅数量少、结构不合理,而且竞争力相当差,许多现代服务业尚处于空缺或起步阶段,无国际竞争可言。即使是旅游、对外工程承包等我国具有相对优势的行业,也多以粗放式经营为主,与发达国家尚有相当差距。如果不能有效地提高我国的服务业竞争力,我国服务业在贸易自由化的过程中将难以立足和发展。

(四)营销与管理滞后的挑战

长期以来,我国服务业以自我服务为主,服务企业缺乏市场化和国际化经营的经验和能力,服务营销与管理的技术和方式都非常落后。而在发达国家包括一些新兴工业化国家,为适应市场国际化和竞争的客观要求,其服务业已经完成市场化和产业化发展阶段,并通过综合运用计算机、通讯网络和标准化等高科技,建立起了一套完整的服务营销网络及管理体系。因此在服务贸易自由化的过程中,我国将面临营销体系不完善和管理水平落后的严峻挑战。

另外,服务业的对外开放将不可避免地伴随着国外文化的流入,不管是通过新闻、影视、音像、娱乐还是教育等服务部门的传入,这些国外的文化都对人们传统的道德意识、价值观念起着潜移默化的渗透作用,任何一个国家都希望保持本国政治、文化上的独立性,反对外国文化的大量渗入,抵制不利影响,我国也不例外,因此,GATS 的签署和生效,对于我国保持传统的道德文化也是一个巨大的挑战。

★★★★★ 本章学习路径 ★★★★★

本章包括四方面内容:第一,国际服务贸易的构成与发展;第二,国际服务贸易的格局与地区分布;第三,服务贸易总协定;第四,中国服务贸易的现状及前景。

一、国际服务贸易是指一国的服务提供者通过商业市场或自然人的商业市场向他国服务消费者提供服务并获得外汇收入的过程

国际服务贸易的发展——国际服务贸易自第二次世界大战后迅速发展起来
　　　　　　　　　　——第二次世界大战后引起服务贸易迅速发展的原因

二、国际服务贸易的格局与地区分布——西方发达国家居国际服务贸易的主要地位
　　　　　　　　　　　　　　　　——发展中国家和地区服务贸易地位较低
　　　　　　　　　　　　　　　　——俄罗斯与东欧服务业欠发达

三、《服务贸易总协定》——《服务贸易总协定》产生的背景
　　　　　　　　　——《服务贸易总协定》的主要内容与一般原则
　　　　　　　　　——相关部门协议

四、中国服务贸易的现状与前景——改革开放前中国服务贸易发展缓慢
　　　　　　　　　　　　　　——服务行业具有结构不合理、地区发展不平衡等特点
　　　　　　　　　　　　　　——《服务贸易总协定》为中国服务业带来机遇与挑战

本章复习思考题:

　　1. 什么是国际服务贸易?

　　2. 国际服务贸易通过哪几种形式提供服务?

　　3. 国际服务贸易有哪几种分类方式?

　　4. 第二次世界大战后国际服务贸易发展的原因有哪些?

　　5.《服务贸易总协定》中规定的原则有哪些?

与服务贸易密切相关的概念

1. 有形贸易和无形贸易(Visible Trade & Invisible Trade)

不是因为实物商品的进出口而发生的收入与支出,称为无形贸易。包括:伴随着实物商品和人的国际间移动而发生的劳务收支项目,如货物运输费、保险费、客运费、旅游费用等;由资本的国际间移动而产生的投资收益项目,如利润、利息、红利、租金等;以及其他收支项目,如驻外机构经费、侨民汇款、专利费等。

国际服务贸易与国际无形贸易大体上可以互换使用,但从严格意义上讲,国际无形贸易比国际服务贸易范围更广,它除包括服务贸易外,还包括国际直接投资收支、捐赠侨汇和赔款。具体包括:①货物进出口发生的从属费用的收支,如运输费、保险费、装卸费、商品加工费和船舶修理费等;②与货物进出口无关的其他收支,如国际旅游费、外交人员费、侨民汇款、专利或特许权费、国外投资汇回的股息和红利、公司或个人在外国提供服务的收支,以及驻外机构费用等。以上各项中的收入称为无形贸易的出口,支出称为无形贸易的进口。有形贸易因为需要结关,故其金额显示在一国的海关统计上;无形贸易不经过海关办理手续,其金额不反映在海关统计,但显示在一国国际收支表上,构成各国国际收支的重要部分。

2. 劳务贸易(Trade in Labor)

国际货币基金组织国际收支平衡表中的劳务贸易,除包括一般意义上的服务贸易外,还包括各种对外投资所得的收益,无论这种收益来源于投资货物还是服务,无论是直接投资还是间接投资。在这里,劳务贸易范畴略小于无形贸易,但比服务贸易范畴宽些,即包括对外投资收益。因此,严格地说,劳务贸易统计数据不等于服务贸易额。目前,在缺乏完整的服务贸易统计数据条件下,通常近似地以劳务贸易统计项作为服务贸易统计项。

3. 国际劳务合作(International Service Cooperation)

国际劳务合作是指劳务提供者与劳务消费者根据合作契约开展的国际交易,包括境外劳务合作与境内劳务合作两种方式。前者又称为劳务输出,指一国劳动力到他国谋取就业机会,被国外雇主雇佣而获得劳动报酬,如对外工程承包、船员输出和出国技术合作等。后者指在劳务提供者所在地进行的各种劳务输出活动,如来料加工、来样加工、来件装配,以及在国内开展的国际旅游和在国内举行的国际性学术文化交流活动等。显然,国际劳务合作既包括国际服务贸易的内容,也包括国际劳动力流动的内容。在中国,国际服务贸易与国际劳动力流动共同构成国际劳务合作范畴。

4. 国际劳动力流动(International Flow of Labor)

国际劳动力流动与国际服务贸易的区别,主要表现在以下两方面:

(1)国际劳动力流动是指劳动力在国家(或地区)与国家(或地区)之间的移动,一般涉及劳动力国籍或身份的变化,这种变化或者是永久的(如那些具有劳动能力或技能的移民),或者是暂时的(称为临时劳动力流动)。有观点主张:外资企业在东道国雇佣的人员以及来料加工装配等活动,应归入国际劳动力流动,但国际上通常不将它们列入国际劳动力流动范畴。

国际服务贸易既可涉及人员流动,也可无须人员流动(如某些国际银行业务、信息服务、通信服务等），且一般不涉及劳动力国籍或身份的变化。例如，在国内为国外厂商加工产品属于服务出口，但服务提供者是以独立身份为顾客提供服务，劳动力国籍或身份没有变化。一般地，国际服务贸易导致的人员流动不像国际劳动力流动那样涉及流动者雇佣身份的改变，服务提供者是以本国劳动力身份对外国居民提供服务，故此时的人员流动具有业务性质。例如：一名工程师若被国外公司雇佣，出国为该公司工作，这属于国际劳动力流动，因为此时该工程师至少暂时成为外国雇佣劳动力，但是，如果该工程师仅是前往外国公司提供咨询或技术培训服务，则属于国际服务贸易。

(2) 尽管多数国际服务贸易涉及劳动力的国际流动，但是，这种劳动力的国际流动与国际劳动力流动引起的人员的国际流动存在差别。首先，国际劳动力流动导致的人员流动是单向的，即由劳动力流出国流入劳动力的流入国，而国际服务贸易涉及的人员流动则是双向的，既可以是服务提供者到服务消费者所在地提供服务，服务消费者在本地接受服务（如歌星出国演出），也可以是服务提供者在本国提供服务，服务消费者出国消费服务（如前往外国旅游）。其次，国际服务贸易导致的人员流动具有业务性质，这种流动持续的时间平均明显短于国际劳动力流动的时间。习惯上认为，国际服务贸易的人员流动时间一般在六个月内，更常见的是几天或数月不等，而国际劳动力流动导致的人员流动时间一般在一年以上（这也是国际收支统计中判断"居民"与"非居民"的时间标准）。

5. 生产者服务贸易（Trade in Producer Services）

生产者服务是指作为货物商品和其他服务生产过程的投入品的那些服务。从宏观角度分析，生产者服务的产生大多是由于制造业内部的服务生产具有明显的外部化趋势，从而导致生产者服务业作为一个独立部门而出现。生产者服务在相当程度上是作为生产要素的技术和社会分工扩展的结果。由于生产者服务业与贸易密切相关，而且其本身也越来越成为可贸易品。某些基础设施性质的和下游生产阶段的服务，事实上都是进行和增加货物贸易的条件，如运输、电信、批发和零售服务等。这些生产者服务在各国推进国际贸易发展过程中，越来越多地被用于国际贸易。

总体来看，生产者服务贸易具有两个主要特征：一是大多数生产者服务贸易品的投入与产出具有非物质性，即含有高度的专有技术和知识内涵；二是生产者服务贸易品具有明显的交易特点，即大多数生产者服务贸易品是在其交易过程中生产出来，而不是预先生产出来以备购买。

6. 要素服务贸易（Trade of Factor Services）和非要素服务贸易（Trade in Non-Factor Services）

要素服务贸易是指涉及劳动力、技术和资本等生产要素跨国界移动的服务贸易。具体地说，对外工程承包或劳务输出涉及劳动力生产要素的国际流动，因而属于要素服务贸易。外国投资者投资所获利润、利息和股息等收入，国际技术转让中转让方获取的转让费等收入，也属于要素服务贸易收入。要素服务贸易与货物贸易存在本质区别，前者是提供服务所需的各种生产要素的国际交易，后者则是作为生产要素使用结果的货物商品的交易。目前，我国一般不将国际资本流动列入国际服务贸易范畴，国际资本流动产生的利润和利息等收入被认为是提供资金的报酬。然而，美国等西方国家均将这类收入作为投资者提供金融管理等服务的收入而列入服务贸易统计。

不涉及生产要素的跨国界移动的服务贸易，称为非要素服务贸易，如：旅游、会计、运输、保险与再保险、咨询、租赁、广告、教育卫生等部分专业服务，以及维修和政府服务等。非要素服务具体包括货运、客运和其他运输服务,旅游服务,政府代表处,非居民及境外人员,外国政府代表处的秘密人员之间的国际会计事务等。提成费、许可证贸易使用费和其他非公开服务一般也属于非要素服务贸易。简单地说,非要素服务包括运输、旅游、其他私人服务和政府服务。与要素服务贸易相区别,非要素服务贸易不是涉及生产要素的服务贸易,而是一种无形的最终产品贸易。

在世界银行等国际机构统计中,非要素服务贸易与货物商品的国际贸易常常合并在一起统计。一般地,划归非要素服务贸易的投资收益、利息、股息、财产和服务收入没有列入国际收支账户。

7. 存在服务(Existent Services or Presence Services)

存在服务是指以货物商品形式存在的各种服务,又称为物化服务。例如:影视光盘、磁盘或磁带、电影胶卷、书籍,以及计算机软件和互联网上的数据流等的国际贸易。这类物化服务品虽然也具有物质形态,但其含有的服务价值要比其载体价值高昂得多。更加重要的是,服务消费者的消费对象不是物化服务的载体或物质,而是消费包含在这些载体或物质内的服务(知识或信息)。显然,这种形式的服务贸易不是传统意义上的纯粹服务,而是一种物化形式的服务。

习惯上,西方国家一般将纯粹服务与存在服务分别统计。例如:在英国,歌星的现场演出和版权等收入,与唱片和磁带等的销售收入是分别统计的。

8. 国际商务(International Business)

国际商务是指跨国界移动的任何形式的商业活动。国际商务的最简单方式,通常是传统的商品和服务的双向流动。货物商品的国际贸易,包括各种货物商品的进口和出口。服务的国际贸易,既包括旅游、运输、银行、保险、电信、交通、咨询、管理和技术,也包括专利、程序、商标、版权,以及电影、电视剧和杂志的出租,还包括银行出售外币、提供经纪人服务,以及大饭店的外国办事处等。

国际商务活动不仅包括货物贸易和服务贸易,而且包括融资与投资、外汇风险管理、国际经济合作、商务市场营销、商务结算与会计、商务翻译与交流、商务文化与惯例、国际企业管理与经营、国际商务信息与市场调研,以及国际商务谈判与礼仪等领域的活动。因此,对国际商务的一种广义理解是,国际商务活动是国际间经济、贸易、金融与投资,以及其他与商务运作过程相关的各类活动的统称,是不同国家或地区的各类经济实体或个人之间,为追求各自经济利益而相互间进行的商品与服务的买卖、投资、经济合作,乃至投机等各类赢利活动。

第 十 章　国际技术贸易

　　第二次世界大战以后，随着科技革命的爆发，知识经济的浪潮席卷全球，科学技术在一国经济发展和企业竞争中的地位日益提高，发挥的作用不断增大。科学技术是生产力，并且是生产力中最重要和最活跃的因素。它们在生产力中所占的比例越大，生产力就越发达。无论是微观意义上的企业，还是宏观角度上的国家或地区，都把科技知识作为发展与竞争的中心之一。同时，与商品、资本、人力跨国流动相适应，技术的跨国界流动也成为一种趋势，而且日益明显、日益重要。不论是发达国家还是发展中国家，为了发展本国经济，不仅致力于开拓创新，发展本国的科学技术，而且还积极进口别国的先进技术，尤其是发展中国家，把技术进口作为发展本国经济的重要战略。因此，学习和总结国际技术贸易的相关知识就显得至关重要。

导入案例

　　中国某农业大学十多年来先后研制成功了"香菇、木耳菌草发酵法栽培"等近20项具有国际先进水平的成果，但只有3项申请了中国专利，1项申请了外国专利。据测算，该大学的菌草技术每年仅用中国1%的草地就可生产出来4000吨菇类产品，产值可达120多亿美元，而全世界每年仅花菇一项产值就达100亿美元。然而该大学的20多项研究成果中绝大多数发明未取得专利保护，可菌草技术却通过各种方式传遍了16个国家，由此被迫放弃了国际市场。请问本例中的发明者犯了一个什么错误呢？

（你可以在本章内容中找到答案）

第一节 国际技术贸易概述

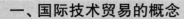

一、国际技术贸易的概念

（一）国际技术贸易的含义

国际技术贸易（international technology trade）是指不同国家的企业、经济组织或个人之间，按照一般商业条件，出售或购买技术使用权的一种国际贸易行为。它由技术出口和技术引进这两方面组成，是一种有偿的国际技术转让。

国际技术转让（international technology transfer）是指一国的技术供应方通过各种方式，将其拥有的生产技术、管理技术或销售技术以及有关的权利转让给另一国的技术接受方的行为。国际技术转让分为两种类型：商业性的技术转让（commercial technology transfer）和非商业性的技术转让（non-commercial technology transfer）。商业性的技术转让就是我们前面所说的国际技术贸易，非商业性的技术转让是指以政府援助、交换技术情报、学术交流、技术考察等形式进行的技术转让，这种转让通常是无偿的，或转让条件极为优惠。

（二）国际技术贸易的特点

与国际货物贸易相比，国际技术贸易有以下的特点：

1. 贸易的对象不同

国际货物贸易的对象是有形的商品，如生产原材料、零部件、机器设备等，可以用具体的标准来衡量其优劣。而国际技术贸易的对象是无形的知识，如专利、商标、专有技术等。

2. 所有权的转变不同

一般的货物贸易中，商品从卖方手中转移到买方手中，所有权与使用权同时转移给了买方；而在技术贸易中，买方一般只能在一定条件下取得技术的使用权，不能取得其所有权。因此，国际技术贸易是所有权与使用权相分离的贸易。

3. 贸易关系不同

一般货物贸易在此次交易的货款结清时就结束了；而技术贸易的交易双方是一种持续的、按契约进行合作的关系，通过技术的传递、传授和引进方的消化掌握，才能完成一项交易。

4. 价格确定不同

一般货物贸易中，价格通常由加工成本加合理的费用和利润并结合供求关系确定。在技术贸易中，价格的确定主要考虑技术受让方可能产生的经济效益，受让方产生的经济效益越大，技术价格越高，而研制开发费用的分摊仅在一定程度上影响价格。

5. 所涉及的问题和法律不同

国际技术贸易所涉及的问题不仅多，而且比较复杂，难度也很大，确定起来比较困难。如国际技术贸易涉及工业产权保护、技术风险、技术定价、限制与反限制、保密、权利和技术保证、支持办法等问题。此外，国际技术贸易涉及的国内法律和国际法律、公约也比国际货物贸易多。

6. 政府干预程度不同

一般货物贸易会受到贸易壁垒的限制,而国际技术贸易除了会受到贸易壁垒的限制之外,受到政府的干预也比较多。由于技术出口实际上是一种技术水平、制造能力和发展能力的出口,所以为了国家的安全和经济利益上的考虑,国家对技术出口审查较严格。由于在国际技术贸易中,技术转让方往往在技术上占优势,为了防止其凭借这种优势迫使引进方接受不合理的交易条件,也为了国内经济、社会、科技发展政策上的考虑,国家对技术引进也予以严格管理。

7. 国际收支平衡表的不同

一般货物贸易收支列入国家对外贸易收支平衡表中,是一个重要项目。而国际技术贸易的收支是属于无形商品贸易,一般不列入一国的国际收支平衡表中。

二、国际技术贸易的迅速发展及其原因

(一) 国际技术贸易的发展

国际技术贸易由来已久,早在公元 6 世纪,中国的养蚕和丝织技术就通过丝绸之路传到中亚、西亚和欧洲各国。16 世纪初,德国的机械表和意大利的眼镜制作技术也先后传到日本和中国。第二次世界大战之后,国际技术贸易开始迅速发展,主要表现在以下几个方面:

第一,国际技术贸易的规模迅速扩大。全世界技术贸易总额在 20 世纪 60 年代中期仅为 30 亿美元,70 年代中期达到 120 亿美元,80 年代中期达到 500 亿美元,1990 年已达到 1000 多亿美元,1995 年高达 2500 亿美元。1965 年至 1995 年间,国际技术贸易的增长率为 15.82%,大大高于同期国际货物贸易 6.3% 的增长率。

第二,国际技术贸易主要在发达国家之间进行,工业化水平越高,输入、输出的技术就越多。目前,美国、日本、欧盟是国际技术贸易的主要市场,它们占世界技术贸易总额的 80%。

第三,跨国公司控制绝大部分的国际技术贸易,发达国家的资本和技术输出大多靠跨国公司实现。跨国公司的经济实力雄厚,科技力量强大,在国外建立子公司和合营公司,在发达国家之间和发达国家向发展中国家的技术输出中起主导作用,成为国际技术贸易中最活跃、最有影响的力量。

第四,发展中国家积极发展国际技术贸易。传统上发展中国家主要以引进技术为主,它们大量引进发达国家先进技术以发展自身经济。20 世纪 70 年代以后,发展中国家之间也日益加强技术贸易,一些新兴工业化国家和地区开始输出技术。

(二) 战后国际技术贸易迅速发展的原因

第一,科技进步是推动技术贸易迅速发展的源动力。第二次世界大战后第三次科技革命的突飞猛进,使世界许多国家,特别是发达国家的新兴工业,如原子能工业、半导体工业、计算机工业、家用电器工业、高分子合成工业、宇航工业等蓬勃发展,促进产业结构的不断升级。但是,由于各国的科学技术基础、自然资源及经济实力等条件的不同,在新兴工业技术层次上各有优劣,彼此需要相互利用,取长补短。因此,必须积极进行国际技术交流和技术贸易,广泛吸收其他国家的先进技术。

第二,技术输出国可以通过技术输出获得很大的经济利益,这也会促使技术拥有者对技术贸易持积极态度。例如,通过技术输出的盈利来补偿庞大的技术开发费用;利用技术输出

来获取较高的外汇收入,有利于国际收支平衡,因此常得到政府的支持与鼓励。

第三,对技术的进口方而言,引进技术有利于加速国内经济和科技的发展,因此同样得到积极的响应。因为引进现成的技术比自己从头研制要快得多,可以节省研制的时间;虽然引进现成的技术要购买技术专利,但费用还是要比自己从头开始研制要节省很多;此外,引进技术可以提高国内生产发展水平、扩大生产能力、提高劳动生产率、增加产量、降低成本、扩大出口,也可以推动本国科技的进步,培养和壮大技术力量,提高自主开发的能力。

第二节 国际技术贸易的方式

在实践中,单纯的技术贸易很少见,国际技术贸易中常见的做法是把无形的技术知识与有形的货物贸易、工程项目等其他贸易方式结合起来,国际技术贸易的主要方式有四种:许可证贸易、技术咨询、工程承包和合作生产。

一、许可证贸易

(一)许可证贸易的概念

许可证贸易(licensing)又称为许可贸易,是指专利权人、商标所有人或专有技术所有人作为技术许可方,将某项技术的使用权通过签订许可证协议或许可合同的方式转让给被许可人,允许被许可方根据许可方拥有的该项技术,制造和销售该项技术的产品,并由被许可方支付给许可方一定数额的报酬。

许可证贸易的标的物包括专利技术、商标和专有技术三方面。

(二)许可贸易合同

许可贸易合同简称许可合同或许可协议,是技术贸易合同最主要和最基本的形式。是技术贸易双方为实现技术转让这一特殊目的而订立的规定双方权利、义务的法律文件。我国法律规定,许可贸易的有效期限一般为十年。许可合同可以是单纯的专利权、商标权、专有技术的转让合同,也可以是两种或三种相结合的合同。许可合同具有很强的法律性,除合同本身要符合有关法律规定外,合同内容还要涉及专利法、商标法、税法等方面的法律。许可合同一般都要经过各国有关当局审查批准后才能生效,或者应向政府有关机构注册后才生效。

许可贸易合同可以根据使用技术的地域范围和使用权的大小,划分为以下几种:

1. 普通许可(simple license)

普通许可是指被转让方在许可合同规定项下使用转让技术,同时,转让方仍可以继续使用该项技术以及可以将该技术转让给第三方。

2. 排他许可(sole license)

排他许可是指在规定的有效期和地域内,被许可方对合同中规定的转让技术拥有使用权,许可方可以使用这项技术,但是不得将其转让给第三方。在实践中,排他许可并不常用。

3. 独占许可(exclusive license)

独占许可是指在规定的有效期和地域内,被许可方对合同中规定的转让技术拥有独占

国际贸易概论

使用权,许可方和任何第三方均不能使用该项技术。但是,技术的所有权仍然属于许可方。独占许可的被许可方在规定的有效期和地域内,不仅排斥了第三方,也排斥了许可方,拥有独占经营权,因此,独占许可技术转让费通常较高。

4. 分许可(sub-license)

分许可又称再许可或转让许可,指许可方允许被许可方在一定的时间和地域内将技术使用权转让给第三方。分许可一般要求在原许可合同中有相应的授权条款,且原许可方享受分许可费用。分许可一般属于普通许可。

5. 交叉许可(cross license)

交叉许可是指合同双方在互利基础上各自相互交换拥有的专利、商标或专有技术的使用权。交叉许可可以是独占的,也可以是排他的或普通的,一般要求各方权利对等。

小思考 👆

普通许可、排他许可、独占许可、分许可和交叉许可这几种形式中,被许可方对专利使用权和转让权的享有、许可方对专利使用权的保留和转让权的享有以及第三方是否可以获得专利使用权这三个方面有何不同点? 请简要归纳。

二、技术咨询

(一)技术咨询的概念

技术咨询是指双方当事人通过签订协议或技术合同,由技术的提供方就某项工程技术课题、人员培训、企业管理和产品销售等,向技术接受方提供咨询或传授技术、技巧等的商业盈利性服务。

技术咨询的内容很广泛,有项目的可行性研究、效益分析、工程设计、施工、监督、设备的订购、竣工验收等。在国际上,技术咨询大多由行业团体进行。目前,在发达国家大多有咨询工程师协会或联合会等,在许多发展中国家也有相当数量的咨询公司。

(二)技术咨询与服务合同

技术咨询与服务合同的范围是专有技术以外的那部分技术资料的服务,技术的接受方一般不需要对此承担保密义务。合同的内容一般比较单一,通常仅为某一项重要任务。合同的期限一般较短,通常以某项技术目标的实现为限度。合同反映的是买卖关系,技术提供方提供的资料与服务的所有权、支配权、处置权属于接受方。

根据计费方式的不同,技术咨询与服务合同可以分为以下几种:

(1)总包合同(package contract),是技术的提供方总承包整个技术项目、总计收取咨询服务费的合同。

(2)项目合同(project contract),是将整个工程分为若干项目、按承包项目计收咨询服务费的合同。

(3)计时合同(time-based contract),是按技术提供方工作所耗时日来计收咨询服务费的合同。

(4) 按工程费用的百分比计收咨询服务费的合同。

三、工程承包

(一) 工程承包的概念

工程承包又被称为交钥匙项目，是指工程所有人委托工程承包人承诺按规定条件包干完成某项工程任务，完工后交付所有人。

工程承包主要包括工程设计、土建施工、提供机器设备、负责安装、提供原材料、提供技术、培训人员、投产试车、质量管理等全部过程的技术和设备。工程承包是一种综合性的国际经济合作方式，其中包括大量的技术转让内容，因此成为国际技术贸易的一种形式。

(二) 工程承包合同

工程承包合同的内容复杂广泛，不仅包括从工程项目的勘察、设计一直到正式生产过程的技术方面的内容，还包括购买、信贷等商务方面的内容。由于工程建设时间很长，工程承包合同的期限一般较长。由于工程项目投资大、涉及面广、建设时间长，因此工程承包合同的双方当事人所承担的风险也大。为此，在合同中对可能遇到的风险、双方承担的责任和处理方法都要作出明确的规定。

1. 按承包人承担责任的不同划分

(1) 分项工程承包合同。承包人将总的工程项目分为若干部分，委托人分别与若干承包人签订合同，由它们分别承包一部分项目，每个承包人只对自己承包的项目负责，整个项目的协调工作由委托人负责。

(2) "交钥匙"工程承包合同(turn key project contract)。承包人负责项目从勘察、设计一直到正式生产的全过程的全部承包，并要经一段时间的正式生产，在产品的产量、质量等指标达到合同规定标准后，将建成的项目移交给委托人。

(3) "半交钥匙"工程承包合同(smi-turn key project contract)。承包人负责项目从勘察一直到竣工后生产正常运转符合合同规定标准，即可将项目移交给委托人。它与"交钥匙"工程承包合同的主要区别是不负责一段时间的正式生产。

(4) "产品到手"工程承包合同(contract for products in hand)。承包人不仅负责项目从勘察一直到正式生产，还必须在正常生产后的一定时间(一般为二、三年)内进行技术指导和培训、设备维修等，确保产品符合合同规定的标准。

2. 按合同的计价方式不同划分

(1) "固定价格"合同，又称为"总包价格"合同。在这种合同中，委托人支付承包人的费用采用一揽子估价的方式。这种合同使用较少，只限于整个工程项目明确无变化、所需费用基本固定的情况下使用。

(2) "成本加费用"合同。这种合同采用了"成本加酬金"的作价方式，适用于工程目前不可能完全确定或费用不易事先固定的情况。

四、合作生产

合作生产是两个不同国家的企业之间根据双方签订的合作生产合同，就某项或某几种产品的生产实行合作。合作生产中通常采用的方式有:分别生产同一产品的不同零部件,然后由一方或双方装配成为产品出售,或者双方按协议或合同规定的规格、品种、数量,分别制造双方所需的零部件,相互交换,然后各自组装成自己的产品出售。因此,合作的过程也就是转让技术的过程,对双方当事人都有利。

合作生产所使用的技术可以由一方提供,也可由双方相互提供,有时甚至可以由双方共同研究、共同设计、共同确定零部件的规格,在技术上双方相互合作,共同提高。合作生产方式比较灵活,一般是在生产领域内合作,也可包括流通领域、科研领域的合作。

第三节 国际技术贸易的内容

一、专利使用权

(一)专利的含义

按照世界知识产权组织的定义,专利(patent)是指由政府机构或代表几个国家的地区机构根据发明人的申请而发给的一种文件,文件中说明一项发明并给予它一种法律上的地位,即此项得到专利的发明,通常只能在专利持有人的授权下,才能予以利用(制造、使用、出售、进口);对专利的保护有时间限制,一般为 15 年至 20 年。

根据以上的定义,专利被理解为三层意思:一是指一项发明经过申请,被有关部门认可后,即获得法律上的地位,开始受到法律的保护,其他任何人不得侵犯;二是指获得法律地位的发明人获得使用或授权使用专利发明的独占权利,即只有他本人才能利用(制造、使用、出售)这项专利发明,这种权利被称为专利权(patent right);三是指专利权的保护时间限制,即专利保护期满,任何人都可以无偿使用。

(二)专利的种类

专利一般被分为三种,即发明专利、实用新型专利和外观设计专利。

1. 发明专利(invention patent)

发明是指对产品、方法或者其改进所提出的新的技术方案,该方案与现有的技术相比,必须具有明显的进步性或创造性。获得专利的发明称为发明专利。

发明可以分为三类:一是产品发明,是指人工制造的一切有形物质产品,如机器、设备等,产品发明获得专利称为"专利产品";二是方法发明,是指制造或使用某种产品的方法发明,如机器制造法、修理方法等,方法发明获得的专利称为"专利方法";三是改进发明,是指对所有的产品发明和方法发明提出实质性改革的新技术方案。

2. 实用新型专利(utility model patent)

实用新型是对产品的形状、构造或其结合所提出的适于实用的新技术方案,实用新型实际上是发明专利的一部分,但在技术水平上比发明专利要低,就是我们通常所说的"小发明",但是其经济效益并不低,所以专利法把它从发明中分离出来,专设实用新型专利来加以保护。实用新型专利保护的对象必须是具有一定形状或构造的产品发明。

3. 外观设计专利（design patent）

外观设计是指产品的形状、图案、色彩或其结合所做出的富有美感并适于工业上应用的新设计。获得专利权的外观设计，只要求与公开产品的外观不相同或不近相似即可，法律保护的只是产品的外观，并不涉及产品的制造技术。

（三）专利权的特点

专利权（patent right）就是专利持有人（或专利权人）对专利发明的支配权。专利权是一种重要的工业产权。专利权有以下几个特点：

1. 独占性，又称为专有性和排他性

这种特点表现在两个方面：第一，同一内容的发明，国家主管部门仅对首先申请者授予专利权，做出相同内容发明的其他人不再可能获得这项权利。第二，专利权是专利发明人专有的权利，他人未经专利权人的许可，不能使用该项专利发明。

2. 地域性

专利权享有的法律保护是有地域限制的，通常只限制在授予该专利的国家或地区内。如果发明人要在其他国家获得专利保护，则必须根据其他国家的法律申请在该国获得专利。

3. 时间性

专利权享有的法律保护是有期限的，各国规定的期限不同，一般为 15 年至 20 年。我国专利法规定：发明专利的保护期限为 20 年，实用新型专利和外观设计专利的保护期限各为 5 年。

（四）取得专利的条件

一项专利要取得专利权，必须由发明人向国家专利机关提交申请书、说明书、权利要求书等文件，经专利机构的审查、鉴定并批准后，才能授予发明人专利权。

许多国家的法律都规定，一项发明要取得专利权，必须具备以下条件：

第一，新颖性，是指该项发明在申请专利前没有同样的发明在国内外以任何形式公开发表或使用过，或没有被公众所知。

第二，创造性，又称先进性，是指申请专利的发明，与现有技术相比具有实质性的特点和显著的进步。

第三，实用性，是指申请专利的发明，必须可以实际应用于生产部门，并产生积极的效果。

外观设计取得专利权的条件与发明和实用新型的侧重点有所不同，外观设计更加强调新颖性。

开篇的导入案例中，农业大学的发明者们由于不愿意支付更多的专利申请费，而放弃了对众多发明的申请专利的权利，导致这些发明通过其他渠道传遍了 16 个国家，无偿"奉献"给世界各国，每年损失了大量利润。

小知识

两人对同一项发明均提出专利申请的处理方式：专利法坚持一项发明只授予一项专利的原则。如果两个人或两个以上的人分别提出专利申请时，在我国采取先申请原则。我国《专利法》第 9 条规定，两个以上申请人分别就同样的发明创造申请专利的，专利权授予最先申请的人。

国际贸易概论

二、商标使用权

（一）商标的含义与分类

商标(trade mark)是指商品生产者或经营者在自己生产或经营的商品或提供的服务上标明的特定的标记,以表示与其他人生产或经营的同类商品的区别。商标一般由文字、图形或文字和图形的组合构成,置于商品的表面或包装物上。

按商标使用者的不同,商标可以分为:

(1)制造商标。指商品生产者使用的商标。

(2)商业商标。指商品销售者使用的商标。同一商品可以同时印有制造商标和商业商标。

(3)服务商标。指服务性企业提供服务时使用的商标。

(4)集体商标。指由不同的企业按共同利益自愿组成具有法人资格的集体组织,依照共同制定的章程申请注册的商标。商标所有权属于该集体组织,各成员共同享有商标使用权,集体商标一般不能转让使用。

（二）商标的作用

1. 区别功能

即商标能标明商品的来源,把一个企业的商品与另一个企业的商品区别开来。这是商标最基本最重要的功能。

2. 间接标示商品质量的功能

商品的来源不同,其质量和信誉也会不同。商标作为商品的标记,间接地反映了该商品的内在质量。人们选购商品时,一般无法当场检验其内在质量,而往往是根据自己的经验和商品的社会信誉凭商标来选购商品的。

3. 广告功能

由于商标的简明性和显著性,容易被消费者记住,从而使商标成为醒目的广告。

（三）商标权的含义与特点

商标权是商标的使用者向主管部门申请,主管部门核准注册后授予的商标使用权。它受到法律的保护,是一种重要的工业产权。经注册核准的商标,是商标所有人的财产。

商标权的特点有以下几点:

1. 独占性

注册商标为商标所有人独有,非经商标所有人的同意,任何人都不得在相同或相似的产品上使用其商标,也不得使用类似的商标。

2. 地域性

商标所有人只有在商标注册的国家或地区内,才受到该国的法律保护。商标所有人若要使其商标在其他国家也得到法律的保护,则必须向其他国家的主管部门办理有关注册手续。

3. 时间性

各国商标法对注册商标都规定了一定的保护期限。一般为 10 年至 15 年。我国商标法规定注册商标的有效期为 10 年。注册商标有效期满后,商标所有人可以办理续展,各国商标法均不限制续展的次数。

(四)商标权的内容

1. 使用权

只有商标注册人才被允许在核定的商品上使用注册的商标,并取得合法的利益。

2. 禁止权

商标所有人可以依法禁止他人侵犯注册的商标,有权向商标主管部门或司法机关对侵犯注册商标的人提出控告,要求其停止侵权行为,赔偿经济损失,对情节恶劣的,可以追究侵权者的刑事责任。

3. 转让权

商标所有人有权将商标有偿或无偿地转让给他人,自己完全放弃对注册商标所拥有的一切权利。

4. 许可使用权

商标所有人有权将自己已注册的商标有偿或无偿地许可他人使用,自己仍保留法律所授予的一切权利。

(五)取得商标权的原则

各国法律对取得商标权的原则不尽相同,大致有以下的几种原则:

(1)使用在先原则。即商标的最先使用人有权取得商标权,即使该商标已被其他人抢先注册,最先使用人仍可以对已注册的商标提出异议,要求予以撤销。采用这种原则的主要是英美法系的国家。

(2)注册在先原则。指商标的最先注册人有权取得商标权,即使最先使用的人,也不能取得商标权,目前大多数国家采用这种原则,我国商标法也采用这种原则。

(3)无异议注册原则。指商标权原则上授予先注册的人,但先使用的人可以在规定时间内提出异议,请求撤销,如果异议成立,则已经授予先注册人的商标权即被撤销,而授予先使用人。如在规定的期限内,无人提出异议,则商标权属于先注册人。

(4)授予先注册人商标权,又允许先使用人继续使用原则。但是先使用人并无商标权,只是可以将商标连同企业一并转让。

(六)国际技术贸易中的商标转让

商标是一种产权,可以转让。在国际技术贸易中,商标转让有两种做法:

1. 商标使用许可

商标使用许可,即商标权所有人通过与他人签订许可合同,允许他人在指定商品上和规定的地域内使用其注册商标。转让的方式有两种:一是既用生产厂商的商标,也使用它的技术;二是只用生产厂商的商标,而不使用它的技术。

2. 商标转让

商标转让是指商标权所有人放弃已注册商标拥有的一切权利,将商标和商标权一并转让给他人。具体方式有两种:一是单纯转让,即将商标和商标权的本身转让给他人,自己不再使用;二是商标连同企业或者与商标有关的那部分业务一起转让。

观念运用

　　原告英国联合利华公司起诉中国某百货商厦侵犯其商标专利权。原告于 1982 年 8 月 23 日在中国注册可使用在香皂、肥皂和去垢擦亮用品上的 LUX 商标。迄今,原告仅许可上海利华有限公司在中国境内使用该商标。1991 年下半年,本案被告在中国市场上销售假冒进口 LUX 商标的香皂,故原告起诉要求被告立即停止侵权,登报赔礼道歉并赔偿原告经济损失等。试分析该案原告是否能胜诉,为什么?

三、专有技术

(一)专有技术的含义

　　专有技术又称为技术诀窍、技术秘密。迄今为止,国际上对专有技术还没有一个统一公认的定义。世界知识产权组织认为,"专有技术是指有关使用和运用工业技术的制造方法和知识"。国际商会认为,"专有技术是为实施某种为达到工业生产目的所必须的具有秘密性质的技术知识、经验或其积累"。保护工业产权国际协会认为,"专有技术是为实际应用一项技术而取得的,并能使一个企业在工业、商业、管理和财务等方面运用于经营的知识和经验"。上述定义并不完全一致,但从中可以看出,专有技术的一般含义是指制造产品和管理、财务等方面的知识和经验,它包括加工工艺、产品设计、图纸、配方、技术资料、技术规范等秘密的技术知识,以及有关管理、财务等方面的知识和经验。

(二)专有技术的特点

　　(1)知识性。专有技术是一种技术知识,是人类创造性思维活动的产物,具有非物质的属性。它可以以文字、图表、公式等有形形式表现,也可以以构思、经验、技能等无形形式表现。

　　(2)实用性。专有技术是一种制造方法和知识、生产经验,具有使用价值和价值。运用专有技术可以制造产品,能够产生经济效益。

　　(3)可传授性。专有技术可以以言传身教的或文字的形式传授给他人。

　　(4)秘密性。专有技术是没有公开的、被保密的技术。因此,只有具有秘密性,专有技术才具有价值。

　　(5)不断变化的特性。专有技术的内容可以随着生产实践的增多而不断丰富,或在出现更先进的研究成果时被淘汰。

(三)专有技术和专利的区别

　　第一,专有技术是保密的,专有技术的拥有人尽量设法保密技术,以保存其价值,在转让合同中一般订有技术接受方必须对该技术保密的条款;而专利是公开的,在申请专利时必须将技术内容公开,专利所有人的权利实现依赖于一国的法律保护。

第二,专有技术未申请专利,不受专利法保护。通常各国只在《反不正当竞争法》中通过有关侵权工商秘密的条款来保护专有技术所有人的利益;而专利属于工业产权,受专利法保护。因此,专有技术不存在法律保护期限问题,而专利有一定的法律保护期限。

第三,专有技术既可以用文字来体现,也可以是人们头脑中掌握的知识技能;而专利必须通过书面说明书来体现。

第四,专有技术涉及范围广泛,包括未申请专利的生产、管理、销售等技术;而专利的范围仅限于取得专利权的发明创造等。

第四节　与贸易有关的知识产权制度

国际技术贸易与知识产权的关系十分密切,因为知识产权保护的对象中有很多内容都属于技术贸易的对象,受知识产权法律保护的智力成果及其创造者所享有的权利可以成为技术贸易的对象,如专利权、商标权、外观设计等,而且技术贸易合同的签订必须符合知识产权法律保护原则,否则将不能享有法律的有效保护。

一、《与贸易有关的知识产权协定》概述

《与贸易有关的知识产权协定》(Trade-Related Aspects of Intellectual Property Rights,以下简称为 TRIPs)是乌拉圭回合的重要成果之一,从条款数量上来看,也是迄今在 WTO 多边贸易协议中最庞大的协议,我国于 1995 年签署了该协定。TRIPs 由前言及正文 7 个部分、73 条组成。

(一)目的及宗旨

TRIPs 的前言中明确承认"知识产权为私有权"。这里所谓的"私有权"是由各成员方国内的知识产权立法所确立,并按一定条件赋予特定主体(自然人和法人)的权利,本质上是这些主体所专有的"智慧财产权",这种"专有权"的性质意味着未经权利人许可的使用即构成侵权。当然这种权利也受到法律的限制,而且具有与一般财产私有权不同的特性,如它具有一定的期限性,过了特定的期限,就进入了"公有"领域。

TRIPs 确立了三个目标和宗旨:①减少国际贸易中的不公平和阻碍;②加强对知识产权充分有效的保护;③确保实施知识产权的措施和程序,对合理贸易不造成任何障碍。

(二)基本原则

TRIPs 确立了一些基本原则,主要包括国民待遇原则、最惠国待遇原则、权利与义务平衡原则、透明度原则和最低保护原则。有些原则与 GATT 和已有的国际知识产权保护公约相似,如国民待遇、最惠国待遇和透明度原则等,但适用的对象和范围有区别。有些原则是新确立的,如权利与义务平衡原则和最低保护原则。

1. 国民待遇原则

在 TRIPs 订立之前,这一原则不仅在 GATT 中早已确立,而且在世界知识产权组织(简

称 WIPO)已有的知识产权国际保护公约中也得到较好的确立。

TRIPs 规定,在知识产权的保护方面,各成员对其他成员的国民提供的待遇不得低于其给予本国国民的待遇。这里的"保护"含义较广,包括对知识产权的可获得资格、获取、范围、维护和行使产生影响的各项事宜,以及对 TRIPs 中明确规定的知识产权的利用产生影响的各项事宜。

此外,由于 TRIPs 还涉及四项国际知识产权保护公约,即《巴黎公约》(1967 年),《伯尔尼公约》(1971 年),《罗马公约》和《集成电路知识产权华盛顿公约》,所以对于已经是这些公约的成员国来说,这里所指的"其他成员国的国民"应理解为符合这些公约所规定的保护资格标准的"自然人或法人"。下面对这四个国际知识产权保护公约作简单的介绍:

(1)《巴黎公约》的全名为《保护工业产权巴黎公约》,保护的对象是工业产权,包括专利、商标、服务标记、厂商名称、地理标志、商业秘密、外观设计、实用新型专利等,该公约于 1883 年签订,至今为止已有 173 多个国家签署,是签订最早、影响最大、成员国最多的保护知识产权的国际规定,现通行 1967 年 7 月在斯德哥尔摩最终修订的文本,我国于 1985 年加入。该公约规定了国民待遇原则、优先原则、强制许可制度、独立性原则、驰名商标的特殊保护原则和临时性保护原则等。

(2)《伯尔尼公约》的全名为《保护文学艺术作品伯尔尼公约》,保护对象是文学艺术作品,1886 年签订,到 1996 年有 117 个成员国,现在通行的是 1971 年 7 月在巴黎最终修订的文本,我国于 1992 年加入。该公约规定了国民待遇、自动保护、独立性等基本原则。

(3)《罗马公约》的全名为《保护表演者、录音制品制作者与广播组织国际公约》,它是版权与邻接权国际保护的第一个公约,1961 年 10 月 26 日缔结。只有加入《伯尔尼公约》或《世界版权公约》的国家和地区才有权利加入该公约。

(4)《集成电路知识产权华盛顿公约》保护的对象是半导体芯片上的电路设计,1989 年 5 月缔结,我国于 1989 年加入。

2. 最惠国待遇原则

TRIPs 将 GATT 的一项基本原则——最惠国待遇原则引入了知识产权领域,这在国际知识产权保护中还是首创。TRIPs 第 4 条规定:在保护知识产权方面,一成员国给予另一成员国公民提供的利益、优惠、特权或豁免,应同时无条件地给予其他成员国。

3. 权利与义务平衡原则

与上述国民待遇和最惠国待遇原则不同,权利与义务平衡原则在 TRIPs 中并无专门条款明文加以规定,而是散见于众多条款中,然而这一原则在本协议中尤为重要。在知识产权领域,维护权利与义务之间的平衡长期以来就是各成员国所关注和追求的,也是各成员国国内知识产权法律制度的基本特征之一。

从总体上说,TRIPs 的目的是对符合资格标准的"国民"所应享有的权利进行更充分、更有效的保护,同时也对它们所享有的权利施加必要的限制,以便为促进社会利益的实现留下足够的法律空间。

4. 透明度原则

透明度原则也是 GATT 早已确立的一项原则,经乌拉圭回合后,这一原则得到了更广泛更全面的运用,在 TRIPs 中也得到了明确的规定。该原则主要包括公布义务、通知义务、提供咨询义务以及例外。

5. 最低保护原则

最低保护原则规定,各成员国对知识产权所提供的保护水平至少要达到 TRIPs 所规定的最低统一标准,但只要不违反该协定的规定,各成员国可以通过其国内法实施比该协定更高水平的知识产权保护。

可以说,TRIPs 所确立的既是一套有关专利、商标、版权、工业品外观设计、地理标志、集成电路布图设计和未公开信息方面的"最低标准",同时又是一套"高水准"的知识产权国际保护标准。所谓"最低标准",是指它为 WTO 全体成员制定了"最起码"的知识产权保护标准,而且是一套"统一化和协调化"的最低标准,即各成员国对知识产权所提供的保护可以高于但不能低于 TRIPs 中所制定的保护标准或要求。从总体上来看,这套"最低标准"又普遍高于世界知识产权组织下各项主要公约所规定的保护标准,如对知识产权的保护期限以及执法要求都比有关公约更高更严,这就是所谓的"高水准"。

二、《与贸易有关的知识产权协定》的范围

TRIPs 就"知识产权"的范围作了明确的规定,即知识产权具体指版权与邻接权、商标权、专利、地理标志、工业品外观设计、集成电路布图设计(拓扑图)和未公开信息等 7 个方面的各类相关权利。

(一)版权和邻接权

1. 版权(copyright)

版权是指文学、艺术和科学作品的作者对其创作的作品依法所享有的权利。它通常被称为著作权。版权所保护的对象包括:文学、艺术和科学作品;表演、录音、录像和广播制品,以及计算机软件等。

就版权保护的期限,TRIPs 规定,除摄影作品或实用艺术作品外,包括计算机程序和数据汇编,其版权保护期一般遵循《伯尔尼公约》(1971 年)第 7 条的规定,为作者有生之年加死后 50 年;但如果作品的保护期限不是以自然人的一生作为计算基础,则该期限自授权出版的当年年终起不得少于 50 年,或者如果自作品完成起 50 年内没有授权出版,则保护期应不少于作品完成之年年终起 50 年。对摄影作品和实用艺术品的保护期,各成员国可以自主决定,但至少应达到《伯尔尼公约》(1971 年)第 7 条所规定的自作品完成之后的 25 年,我国规定为50 年。

2. 邻接权(related rights)

邻接权是指作品传播者所享有的权利,包括出版者权、表演者权、音像录制者权以及广播电台、电视台的权利等。

邻接权的保护期,根据 TRIPs 第 14 条的规定,表演者及录音制品制作者依照本协议可以享有的权利,其保护期应当自有关的表演或录音完成或发生之年年终起至少 50 年。对于广播组织权,其保护期应自有关广播被播出之年年终起至少 20 年。

(二)专利

专利是 TRIPs 所涉及的最重要的领域之一,同时也是在协议谈判中富有争议的领域。协议规定主要包括制造、使用、销售、进口、转让和许可他人使用等权利。能获得专利的发明

一般都必须具有新颖性、技术先进性和实用性。TRIPs 第 27 条中首次在专利保护领域引入了 GATT 中早已确立的一项基本原则——非歧视原则,即除了发展中国家可以享有过渡期的药品和某些化学品领域以及协议第 27 条中明确排除可获得专利的领域外,对于所有其他技术领域,各成员国均应当在授予专利以及使专利权人享有专利权方面遵循非歧视待遇原则,也就是说专利的获得和专利权的享有不得因发明地的不同而受歧视;不得因技术领域的不同而受歧视、不得因产品系进口或系本地制造的不同而受歧视。

(三) 商标

在商标保护方面,TRIPs 在接纳了《巴黎公约》(1967 年)有关商标规定的同时,也进一步作了新的补充与发展,例如要求对服务商标也给予同样的待遇等。

根据 TRIPs 第 18 条的规定,商标的保护期限为:商标首次注册及每次续展注册的保护期至少为 7 年,续展次数可以无限次。这一点与其他知识产权是不同的。

(四) 地理标志

地理标志是表明产品原产于某成员境内或境内某一地区或地方,而该产品的特有质量、信誉或其他特征主要与该地理产区相关联。在 TRIPs 中,地理标志作为独立的知识产权加以保护。

(五) 工业品外观设计

工业品外观设计主要是指工业品所具有的外形、线条、图案、花边和颜色等装饰特征。从国际贸易的实际情况看,对外观设计进行保护的产品主要是纺织品、皮革制品和汽车。根据 TRIPs 的规定,各成员国有义务对符合独立创造和新颖性或原创性的工业品外观设计给予保护,但如果主要出于技术或功能上的考虑而进行的设计,各成员国可以不予以保护。外观设计可以获得保护的期限至少为 10 年。

(六) 集成电路布图设计(拓扑图)

TRIPs 的第 3 条对可享受保护的集成电路布图设计提出了"独创性"与"原创性"的要求,即布图设计应是创作者独立创作的、并在集成电路专业领域中具有非常规和非为人熟知的设计。TRIPs 第 4 条允许各成员国自由选择保护的法律形式,即各成员国可以自由通过布图设计(拓扑图)的专门法律或通过版权、专利、实用新型、工业品外观设计、不正当竞争法等法律对布图设计加以保护。根据规定,各成员国对布图设计提供的保护期限至少为 10 年至 15 年。

(七) 未公开信息的保护

TRIPs 第 39 条确立了对未公开信息(主要为商业秘密)的保护,将商业秘密与其他未公开信息作为知识产权并在一项多边协定中加以保护,这在世界上尚属首创。TRIPs 明确规定,受保护的商业秘密必须同时符合三个条件:第一,秘密的、未被公开过的;第二,它们因被保密才有商业的价值;第三,合法控制它们的人们已经为保密而采取了措施。

第五节　中国的对外技术贸易

对外技术贸易是我国对外贸易和对外经济联系的重要组成部分,新中国成立后,我国的技术进出口贸易获得了长足的发展,在我国的技术、经济和社会发展中起着越来越重要的作用。

一、中国的技术进口

中国的技术进口自新中国成立后就开始了,至今大致经历了两个发展阶段。

(一)第一阶段:1950 年至 1978 年

这一阶段,中国以许可贸易、顾问咨询、技术服务、合作生产等方式引进技术共 845 项,合同总金额 119.72 亿美元。

50 年代,我国基本上采取了全盘引进的做法,即以成套设备为主。引进的项目共 450 项,合同总金额约 27 亿美元。其中,"一五"计划期间引进的 156 个项目是这个时期引进的重点项目,涉及煤炭、电力、石油、冶金、化工、机电、航空、汽车、轻工、纺织、军工等许多领域。在引进成套设备的同时,还购买了许多技术资料,培训了一批技术干部和工人。通过全盘引进,填补了中国工业史上的很多空白,使中国的很多行业从无到有。这不仅为中国国民经济的恢复和发展造就一支工程设计、科研、生产技术骨干队伍发挥了极其重要的作用,而且为中国的工业化奠定了坚实的基础。由于当时主要资本主义国家对中国实行政治上的封锁和经济上的禁运,中国引进技术设备的主要来源只能是苏联和东欧的一些社会主义国家。

进入 60 年代后,由于受"左"倾路线的影响,中国开始实行以自力更生为主、自力更生与引进相结合的政策,加上中苏关系的恶化,中国从而放慢了技术引进的速度。在此期间,中国仅签订技术引进合同 84 个,合同总金额只有 14.52 亿美元,其主要是从日本、西欧等国进口石油、化工、化纤、电子等方面的成套设备和关键设备。尤其要指出的是,1966 年以后,受"文化大革命"的影响,中国的技术引进未能正常运行。

70 时代,随着中国在联合国席位的恢复和与日本、美国关系的改善,中国先后从日本、德国、英国、法国、荷兰、瑞典、瑞士、美国等十几个国家引进了一些化肥、化纤、石油、冶金、采煤等技术和成套设备、关键设备,成交的项目共 310 项,合同总金额 68.22 亿美元。这批项目的技术比较先进,自动化程度较高,建成投产后,使中国有关领域的生产能力和技术水平有了很大的提高。但是,由于引进规模过大,超过了当时国家财力、物力的承受能力,一些项目不得不缓建或停建。这不仅使国家在经济上遭受损失,在国际上也造成不良影响。

这个阶段,中国技术引进和设备进口工作的主要特点是:①以进口成套设备、新建大型企业为主,这些约占技术引进项目与合同总金额的 90% 以上;②主要是使用中央外汇和政府间的记账贸易,基本上没有利用外资。

(二)第二阶段:1979 年至今

改革开放后,中国的技术进口开始走上正轨,20 世纪 90 年代进入迅速发展时期。技术

国际贸易概论

进口占总进口的比重迅速上升,从 1991 年的 5.42％跃升至 1997 年的 11.19％。这个阶段,中国共引进技术 27829 项,合同总金额 1054.8 亿美元,分别是第一阶段的 32.93 倍和 8.8 倍。技术引进大大加快了中国企业的技术改造,推动了中国的技术进步,填补了中国一些行业的技术空白,缩短了与发达国家的技术差距。

据商务部服务贸易司技术进出口业务统计,1979—2007 年,全国共签订技术引进合同 97780 项,合同金额 2611.9 亿美元。其中,2001—2007 年,中国签订技术引进合同 56031 项,合同总金额 1203.1 亿美元,占改革开放以来技术引进金额的 46.1％。技术引进和引进技术的消化吸收再创新对增强中国的国际竞争力发挥了重要作用,不仅带动了传统产业的技术改造,提高了重大技术装备的设计制造能力,而且加快了高新技术产业的建立,增强了国家的自主创新能力。

中国技术引进金额从 2001 年的 90.9 亿美元增加到 2007 年的 254.1 亿美元,年均增长 18.7％;技术引进合同中的技术费从 2001 年的 43.9 亿美元增加到 2007 年的 194.1 亿美元,年均增长率为 28.1％,技术费占比也从 2001 年的 48.3％增长到 2007 年的 76.4％,五年间,中国技术引进质量明显提高。

2001—2007 年,电子信息行业累计引进技术 263.6 亿美元,占同期技术引进总额的21.9％。电力、蒸汽、热水的生产和供应业,交通运输设备制造业,黑色金属冶炼、压延加工业以及化学原料、化学制品制造业也是中国技术引进的重点行业,2001—2007 年,上述行业的技术引进合同总金额分别为 128.7 亿美元、115.8 亿美元、90.6 亿美元和 80.8 亿美元。同时,中国能源与环保领域的技术引进发展迅速,在能源与环保技术领域也开展了许多国际科技合作项目。2007 年,中国能源领域的技术引进金额占当年技术引进总额的 20.6％,位居各行业首位。

此后,全球金融危机通过多种渠道对我国经济基本面特别是外贸增长带来巨大冲击。受此影响,2009 年 1 月~5 月份我国技术引进合同金额出现较大幅度下降,技术进口面临严峻挑战。

根据商务部统计,2009 年 1-5 月份全国共登记技术引进合同 3732 份,合同金额 89.4 亿美元,同比下降 17.9％。除 3 月份技术引进合同金额同比出现增长外,其余 4 个月度均出现较大幅度下降,其中 5 月份单月技术引进合同金额 14.6 亿美元,同比下降 19.1％,环比下降 30.9％。

随着国际分工重构、国内产业优化升级及国家相关政策调整,我国技术引进也面临新的机遇:

受金融危机影响,发达国家企业陷入经营困境。为缓解资金压力,部分掌握核心技术的国外企业的技术转让意愿增强,技术转让价格大幅降低。发达国家企业强烈的融资需求,使其比以往更愿意转让其核心技术,同时也使我国企业同其谈判并达成协议的难度降低。国内企业海外投资力度加大,为以并购、参股、合资合作等方式引进先进技术创造良机。我国相继出台的一系列应对金融危机的政策措施及产业调整和振兴规划,将带动技术引进需求增加。商务部会同相关部门为推动技术引进采取了一系列措施。

与第一阶段相比,第二阶段中国的技术引进有以下特点:①技术引进的方式灵活多样。随着我国综合国力的提高,我国已基本上改变了过去单一的成套设备进口的方式,更多的是通过技术转让、技术许可、合作生产、顾问咨询、技术服务、关键设备等合同方式进口技术设备。②技术引进的来源更加广泛。我国引进技术和进口设备的来源由改革开放初期的十几个国家,扩大到 50 多个国家和地区,主要集中在欧盟、日本、美国、俄罗斯、英国、法国、瑞典、意大利等国家。③技术进口的资金来源不断拓宽。目前,政府贷款、专项外汇、商业贷款、企业自筹、国际金融组织贷款、出口信贷、合作生产、租赁、补偿贸易、中外合资以及利用外商直接投资等资金渠道和合作方式已在技术引进中广为采用。④技术进口的法规日趋完善。

二、中国的技术出口

技术出口是我国对外技术贸易的重要组成部分。但长期以来,中国的对外技术贸易形成了只进口不出口的单向流动局面。从 20 世纪 80 年代初起,中国开始技术出口,90 年代以后发展相当迅速。技术出口占外贸总出口的比重从 1991 年的 1.78％升至 1997 年 3.02％。1991—1995 年,中国共向 52 个国家和地区出口技术和成套设备、签订技术出口合同 2233 项,合同总金额约 91 亿美元,是 1986 年至 1990 年间的 4.2 倍。1996 年至 1998 年,中国技术出口 6270 项,合同总金额约 169 亿美元,其中大型成套设备和高技术产品出口额占 50％以上。但是,多年来我国技术出口金额仍远低于进口金额,进出口逆差约 200 亿美元。

中国技术出口贸易的发展特点是:①技术出口的国别和地区范围逐渐扩大。1980 年,我国的技术仅出口到德国、美国和巴基斯坦 3 个国家,1998 年已出口到 120 个国家和地区。1985 年以前,引进中国技术的主要是发达国家,1989 年以后主要是发展中国家(占我国技术出口总额的 70％以上),同时,对发达国家技术出口的绝对额也在增长。②技术出口的行业和范围不断拓宽。1980 年,我国技术出口仅限于冶金、农机和化工 3 个行业,目前,已经扩大到机械、电力、建材、轻工、船舶、航空、电子、能源、纺织、交通通信、卫星发射、工程设计、生物医药、计算机信息服务等近 20 个行业。③技术出口方式灵活多样。如技术许可、技术服务、合作生产、高技术产品、关键设备、成套设备、大型设备等多种技术出口方式。④技术出口带动了国产成套设备的出口。从 1989 年到 2002 年,带有成套设备出口的技术出口合同额占技术出口总额的 90％以上。

我国的技术出口规模虽然逐年扩大,但与西方发达国家相比相差甚远,技术出口市场还不够广泛,很多市场还有待开发;技术出口的增长速度慢于技术进口的增长速度,导致我国对外技术贸易的逆差不断扩大,从 1991 年的 21.82 亿美元升至 1997 年的 104.02 亿美元。2009 年,据商务部与科技部联合发布的《关于鼓励技术出口的若干意见》数据显示,目前我国技术贸易进出口逆差已达约 200 亿美元。总之,中国的技术出口仍处于起步阶段。

★★★★★ **本章学习路径** ★★★★★

本章包括五方面内容:第一,国际技术贸易概述;第二,国际技术贸易的方式;第三,国际技术贸易的内容;第四,与贸易有关的知识产权制度;第五,中国的对外技术贸易。

一、国际技术贸易 —— 国际技术贸易的基本概念与特点
                  第二次世界大战后科技进步成为技术贸易迅速发展的源动力

二、国际技术贸易的方式 —— 许可证贸易
                      技术咨询
                      工程承包
                      合作生产

本章复习思考题:

1. 什么是国际技术贸易? 它的特点有哪些?

2. 第二次世界大战后国际技术贸易迅速发展的原因有哪些?

3. 什么是许可证贸易? 可以将许可贸易合同划分为几种类型?

4. 专利权有哪些特点? 取得专利的条件有哪些?

5.《与贸易有关的知识产权协定》的基本原则有哪些?

知识扩充

国际技术转让合同

一、合同名称:专有技术转让许可证合同

二、签约时间与地点:本许可证合同于_____年_____月_____日在中国_____签订

三、合同当事人及法定地址:中华人民共和国中国技术进口总公司(以下简称受方)为一方,_____国_____技术公司(以下简称供方)为另一方,同意就下列条款签订本合同(以下称本合同)

(双方法定地址以及电报、电传号)

四、鉴于条款:鉴于供方拥有设计、制造、安装_____产品的专有技术,供方是该项技术的合法所有者,愿将该技术转让给受方

五、合同所涉及的关键名词的定义

本合同所用下述用语的定义是:

专有技术(Know-How)是指为制造_____产品所需的,为供方所掌握的一切知识、经验和技能,包括技术资料和不能形成文字的各种经验和技能。

技术资料是指上述专有技术的全部文字资料(或扼要指明资料的范围)。

合同产品是指受方根据本合同使用供方所转让的专有技术制造和销售的产品。

净销售价是指销售合同产品的发票金额扣除产品税、交易折扣以及因退货、拒收所引起的退款剩余的价款。

合同期限是指本合同生效日起算至第十年为止的期限。

六、合同范围与内容

1. 供方同意受方在中国设计、制造、使用和销售合同产品的专用技术(或专利技术)。在

该地区受方享有利用该技术独占性制造产品和销售产品的权利（或这是一项非独占的许可证）。

2. 供方负责向受方提供_____技术的研究报告、设计、计算、产品图纸、制造工艺、质量控制、试验、安装、调试、运行、维修等一切技术数据、资料（详见附件×）和经验，以便受方能实施制造产品（产品的型号、规格、技术参数详见附件×）。

3. 供方负责自费派遣技术人员赴受方进行技术指导和参加_____的性能考核（详见附件×）。

4. 供方负责接受受方有关人员自费赴供方进行培训，使受方人员能掌握合同规定的上述技术（详见附件×）。

5. 在合同有效期限内，受方在合同产品上有权使用属于供方所有的_____商标（或牌号）。

6. 供方有责任（或同意）以最优惠的价格向受方提供为制造合同产品所必需的设备、测试仪器、原材料及零部件（或供方有责任帮助受方为实施制造合同产品所需的配套件，从第三方取得有关技术许可证，或者与第三方进行合作生产）。

七、价格或许可证使用费

1. 根据本合同规定，供方向受方提供的技术和技术服务等，受方应向供方支付的合同总价为_____万美元，其中：技术使用费_____元；资料费_____元；技术服务费_____元……上述价格为固定价格。

2. 受方有义务对根据许可证转让的技术支付下列费用。

（1）入门费_____美元。

（2）受方在合同有效期内应向供方支付常年提成费，其提成率为合同产品净销售价的 3%。

八、技术资料的交付

1. 供方应按本合同附件_____的规定向受方提供技术资料。

2. 供方用空运把技术资料送达中国_____机场。该机场在收到技术资料而在空运提单上加盖的印戳日期为技术资料的实际交付日期。受方将带有到达印戳日期的空运提单影印本一份寄送供方。

3. 在技术资料发运后的 24 小时（或 48 小时）内，供方应将合同号、空运提单号与日期、资料项号、件数、重量、航班号用电报或电传通知受方，并将空运提单正本一份、副本两份和技术资料装箱清单三份航空邮寄给受方。

4. 如受方收到技术资料后发现不符本合同附件×的规定，包括在空运中丢失或损坏，应在 30 天内通知供方，说明所缺或损坏的资料，供方应在收到通知后立即（或 30 天内）免费补寄或重寄给受方。如果受方在收到技术资料后 60 天内没有提出资料不足或损坏的书面通知，即视为受方对技术资料验收。

5. 技术资料使用文字为英文（或其他文字），计量单位为米制，技术资料所适用的标准为_____工业标准。

6. 技术资料的包装要适应长途运输与搬运、防雨、防潮，每箱上应以英文标明下述内容：合同号（许可证合同编号 LIS85001）、收货人（中国技术进出口公司_____分公司），目的地（中国_____市机场）、毛重（_____公斤）、箱号（或件号）以及运输标志等。

九、交换改进技术及对技术资料的修改

1. 供方在合同有效期内改进和发展的技术资料,应免费提供受方。受方改进和发展的技术也应按对等原则提供给供方,但改进和发展的技术所有权属于受方,对方不得去申请专利或转让给第三方。双方交换技术资料,均不附加任何限制。

2. 供方提供的技术资料,如有不适合于受方生产条件的,供方有责任协助受方修改技术资料,并加以确认。

十、性能考核和验收

1. 在合同产品首批生产后,由双方根据本合同附件×的规定,共同进行产品性能考核。

2. 经考核合同产品的性能符合本合同技术文件规定的技术指标,即通过验收,双方签署合同产品性能考核合格证明书一式四份。每方各执两份。

3. 如经考核,合同产品性能不符本合同技术文件规定的技术指标时,双方应共同研究,分析原因,澄清责任。如责任在供方,供方应自负费用,采取措施,消除缺陷,缺陷消除后进行第二次考核。如第二次考核后仍不合格,供方应继续采取措施,消除缺陷,并进行第三次试验。如第三次考核有不合格时,受方有权终止本合同。如果考核不合格责任在于受方,受方在供方协助下采取措施,消除缺陷,并进行第二次或第三次试验。如第三次考核仍不合格时,则由双方协商如何再执行合同的问题。供方协助受方消除缺陷派遣技术人员的交通和食宿费用由受方负担。

十一、保证与索赔

1. 供方保证按本合同附件×的规定提供给受方的技术资料是供方掌握的最新资料,并保证向受方及时提供任何发展和改进的技术资料。

2. 供方保证所提供的资料是正确的、完整的、清晰的和可靠的,与供方生产使用的技术资料完全一样。

3. 供方应按本合同规定日期交付技术资料,如果未按时交付资料,按下述比例向受方支付罚款。

(1) 拖延一至四周,每周为本合同总价格(或技术使用费)的0.5%;

(2) 拖延五至八周,为本合同总价格(或技术使用费)的1%;

(3) 拖延八周以上,为本合同总价格(或技术使用费)的1.5%。

4. 供方向受方支付罚款并不解除供方继续交付技术资料的义务。

5. 如果供方迟交技术资料超过六个月,受方有权终止本合同,此时供方应将受方已支付的金额,并按年利_____%的利息,一并退还给受方。

6. 如果合同产品考核验收三次仍不合格时,受方除有权终止本合同外,受方还有权收回已付给供方的全部金额,并加年利_____%的利息。如果产品只有部分性能指标达不到合同的规定时,受方减少支付合同总价的_____%。

7. 供方保证合同转让中的一切权利,包括制造、使用、销售以及其他有关技术的合法性,并保证不受第三方的指控。如发生第三方指控侵权,供方应负责与第三方交涉,并承担法律上和经济上的一切责任。

十二、税收

1. 凡因执行本合同有关的一切税款,在受方国内的由受方负担。在受方以外的则均由供方负担。

2. 供方因履行本合同而在中国境内取得的许可证使用费的收入,必须按中国税法(或按_____国与_____国的税收协定)纳税。

十三、仲裁

1. 因执行本合同所发生的或与本合同有关的一切争议,应通过双方友好协商解决。如协商仍不能解决时,应提交仲裁解决。

2. 仲裁地点在瑞典的斯德哥尔摩,由斯德哥尔摩商会仲裁院根据该院的仲裁规则进行仲裁(或仲裁在被诉方的国家进行。如在中国由中国国际经济贸易仲裁委员会按该会仲裁程序暂行规则进行仲裁。如在_____国则由_____仲裁协会按该会的仲裁规则进行仲裁)。

3. 仲裁裁决是终局的,对双方均有约束力。

4. 仲裁费用,除仲裁另有规定外,由败诉方负担。

5. 在仲裁过程中,除进行仲裁的部分外,本合同的其他部分应继续执行。

十四、不可抗力

1. 本合同的任何一方,由于战争、严重水灾、火灾、台风以及地震等不可抗力的事故,致使本合同不能执行时,可延迟履行本合同,延迟的期限相当于事故影响的期限。

2. 发生不可抗力事故后,受不可抗力影响的一方,应在十五天内以航空挂号信将有关当局出具的证明文件提交给另一方确认。

3. 如不可抗力事故持续一百二十天以上,双方应通过友好协商解决继续执行本合同的问题。

十五、合同的生效、期限、终止及其他

1. 本合同由双方代表于_____年_____月_____日在_____市签字。签字后由各方分别向本国政府有关当局申请批准,争取在六十天内获得批准,以最后批准的日期为合同生效日期。如签字后六个月仍得不到批准,双方有权撤销本合同。

2. 本合同从生效日起_____年内有效,有效期满后合同自动失效。如合同期满前三个月内,经一方提出,另一方同意后可延长_____年。

3. 本合同期满时,债务人对债权人未了债务应继续予以支付。

4. 本合同条款的任何修改、补充,须经双方协商同意后授权代表签署书面文件,作为本合同的组成部分。

5. 本合同附件一至附件_____,为本合同的组成部分,与合同正文具有同等效力。

6. 本合同用中文和_____文两种文字写成,正本四份,具有同等效力,双方各执一式两份。

受方:
中国_____公司
代表_____(签字)

供方:
_____国_____公司
代表_____(签字)

(附件略)

第十一章　中国对外贸易

　　一国的对外贸易担负着国内外经济技术交流的任务，是联结国内外经济的桥梁和纽带，对国民经济的发展起着调剂、补充、促进和推动的作用。四十多年前中国开始走上对内改革、对外开放的发展之路，从此，中国的经济逐渐强劲增长，对外贸易更是迅速发展。对外贸易与国内经济的良性互动，有力地推动了我国现代化建设。特别是近年来，出口的增长加快了我国产业结构调整的步伐；国际竞争刺激了企业提高产品质量档次，增加花色品种，降低成本费用；先进技术设备的进口，加快了技术进步、产业升级，产生了相当可观的效益；短缺物质的进口缓解了"瓶颈"部门对经济发展的制约。总之，对外贸易给我国经济带来了巨大的生机和活力，成为我国国民经济持续较快发展的"助推器"。

经济史上有一个有趣的现象：任何一件广为人知的产品的诞生，都必定能追溯到最初的发明者。而这项发明影响到地球上几乎所有人的过程，则是"从一个产品变成一类产品"的品类化过程。而当这项发明成长为一类产品之后，最初的发明者——个人或公司，则往往成为该类产品所在行业的国际级品牌甚至行业领头羊。这样的例子不胜枚举，比如奔驰汽车公司的创始人就是汽车的发明者，AT&T创始人贝尔是电话的发明者，而世界最大电器公司通用电气的创始人则是电灯的发明者爱迪生……这种现象是如何出现的？（你可以在本章的内容中找到答案）

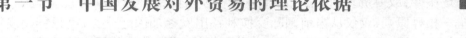

第一节　中国发展对外贸易的理论依据

一、中国发展对外贸易的理论根据

（一）建设有中国特色社会主义的理论

马克思主义基本原理和当代中国具体实际相结合的最新成果,就是建设有中国特色的社会主义理论,它是在新的历史条件下对马列主义、毛泽东思想的继承和发展,是在当代世界和平与发展已成为两大主题的历史条件下,在总结我国社会主义建设成功和挫折的历史经验和借鉴其他国家社会主义兴衰成败历史经验的基础上逐步形成和发展起来的。另外,独立自主、自力更生、平等互利、外贸与外交的相互配合,都是我国对外贸易中必须坚持的方针原则。

（二）马克思主义的社会再生产理论

马克思的社会再生产理论指出,社会生产各部类之间以及各部类内部必须保持一定的比例关系,包括第一部类——生产生产资料和第二部类——生产消费资料的部类之间,农业、轻工业和重工业之间,农业生产内部,工业生产内部,都必须保持适当的比例关系,社会再生产才能顺利发展,才能取得高的经济发展速度和好的经济效益。社会生产各部类之间及其内部的比例关系,不仅在价值形态上要求平衡,而且在实物形态上也要求平衡。

（三）马克思主义的国际分工理论

我国发展对外经贸事业的理论要以马克思主义的国际分工理论为基础。马克思主义的国际分工理论指出,国际分工是客观的经济范畴,是人类生产力发展到一定阶段的必然产物。马克思不仅从生产力方面科学地分析国际分工产生和发展的客观性,而且从生产关系方面揭示了资本主义国际分工的性质和特征。我国必须要利用一切有助于社会生产力发展的积极因素,包括利用国际分工发展对外贸易,充分吸收资本主义所取得的生产力和科学技术的全部成就,加速现代化建设。

（四）马克思主义的国际价值理论

马克思主义的国际价值理论从价值形态上论证了我国发展对外经贸事业的必要性。马克思用劳动价值论来观察世界市场,创立了"国际价值"的科学概念。马克思的价值理论指出:价值规律是商品生产和商品交换的经济规律(即商品的价值量取决于生产商品的社会必要劳动时间),只要存在商品生产和商品交换,价值规律就必然发挥作用。同一种商品具有国内价值和国际价值两种根本不同的价值尺度。商品在国内交换时,是以国内价值作为衡量尺度,而在国际交换时,是以国际价值作为衡量尺度。马克思指出,各种商品在两种不同的价值尺度之间存在着不同的比例关系,存在着差异,这是价值规律发生作用的结果。

我们分析马克思关于国际交换可能使双方互利的原理,并不是主张各国应当以此为指导原则来发展国民经济,而是揭示通过国际交换使双方互利的客观可能性。

我国发展对外贸易,也不可能仅仅只考虑贸易利益,而必须要首先考虑国民经济的发展利益。我们要在有利于国民经济发展利益,即全局和长期的利益的前提下,充分利用国际市场条件,取得贸易利益。如果将国际交换可能使双方互利的原理作为一国对外贸易的唯一指导原则,仅仅从当前国际交换利益出发参加国际分工,就只能使发展中国家的经济片面发展,只能生产资源密集、劳动密集的产品,使这些国家的经济一直处于落后的地位。

马克思还认为,通过国际交换是可能增加一国价值总量的。这就是说,通过对外贸易,利用国际价值同国内价值的比较差异,一国可以以较少的劳动时间——价值,换取较多的劳动时间,因而增加该国的价值总量,取得经济效益。马克思的国际价值理论,是各国可以通过国际贸易取得本国利益,节约社会劳动,增加价值总量,也就是取得经济效益的理论依据。

我国是一个发展中国家,是一个社会主义国家,社会主义的本质决定和要求我们必须更加自觉地运用马克思主义国际价值理论,大力发展对外贸易,促进经济发展。

二、中国对外经贸理论发展的重要成果

改革开放以来,我国在对外经贸的理论研究与实践发展方面都获得了重大突破,取得了不少理论成果。

(一)突破外贸垄断理论,逐步形成市场竞争的理论

中华人民共和国成立以后,我国提出"统制对外贸易"的理论,即由国家垄断对外贸易,由国家外贸公司独家经营对外贸易的理论。与此相适应,国家垄断外贸的制度维持了整整30年。在中国社会主义政权建立初期,为了抵御资本主义世界的经济封锁和保护国内幼稚的民族工业,实行国家垄断外贸制度是必要的。随着中国国力的增强和经济的逐步全球化,该制度显现出弊端。中国实行对外开放以后,"三资"企业首先获得外贸进出口权。随后,少数国营的生产企业、科研单位和乡镇企业又被允许经营外贸,到后来,又允许开办中外合资的外贸公司,并授予少量的私营企业外贸经营权。至此,外贸领域中出现了国有企业、"三资"企业、乡镇企业和私营企业等众多市场主体的竞争态势,外贸市场竞争理论形成。

(二)突破国有外贸公司政企不分家理论,逐步形成有中国特色的公司理论

在旧体制下,国有外贸公司都是按行政的条条框框设立的,每个公司都按上级计划开展贸易,公司自找市场、不负盈亏,吃国家资金大锅饭。这种政企不分的旧体制,被党的"十四大"决议突破了,国有外贸公司开始迈向"产权清晰、权责明确,政企分开、管理科学"的现代企业制度,逐渐从行政框框中分离出来。

(三)突破外贸的单一经营理论,逐步形成贸工农一体化的理论

在旧体制下,外贸与生产者是分离的,经营外贸者,不搞生产;搞生产的企业,不能经营外贸;同时外贸与内贸也是分离的。至于科研单位、高等院校的科研成果更不准私自向外销售。这种割裂外贸与生产、外贸与内贸、外贸与科研之间有机联系的旧体制,也被改革开放的实践打破了。工农业生产企业、科研单位搞生产和科研,又搞外贸和内贸,将其成果销售出去,已成为天经地义的事情。

（四）突破单纯商品贸易理论，形成商品贸易为主、服务贸易为辅的外贸理论

在旧体制下，传统的外贸仅限于商品货物贸易。因而，理论界的眼光也仅仅盯住这个领域，无人提出服务贸易的有关问题。近年来，国际服务业和服务贸易的迅猛发展，促使中国也在积极发展服务业。在中国的外贸理论中，又增添了服务贸易理论这位新成员。

（五）突破"关税无用论"，形成较为科学的关税理论

在改革开放前，关税无用论盛行。改革开放后，首先恢复了海关总署的独立地位并开征关税。其次，调整了关税工作的指导思想，确定了"促进与保护"并重的开放型关税政策，改革关税征管制度，实现关税优惠政策，促进了中国经济与世界多边经济贸易体制接轨。学术界形成有中国特色的关税理论。

第二节　中国对外贸易的战略与政策

一、"大经贸"战略

（一）"大经贸"战略的含义

"大经贸"战略覆盖着社会各个方面所有的外经贸活动，是在社会主义市场的经济条件下，调动各方面发展对外经济贸易的积极性，按照国际经济贸易的通行规则来管理和经营的高效益、高效率的具有较强综合整体竞争能力的外经贸发展战略。这是适应我国对外经贸形势发展变化的重大战略措施，也是实现两个根本性转变的必然要求。

（二）"大经贸"战略的基本内容

一是从宏观指导与微观操作上，实现各项外经贸业务的渗透与融合，主要是对外贸易、利用外资、对外承包工程与劳务工作、对外援助、对外投资和其他对外经济合作业务的相互渗透和融合，实现商品贸易、技术贸易和服务贸易的一体化协调发展。

二是加强外经贸主管部门与国民经济综合管理部门和其他相关部门的协作与配合，把对外贸易的宏观管理与国民经济的宏观调控更好地结合起来，促进经济体制从传统的计划经济体制向社会主义市场经济体制转变。

三是加强外经贸产业与国内相关产业的结合，发挥对外经济贸易对国内产业结构调整、产品结构升级、企业技术进步、资源有效配置等方面的导向作用，促进经济增长方式由粗放型向集约型转变，促进国民经济有效增长。

四是加强外经贸与工、农、技、商的结合，走实业化、集团化、国际化经营的发展道路。发挥贸、工、农、商、技、银等各方面的积极性，形成合力，从深度和广度上不断拓展国际市场，促进全方位、多领域、多渠道的对外开放，推动我国经济与世界经济互接互补，提高我国利用国外市场和资源的能力与水平。

（三）实施"大经贸"战略的重要措施

1. 转变观念

要从传统"小经贸"的局限中跳出来,实施宏观管理要着眼于整个行业和全社会,制定政策、改革体制要从全局出发,考虑到有利于全社会所有的对外经贸企业业务的发展。

2. 转变职能

行政部门要进一步从微观事务管理中解脱出来,变直接干预为间接宏观调控,变以行政手段管理为主为以经济、法律手段管理为主,完善调控体系,加强立法与执法,为企业发展创造良好的环境。

3. 转变工作方式

改革主要靠开会、发文件、发电报等指导工作的方式,要充分利用报纸、电视、电话、EDI电脑信息网络等现代化手段来传达管理意图,传递信息,沟通情况,指导工作。

4. 提高人员素质

要求外经贸从业人员了解国家经济全局和相关行业的情况和政策,学习和掌握全面的业务知识和基本的生产、技术知识,成为复合型人才。

二、进出口贸易战略

（一）出口战略及其主要措施

1. 以质取胜战略

质量是当前国际竞争的焦点,产品能否在国际市场上竞争取胜,质量是一个决定性的因素,因而成为各国企业谋求生存和发展的决定性因素。要做到:①加速思想转变,牢固树立以质取胜观念。②重视科技开发,加强新产品研制。③按国际标准组织生产,强化质量管理制度。④切实贯彻《进出口商品检验法》,严把出口质量关。

2. 出口商品战略

根据世界产业结构和国际市场变化趋势以及今后我国的产业政策,在充分发挥我国传统优势产品出口创汇的同时,大力调整和优化出口商品结构,积极扶持和培育一批新的出口主导产业和产品,从根本上增强我国出口产品的整体竞争能力。①大力发展机电产品和高技术产品出口。②继续发展轻纺产品出口。③积极发展知识和技术密集型产品的出口。

3. 出口市场战略

出口市场战略即在巩固和发展美国、日本、欧洲等市场的同时,多方面地开拓新的市场,包括独联体国家、东欧地区以及拉美地区。

（二）进口战略及其主要措施

进口贸易战略是我国对外贸易发展战略的重要组成部分,它必须服从国民经济总体发展战略。进口贸易战略的主体是进口商品战略。根据我国产业结构演进的要求,本着有利于技术进步、有利于增强出口创汇能力、有利于节约使用外汇的原则,我国进口商品战略要确保以下几个重点:

1. 积极引进先进技术和关键设备

我国引进先进技术和设备的重点:一是要保证能源、交通、通讯、重要原材料以及水利等基础

国际贸易概论

工业和基础设施的建设;二是支持现有企业的技术改造;三是要支持电子等先导产业的发展。

2. 组织重点建设物资和"以进养出"物资进口

充分利用国外资源和国外市场的作用,从国外进口部分国内生产和建设所需的、但自己生产不足或生产效益太差的短缺物资,确保钢材、铜、铝、化肥、橡胶、木材、纸浆等重点建设和农用物资的进口,以保证重点建设的顺利进行和农业的发展。"以进养出"系指进口原材料加工成品出口。发展"以进养出"是改善国民经济比例的途径之一,它通过利用国外资源,使之与国内的劳动力优势相结合,从而促进国内生产发展和出口贸易的扩大。

3. 适当组织消费品进口

适当组织生产必需品和其他消费品的进口是丰富市场物资、补充生产供给不足、满足不同层次消费者需求的有效手段。

三、对外贸易政策和措施

第一,保持进出口大体平衡是中国对外贸易的基本政策。中国扩大出口的目的,是为了进口经济建设所需要的先进技术及设备、国内短缺物资和人民生活必需的消费品。中国采取扩大出口的积极措施而不是采取减少进口的消极办法达到进出口平衡。

第二,鼓励企业不断提高出口商品的加工深度、精度、质量和档次。优化出口商品结构,大力推行由主要出口粗加工制成品向主要出口精加工制成品的转变,努力增加高附加值制品的出口。要适应国际贸易发展的趋势,充分发挥劳动力资源、自然资源和技术的优势,增加适销对路的出口商品,大力发展进料加工出口和来料加工装配出口业务。

第三,采取鼓励出口的政策措施,促进出口增长。完善出口退税制度,既要足额及时、手续简便,又要坚决防止和严厉打击骗取出口退税的违法犯罪行为。设立出口商品发展基金和风险基金,主要用于少数国际市场价格波动较大的商品以丰补歉、自负盈亏,使出口和生产能稳步增长。实行有利于外贸出口发展的信贷政策,国家对各类外贸企业的出口贷款予以重点保证。贷款规模的增长与出口的增长要保持同步。设立国家进出口银行,为资本货物出口提供信贷支持和风险担保等。

第四,在保证必要的外汇储备的情况下,按照进出口基本平衡的原则积极扩大进口。中国安排进口的重点是:国民经济发展所需的重要物资;先进技术、设备、关键部件以及国内紧缺的重要原材料。按国际贸易通用做法对幼稚工业实行保护,采取必要的贸易保障措施。对进口某些商品进行法定检验,采用当今先进的检验设备,改进检验方法,方便进出。对少数重要进口商品实行必要的配额、许可证管理。中国决不搞贸易保护主义,中国市场向世界各国各地区开放,外国产品只要符合中国的产业政策导向,具有竞争力,进入中国市场的机会是很多的。

第五,我国对进出口贸易实行在宏观调控下的放开经营。对关系国计民生的、属于战略资源的、国际市场垄断性强的或中国在国际市场上占主导地位的特别重要的少数商品,组建联合公司统一经营或联合经营。其他进出口商品由有外贸经营权的公司放开经营。对少数实行总量控制的进出口商品的管理,按照效益、公正和公开的原则,实行配额招标、拍卖或规则化分配。外经贸部主要是制定有关法规并监督实施,具体操作由有关进出口商会组织实施。按照经济体制和外贸体制改革的要求,主要运用法律手段、经济手段,辅以必要的行政手段管理进出口贸易,汇率、利率、关税等是调节进出口的主要经济杠杆。

第六,坚持贸易方式多样化的原则。根据各个市场的不同情况,采取灵活多样的贸易方式和做法。在努力扩大现汇贸易的同时,还注意发展易货贸易、转口贸易、租赁贸易、对销贸易和多边贸易以及边境贸易。推进进出口贸易与其他经济技术合作业务密切结合,发展进料加工、来料加工和来件装配业务。

第七,充分发挥进出口商会在外贸经营活动中的协调指导、咨询服务作用。建立社会中介服务体系,发挥各研究咨询机构和各学会、协会的信息服务功能,形成全国健全的信息服务网络。建立必要的律师、会计、审计事务所,为企业提供有关外经贸方面的服务,对企业的经营进行社会监督。

四、中国利用外资与对外直接投资的政策

(一)利用外资的主要政策

(1)我国利用外资工作的指导方针是积极、合理、有效。

(2)改善投资环境,对外商投资企业给予一定的优惠政策。

(3)加快中西部地区利用外资的步伐。

(4)提高利用外资的质量,正确引导外资投向。

(5)参照国际惯例,逐步给予外商投资企业国民待遇。

(6)在吸收外资工作中,要加强监督管理。

(7)在大力吸收外商直接投资的同时,积极争取利用国外贷款。

(二)对外直接投资的主要原则和政策

(1)平等互利原则。我国对外直接投资创办企业所遵循的原则是"平等互利、讲求实效、形式多样、共同发展"。

(2)扶持政策。根据需要和可能,支持和鼓励确有实力的企业适度发展海外投资。

(3)行业导向政策。我国的海外投资以什么产业为主要投资方向,取决于国民经济发展的需要和国际经济环境。我国的海外投资除了要为国家多创汇,参与国际分工和竞争外,还要有利于国民经济的发展。

五、中国技术贸易的政策与措施

(一)中国引进技术的现状

从我国的国情出发,总结和吸取了国内外技术引进工作的经验,控制引进总规模,调整引进重点,在党的十一届三中全会以后,出现了两个明显的变化:一是从进口大型成套设备为主转向引进单项技术;二是从引进技术主要为新建企业服务转为向现有企业技术改造服务。采取购买使用专有技术的许可证,或由对方提供顾问咨询、技术服务以及通过合作生产等方式从外国引进适用、先进的制造或工艺技术,由国内制造产品。我国引进技术的规模不断扩大,在20世纪90年代表现得最为明显。技术引进大大加快了中国企业的技术改造,推动了中国的技术进步,填补了中国一些行业的技术空白,缩短了与发达国家的技术差距。随着中国改革开放的深入和经济的发展,中国的技术引进工作还会得到进一步的发展。

（二）对外转让技术的现状

对外技术转让是我国对外经济技术合作的重要组成部分,但长期以来,我国的对外技术合作形成了只进不出的单向流动的局面。改革开放以后,我国开始进行对外技术转让并且发展十分迅速,有以下特点:

(1) 技术出口市场以发展中国家为主,占中国技术出口总额的 70% 以上;向发达国家的技术出口的绝对额在增长。

(2) 技术出口的国别和地区更为广泛,20 世纪末已达到 70 多个。

(3) 中国在技术出口的同时,带动了本国成套技术设备的出口。中国的技术出口规模虽然在逐年扩大,但与西方发达国家相比相差甚远,技术出口市场还不够广泛,很多市场还有待开发。总之,中国的技术出口还处于起步阶段。

（三）我国在技术贸易方面的主要政策和措施

(1) 在技术贸易中,遵守国际规范和国际惯例,依法保护知识产权,维护合作各方的合法权益。

(2) 以多种灵活方式开展对外技术贸易。在技术引进方面,采取的方式包括许可证贸易、合作生产、合作设计、技术服务、顾问咨询、进口关键设备及成套设备等,并根据具体情况确定引进方式。技术进口的重点是为改造现有企业服务,鼓励引进产品的设计、工艺、制造和生产管理技术。在技术出口方面,鼓励出口成熟的工业化技术。

(3) 加快科工贸结合,建立新型科研开发体制。要加快科工贸结合的步伐,增加科研与开发的投入,增强引进的消化、吸收、创新能力,逐步使科研开发实现由国家主导型向企业主导型转变,建立有利于引进技术的改良和商品化的科研开发体制,使引进的技术发挥更大的效益。

(4) 注重技术的先进性与适用性相结合,经过消化、吸收能获得较好的经济效益和社会效益。

(5) 多渠道筹集资金,支持对外技术贸易的发展。在技术引进方面,积极争取利用外国政府贷款、混合贷款、出口信贷、国际金融组织贷款及商业贷款。为保证国家经济发展急需的重点项目建设,国家优先安排资金并实行优惠利率。在技术出口方面,国家实行国际上通行的扶持技术出口的信贷政策,设立技术和成套设备出口的卖方信贷和买方信贷,银行按照贷款原则优先安排技术出口资金,并实行优惠贷款利率。

(6) 对开展技术贸易的企业,实行税收优惠政策。在技术引进方面,实行与技术成分挂钩的政策和面向主导产业(机电、化工等产业)的技术引进战略。根据技术引进合同中技术的含量,确定减征、免征合同中设备进口关税的幅度;技术含量高,减免征收海关关税的幅度就大,反之减免幅度就小。对国外向我国提供工、农、林、渔、牧业等重要领域先进技术的,给予减征或免征企业所得税待遇。在技术出口方面,为发展技术、成套设备和高新技术产品出口需进口的原材料、零部件,按进口加工的有关规定享受优惠待遇。

(7) 国家主要以法律、经济手段对技术贸易进行宏观调控,规定禁止、限制、允许、鼓励的技术贸易项目。国家只对涉及经济发展的重大技术引进项目和涉及国家重大利益的技术出口项目实行指导性计划。

(8) 鼓励技术贸易与投资相结合。允许以技术为股本投资兴办合资经营企业,实现技术的转让。国外企业在中国境内投资,同时提供先进技术,可以按中国的有关法律规定享受多方面的优惠。中国向境外投资并提供适合于所在国的先进技术还处于探索阶段,但以境外投资方式发展技术贸易的前景是十分广阔的。

六、中国对外工程承包与劳务合作的政策和措施

一是对外工程承包与劳务合作的原则。中国遵循"平等互利、讲求实效、形式多样、共同发展"的方针,发展对外承包工程和劳务合作事业。

二是对外工程承包与劳务合作企业的资格。对经营对外工程承包与劳务合作的企业资格规定,具备以下条件的企业才有资格申请获得对外承包劳务经营权。

①独立经营、独立核算、自负盈亏的经济实体;②拥有对外开展业务的相应人员、资金、技术等经营条件;③具有共同享有对外承包劳务业务经营权的企业合作在国外开展业务的实绩和信誉。

三是加强对工程承包与劳务合作企业的组织与管理。

①中国实行有组织地外派承包工程和劳务合作人员。中国承包劳务人员在执行合同完毕后即行回国,不会给输入国带来社会问题和就业压力。②政府制定了外派劳务人员的培训、考核制度,要求有关部门和企业负责对外派劳务人员的道德、技术、身体条件进行审查,以提高外派劳务人员的素质,严禁利用公派劳务渠道进行非法移民和不正当的活动。③政府不断完善协调管理机制,通过商会等中介机构加强对承包劳务企业的协调服务。

四是扶持与产业指导政策。

①中国政府积极支持和鼓励对外承包劳务事业的发展,在提供优惠贷款、减免税收、提供担保等方面制定了相应的优惠政策和措施;②中国政府积极支持、引导企业在开展对外承包劳务的同时,发展多种形式的国外经济合作,走"一业为主、多种经营"的道路,朝实业化、集团化、国际化的方向迈进。

第三节　中国对外贸易体制

一、对外贸易体制的含义

对外贸易体制是指对外贸易的组织形式、机构设置、管理权限、经营分工和利益分配等方面的制度。

二、改革开放前的中国对外贸易体制

(一)高度集中

对外贸易由外贸部统一领导、统一管理,由各外贸专业公司统一经营。

(二)以行政管理为主

所有外贸公司的经营活动都要受到行政管理机构的包揽和干预。行政命令是国家管理

国际贸易概论

和控制对外贸易的重要手段。

（三）国家统负盈亏

外贸公司不自负盈亏,其盈利一律上缴财政部,亏损由财政部负责解决。外贸公司流动资金由财政部统一核拨。

三、对外贸易体制的初步改革

1978 年,党的十一届三中全会确定了改革开放的总方针,我国的对外贸易体制也开始进行了一系列的改革。1979 年到 1986 年为外贸体制的初步改革时期。这一时期的改革又分两阶段进行。1979 年到 1984 年 9 月,这一阶段改革的主要内容是:调整国家对外贸易的管理机构;扩大贸易渠道,外贸经营渠道由单一化改为多元化,下放商品经营权;开展多种形式的工贸结合试点和以企业、企业联合体为外贸经营实体的试点;外贸专业公司积极走出去做生意,建立海外贸易机构,并且开展代理业务。1984 年 10 月到 1986 年底,在这一阶段的改革中,国务院制定了三项原则,即政企职责分开,经营部专司管理;外贸企业经营实行代理制;工贸结合,技贸结合,进出口结合。根据这些原则,这次改革的主要内容是:政企分开,加强对外贸易的行政管理,简政放权,充分调动外贸企业;实行进出经营积极性,改进外贸经营管理;改革外贸计划体制,简化计划内容;改革外贸财务体制,加强经济调节手段。

四、对外贸易体制的深化改革

1987 年,国务院决定在经贸部系统开展外贸承包经营的试点,经贸部对所属外贸专业总公司实行出口承包经营责任制。其承包的内容是:出口收汇总额、出口商品换汇成本、出口盈亏总额三项指标。实行超亏不补,减亏留用,增盈对半分成,并按三项指标完成情况兑现出口奖励。承包的方式是:由经贸部发包,外贸专业总公司总承包后再按公司系统逐级分包到各分公司、子公司,然后落实到基层。各类外贸公司内部的处、科、室也推行各种形式的责任制,把公司经营好坏同公司的发展和职工的利益紧密挂钩,同时适当扩大承包的外贸专业总公司的经营自主权和业务范围,允许他们引进技术和关键设备;开展进料加工、来料加工、补偿贸易,在生产领域举办中外合资经营企业;企业参股、联营;开展期货贸易、对销贸易、租赁、咨询等业务。

1988 年 2 月,国务院发出了《关于加快和深化对外贸易体制改革若干问题的规定》,对加快和深化对外贸易体制改革作了认真部署。其基本内容和主要措施是:全面推行外贸承包经营责任制,实行各省、自治区、直辖市、计划单列市人民政府和各外贸专业总公司、各工贸总公司三个渠道分别向中央承包出口收汇,上交中央外汇额度和财务盈亏三项指标,一定三年不变(1988 年至 1990 年)。同时取消用汇控制指标,进一步改进留成外汇调剂的措施。除少数关系国计民生的、大宗的原料性商品仍由国家统一经营和联合经营外,大多数商品的进出口实行放开经营,并相应地下放经营权。各外贸专业总公司和部分工贸总公司的地方分支机构与总公司财务脱钩,并与地方财政挂钩,把承包落实到外贸经营企业和出口生产企业,盈亏由各承包单位自负。同时对轻工业品、工艺品、服装三个行业的外贸企业实行自负盈亏的试点改革。这三个行业的外贸出口外汇大部分留给外贸企业、生产企业和地方政府,小部分上缴国家,外贸企业实行完全的自负盈亏。

1990 年 12 月,国务院出台了《关于进一步改革和完善对外贸易体制若干问题的决定》,

进一步深化外贸体制改革,以加快改革开放的总进程。主要是从实行外贸企业自负盈亏机制入手,在已调整人民币汇率的基础上,使外贸逐步走上了统一政策、平等竞争、自主经营、自负盈亏、工贸结合、推行代理制的良性发展轨道。其主要内容如下:取消国家对外贸出口的财政补贴。各省、自治区、直辖市及计划单列市人民政府和各外贸、工贸专业进出口总公司及其他外贸企业向国家承包出口总额、出口收汇和上缴中央外汇额度三项指标。改变外汇留成办法,按地区实行不同比例,留成改为按商品大类实行统一比例留成,以消除地区间的不平等竞争。同时搞活外汇调剂,在保证完成上缴国家外汇额度和收购任务后,允许外汇额度进入调剂市场,并跨省调剂,各地不得用行政手段干预外汇资金的横向流通。此外,对外贸企业进行清理整顿,保留下来的外贸企业要严格按核定的经营范围经营。

1993 年 11 月 14 日,中国共产党十四届三中全会通过的《中共中央关于建立社会主义市场经济体制若干问题的决定》中指出:"进一步改革对外经济贸易体制,建立适应国际经济通行规则的运行机制。"这为我国的对外贸易体制进一步深化改革确定了方向和最终目标。

1994 年开始,我国的对外贸易体制进行了一系列深入的改革。

(一)改革外汇管理体制,发挥汇率对外贸的重要调控作用

从 1994 年 1 月 1 日起,国家实行新的外汇管理体制,具体内容如下:

(1)实行以市场供求为基础的、单一的、有管理的人民币浮动汇率制度,建立银行间外汇市场,改进汇率形成机制,保持合理的、相对稳定的人民币汇率。

(2)实行外汇收入结汇制,取消现行的各类外汇留成,取消出口企业外汇上缴和额度管理制度,取消外贸承包经营责任制。

(3)实行银行售汇制,实现人民币在经常项目下的有条件可兑换。

(4)对向境外投资、贷款、捐赠等汇出继续实行审批制度。

(5)外商投资企业外汇管理暂维持现行办法不变。

(6)为了保障除外商投资企业以外的所有的外贸企业出口用汇,作为过渡措施,对出口企业按结汇额的 50% 在外汇指定银行设立台账,企业用汇可持有效凭证到银行办理兑付。

(二)加强外贸立法

我国已陆续颁布《对外贸易法》《进口商品管理条例》《出口商品管理条例》《反倾销条例》《保障措施条例》《处罚低价出口行为的规定》《关于中国出口产品反倾销案例的应诉规定》等法律、法规。随着对外贸易的进一步发展和深化,我国还将不断地完善外贸法律体系。

(三)必要的行政手段

(1)取消进出口贸易的指令性计划,实行指导性计划。

(2)对重要的、大宗的少数进出口商品实行配额总量控制。

(3)配额、许可证商品按效益、公正和公开的原则,实施配额指标、拍卖或规范化的分配。

(四)国家继续采取鼓励出口的政策措施,促进出口增长

(1)完善出口退税制度。

(2)对机电产品出口继续给予扶持、鼓励。

(3) 大力推动贸工技结合,加快科技成果转化,优化出口商品结构。

(4) 设立出口商品发展基金和风险基金。

(5) 实行有利于外贸出口发展的信贷政策。

（五）改革和完善进口管理

(1) 按照产业政策调整关税税率,引导进口商品结构的适时调整。

(2) 为促进国内产业发展,按照关贸总协定的规则对幼稚工业实行适度保护。

(3) 逐步降低关税总水平,禁止非政策性减免税。

（六）加快转换外贸企业经营机制,建立现代企业制度

(1) 按现代企业制度改组国有外贸企业。发展一批国际化、实业化、集团化的综合贸易公司,一业为主,多种经营。

(2) 探索贸工、贸农、贸技、贸商相结合和外贸、外资、外经相结合的"大经贸"新路子。

(3) 赋予一批生产、科技、商业、物资企业外贸经营权。

（七）建立健全外贸协调服务机制

(1) 改进商会的职能。商会要组织反倾销应诉,为会员提供信息、咨询服务,向政府反映企业要求和意见,组织配额商品招标,并对企业经营活动进行监督,必要时给予制裁。

(2) 加强经济协调。对盈利多的进出口商品征收调节基金,作为国家支持外贸发展的专项基金。

(3) 完善社会监督、服务体系。进一步发挥研究咨询机构和学会、协会的信息服务功能。

（八）保持外贸政策和制度的统一性和透明度

(1) 统一对外贸易立法和法律实施,统一管理对外贸易,对外统一承担国际义务。

(2) 凡涉及对外贸易的全国性法规、政策,国务院授权外经贸部统一对外宣布。

(3) 目前各地区实行的涉及对外贸易方面的不同政策,要逐步统一规范。各类进出口企业均应逐步实行统一的外贸政策。

(4) 凡不涉及国家安全、商业秘密的各项外经贸法规、政策及对外服务的有关规定均应予以公布。

五、中国"入世"后外贸体制的改革

（一）外贸体制的法制化和市场化

"入世"对我国经济贸易法律的立法产生了重要的影响。对我国外贸体制法制化建设提出了新的挑战。

第一,要求立法必须赋予经济贸易法律关系的主体以平等的法律地位。我国经济贸易主体的法律地位不仅"内外有别",而且"内内"亦有别。《中外合资企业法》《中外合作企业》和《外资企业法》在外资企业与内资企业之间作了人为的区分,使它们分别享受不同的权利和承担不同的义务。《对外贸易法》更规定了对外贸易经营者的许可制度,对生产企业、商

业、物资企业取得自营出口权规定了严格的审批程序。多数大中型生产和流通企业被排除在国际贸易和商业竞争之外。上述规定不符合世界贸易组织对于贸易主体平等性的要求，一定程度上妨碍了自由贸易的开展。"入世"要求我国必须加快外贸经营权的制度性转变，改革外贸代理制度，并在相关法律法规中修改有关经贸主体法律地位的规定，真正赋予各类经贸主体以平等的竞争地位和自由竞争的机会。

第二，要求有关经贸法律客体的立法应注重对物品和产品交易采取非关税措施的合理性。配额和许可证是世贸组织法律体系要求取消的数量限制的非关税措施。近年来，我国虽然已大幅度减少了进出口配额管理商品的类目和数量，放宽了许可证管理，但仍不符合世贸组织所要求的水平。今后，有关经济贸易法律关系客体的立法势必着眼于打破对经贸客体的不合理限制，逐步缩小许可证和配额管理的适用范围，促成绝大多数物品和产品自由进出口。对涉及国家安全和社会根本利益的产品，可利用 WTO 有关"数量限制"的例外条款采取适当的管制措施，但应明确列举、公之于众，确保透明度。

第三，有关经济贸易运行机制的立法，应积极向国际标准靠拢，建立适应世贸组织需要的法律体系。例如，我国应相应地加强《海关法》中有关海关监管的作用与力度，在海关估价和计征标准上与世贸组织《海关估价》保持统一，严格执行谈判形成的关税税率，及时公布有关法律法规，对内部规定要加以清理、废除或公布。

第四，由于受计划体制的影响，我国经济贸易法律制度，尤其是对外贸易体制中仍然保留着政府过度干预的痕迹，主要表现在进出口总额中指令性和指导性计划仍占相当比例，行政审批程序严格，进口手续繁琐等方面。面对世贸组织进口体制中实行贸易自由化、进口调节要由行政干预向以关税和汇率等经济杠杆调节为主的方向转变的要求，我国应积极采取立法形式，制订一部国家宏观调控的基本法，把政府对市场经济的宏观管理职能法律化、制度化，实行有管理的自由竞争和贸易自由化。

第五，在进出口调节制度的市场化方面，要花大力气加以推进。1994 年的汇率并轨是中国外经贸体制根本性改革的一个标志，汇率并轨的意义在于中国外贸体制开始建造靠汇率工具来调节进出口的新机制，它使对进出口的行政性控制转变为市场化调节，是外贸管理控制与激励方式的一个重大变革。同时推出的银行新的结汇和售汇制度，采用调剂市场汇率作为官方牌价，取消了外汇留成无偿上缴，从而提高了出口企业的收入、激励了出口。进口企业则可以通过银行购得外汇，不再像以前那样要通过繁琐的行政渠道审批，方便了进口。不过，结汇制的强制性在实践中也带来了不少问题，这些问题不但对结汇制本身，而且对国家的宏观调控都造成了不可忽视的影响。因而有必要对其进行改革，逐步从强制结汇制走向意愿结汇制，真正体现市场化。

（二）实现政府对外贸管理职能的转变

我国的外贸体制改革已经走过了几十年的历程，并且已经发生了根本的变化：直接行政干预大大弱化，逐步走向以经济、法律手段为主的间接调控；放开经营取得成效，自负盈亏机制日趋完善；外贸政策和管理的统一性与透明度不断提高，外贸中介服务体系开始形成。但这一系列改革成果与我国对外贸易体制转变的目标还有不小的差距，与我国对外贸易战略和模式转换的要求也有很多不相适应的地方。

因此，各级外经贸主管机关要进一步转变职能。按照"管方针、管政策、管规则、管监督"

的方向,按照市场经济"效益、公平、公开、竞争"原则,改革外贸行政管理体制。实现政企分开,强化间接宏观管理,弱化并规范一事一批的微观事务性管理,把政府机关的工作重点转到调查研究、制定规划、制定政策上来,运用各种方法为外贸企业创造良好的经营环境。研究各国的经贸政策,还要研究国外反倾销的法规、措施、争端解决的法律程序等,帮助提高国内企业对国外反倾销的应诉能力。用法律的手段保护各种合法利益。加强与世界各国的经贸谈判,有效化解贸易摩擦,改善外部经贸环境。进一步完善对经贸宏观调控体系,逐步运用税率、汇率、利率等经济手段调节市场。

建立出口创汇和信贷规模同步的增长机制,为外经贸发展提供必要的资金保证。建立和完善以计算机网络系统为依托的外经贸业务运行的预测、预警和监控系统。尽快构建科学的外经贸经营秩序监管体系,推动外经贸经营秩序监管工作全面展开。

(三)建立和完善外经贸中介服务体系

随着外贸行政组织结构的变化,特别是所有权和经营权的分离,从客观上要求在国家宏观管理与微观经营中间建立一个中间协调层来实行协调服务,以防止外贸经营权下放后出现宏观开放后微观失控现象。于是,在外经贸部直接领导下,组建起了介于宏观管理与微观经营之间的协调层——外贸中介组织:中国机电产品进出口商会、中国五矿化工进出口商会、中国纺织品进出口商会、中国轻工工艺品进出口商会、中国食品土畜进出口商会、中国医药保健品进出口商会六大进出口商会和中国对外承包工程商会。上述中介组织作为政府与企业、企业与企业之间的桥梁和纽带在中间层次上进行协调服务,组织企业会员实行自我管理、自我约束。

随着外贸体制改革的深化,国家要求转变进出口商会的职能,对进出口商品行业的协调由各专业外贸总公司转向商会。商会由协助政府主管部门协调管理转向根据会员企业的共同利益和要求,采取民主决策的方式对进出口经营实行系统化服务,加强商会的协调管理职能。

由于作为外贸中介组织的我国进出口商会是在我国经济体制转型过程中,即实行"有计划的商品经济"之后产生的,是在政府转变职能过程中由政府推动自上而下形成的,因而带有一定的强制性,即规定有外贸经营权的企业都必须参加。这就使我国现行的进出口商会带有明显的行政特色,官方色彩过浓,"政会不分",政府没有完全脱离对商会的行政管理职能。商会本身的发展没有形成特色。从内容方面看,六大进出口商会主要反映了我国货物贸易的特点,内容单一,对我国外贸增长方式转变的作用有限。因此,有必要在原有出口协调的基础上,加强进口的协调管理,充分发挥商会在进口管理方面的协调和行业自律作用。

(四)构建外经贸信息服务体系

随着信息全球化、社会化的发展,国际贸易出现了新的特点。由于信息技术的广泛采用,促使信息传递和处理的速度加快,引发了一场全球范围的结构性商业革命,使对外经济贸易依赖信息资源的程度越来越大。深入开发和广泛利用国际经济信息资源,增强参与国际市场的竞争能力,已成为世界各国促进经济发展的共同选择。改革开放以来,信息已成为中国进入国际市场的第一需要。谁抢先得到了信息并能有效地利用,谁就掌握了效益与发展的主动权。信息全球化对我国是机遇,更是挑战。因此,克服信息工作中的各种弊端,建立健全完备、高效、快捷的对外经济贸易信息服务体系至关重要。

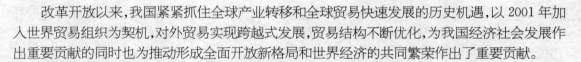

第四节　中国对外贸易发展现状

改革开放以来,我国紧紧抓住全球产业转移和全球贸易快速发展的历史机遇,以 2001 年加入世界贸易组织为契机,对外贸易实现跨越式发展,贸易结构不断优化,为我国经济社会发展作出重要贡献的同时也为推动形成全面开放新格局和世界经济的共同繁荣作出了重要贡献。

一、贸易规模快速增长　贸易结构不断优化

1. 贸易规模

我国货物进出口总额由 1978 年的 206.4 亿美元增至 2018 年的 4.62 万亿美元,成为世界货物贸易第一大国,占国际市场份额从不足 1% 提高到 11.8%。自 2009 年以来,我国已连续 10 年位居世界第一大货物贸易出口国和第二大货物贸易进口国。2014 年以来,我国连续 6 年位居世界第二大服务进出口国。

2. 贸易结构

优化国际市场布局、国内区域布局、商品结构、经营主体和贸易方式等"五个优化"取得积极成效。国际市场布局更加多元。2018 年对新兴市场出口增长 10.2%,占比较 2012 年提高 3.1 个百分点至 46.3%。国内区域布局更加均衡。商品结构持续优化。2018 年机电产品出口 1.46 万亿美元,增长 10.6%,占比较 2012 年提高 1.1 个百分点至 58.7%。以电子和信息技术为代表的高新技术产品出口比重不断扩大。各经营主体共同发展。贸易方式进一步优化。服务贸易占贸易比重进一步提高,从 2012 年的 11.1% 提高到 2018 年的 14.6%。

3. 推动国民经济社会发展

外贸作为国民经济重要组成部分,是拉动国民经济增长"三驾马车"之一,有力推动了开放型经济建设和国民经济协调发展,带动和扩大了就业。据测算,外贸直接和间接带动就业人数 1.8 亿左右,占全国就业总数的 20% 以上。此外,外贸发展带动了进口环节税收,增加了国家财政收入,改善了国际收支状况,增加了外汇储备。外贸发展还带动我国企业积极参与国际分工,不断学习掌握先进技术、标准、生产管理方式,推动了产业升级。

4. 促进与世界经济融合

改革开放以来,我国与世界各国的经贸联系和利益纽带日益密切,形成了你中有我、我中有你的利益交融格局。我国目前是 120 多个国家和地区的主要贸易伙伴,外贸作为推动双边关系的"压舱石"和"推进器",对发展与各国关系发挥了积极作用。我国对外贸易的持续发展惠及广大中国人民,也惠及世界各国人民。目前,我国已成为世界最大的进口市场之一,成为全球贸易持续增长的重要推动力量。

二、风险挑战不容小觑　内外环境亟待改善

尽管我国对外贸易取得显著成绩,但也面临着风险挑战。

当今世界面临百年未有之大变局,对外贸易发展面临的外部环境发生了重大变化。

具体而言,一方面,世界贸易增长不确定性增大。2008 年国际金融危机后,经济全球化进入调整期,跨境贸易和投资明显减弱。受全球经济增长减缓、国际金融市场波动和发达国

家货币政策调整等因素影响,全球需求持续减弱,地缘政治复杂多变,不稳定不确定因素明显增多。2019 年 9 月摩根大通全球制造业 PMI 降至 49.7,连续 5 个月跌破荣枯线;美国制造业 PMI 进一步下滑,日本、欧元区跌至荣枯线以下。国际货币基金组织下调 2019 年世界经济增速至 3.0%。世贸组织将全球货物贸易增速下调至 1.2%。

另一方面,国际经贸规则面临重构。保护主义和单边主义蔓延,以世贸组织为代表的多边贸易体制受到挑战。

而从内部发展环境看,我国低要素成本的传统竞争优势不断削弱,综合要素成本快速上升,产业创新能力相对薄弱,参与国际规则制定能力有待提升,营商环境需进一步改善。

一是新的竞争优势尚未形成。相当部分出口产品技术含量较低,我国处于价值链中低端的状况尚未根本改变,产业大而不强。服务业发展相对滞后,尤其在旅游、知识产权等领域竞争力不足,服务贸易逆差虽呈下降趋势,但仍较大。

二是参与国际规则制定的能力有待提升。总体上,国际经贸规则制定的主导权仍掌握在美欧发达国家手中。我国在谋划运筹经贸规则体系等方面的能力有待进一步加强。

三是营商环境有待进一步改善。多年来,国家不断改革完善出口退税、出口信贷、通关便利化等政策措施,营商环境显著改善,中小企业融资问题得到改善但综合金融服务水平仍需继续提升,贸易投资便利化水平有待进一步提高。

三、深化外贸领域改革开放　实现贸易高质量发展

外贸持续健康发展关乎就业和民生,关乎国民经济全局,关乎外界对我国经济的评价和信心,必须从全局和战略高度进一步增强责任感和使命感。为此应重点做好以下十方面工作。

一是确保外贸稳中提质。要建立推动贸易高质量发展的工作机制,形成各地方、各部门推进贸易高质量发展的合力。夯实贸易发展的产业基础,优化升级传统产业,提升产品档次和附加值,大力提高出口产品质量,增强贸易创新能力,加快品牌培育,加强国际营销网络建设,提升贸易综合竞争力。认真落实国务院出台的稳外贸政策措施,确保政策措施尽快落地见效。

二是进一步优化国际市场布局。继续深耕发达经济体等传统市场。着力深化与共建"一带一路"国家的贸易合作,拓展亚洲、非洲、拉美等市场。逐步提高自贸伙伴、新兴市场和发展中国家在对外贸易中的占比,扩大与周边国家贸易规模。

三是积极扩大进口。扩大进口空间,削减进口环节制度性成本。优化进口结构。鼓励国内有需求的资源性产品进口。支持日用消费品、医药和康复、养老护理等设备进口。促进研发设计、节能环保、环境服务等生产性服务进口。

四是促进贸易新业态发展。推动出台培育贸易新业态新模式指导意见。推进跨境电子商务综合试验区建设,复制推广成熟经验做法。完善跨境电子商务零售出口管理模式,优化通关作业流程和海关统计制度,扩大跨境电商零售进口试点城市范围。在总结试点经验的基础上,完善管理体制和政策措施,推进市场采购贸易方式试点。完善外贸综合服务企业发展政策,推动信息共享和联合监管。鼓励发展其他贸易新业态。认真落实扩大边境贸易的政策措施,促进兴边富民、稳边固边。

五是大力发展服务贸易。深化服务贸易领域改革和开放,完善促进服务贸易发展的管理体制和政策体系。

六是深入推进"一带一路"建设。深化贸易合作,拓宽贸易领域,落实第二届"一带一路"

国际合作高峰论坛成果,全力推动开放举措和经贸成果落地。

七是加快自贸试验区和自由贸易港建设。推动自贸试验区深入开展差别化探索,主动服务和融入国家重大战略。实施好新版自贸试验区外资准入负面清单。研究在自贸试验区进一步放宽市场准入特别是服务业开放的举措。全面推进海南自贸试验区建设。高水平建设中国特色自由贸易港,深化研究海南自由贸易港政策和制度体系,打造开放层次更高、营商环境更优、辐射作用更强的开放新高地。

八是统筹开展多双边合作。建设性参与全球经济治理,坚定维护多边贸易体制,反对单边主义和保护主义,推动对世贸组织进行必要改革。深入参与二十国集团、金砖国家、亚太经合组织、大图们倡议等多边和区域、次区域合作机制,积极贡献更多中国倡议、中国方案。推动早日达成区域全面经济伙伴关系协定(RCEP)。加快高标准自由贸易区建设,推动与世界重要经济体商建自由贸易区进程。加快中日韩自贸协定、中欧投资协定谈判进程。深化中俄战略性大项目合作,启动中俄欧亚经济伙伴关系协定谈判。

九是切实改善营商环境。进一步提升贸易便利化水平,加快做好世贸组织《贸易便利化协定》B类措施落实;深化国际贸易"单一窗口"建设,实现年底前主要业务应用率100%。进一步完善外贸管理体制,健全重要敏感商品宏观调控和监测预警机制;全面实施货物进出口行政许可无纸化;做好口岸收费目录清单公示工作,进一步推动降低港口、码头收费,降低企业经营成本。推进投资自由化,持续放宽外资市场准入,充分发挥外资对产业升级和外贸高质量发展的带动作用。

十是进一步加大政策支持。继续做好贸易政策合规工作。结合增值税改革和立法,逐步完善出口退税机制。支持金融机构有序开展金融创新,提供多样化、综合化服务。

★★★★★ 本章学习路径 ★★★★★

本章包括四方面内容:一、中国发展对外贸易的理论依据;二、中国对外贸易的战略与政策;三、中国对外贸易体制;四、中国对外贸易发展现状。

一、中国发展对外贸易的理论依据
- 中国发展对外贸易的理论依据
- 中国对外经贸理论发展的重要成果

二、中国对外贸易的战略与政策
- "大经贸"战略的内容及实施措施
- 中国的进出口贸易战略
- 中国对外贸易政策和措施
- 中国利用外资与对外直接投资的政策
- 中国技术贸易的政策与措施
- 中国对外工程承包与劳务合作的政策与措施

三、中国对外贸易体制
- 改革开放前的中国对外贸易体制
- 对外贸易体制的初步改革
- 对外贸易体制的深化改革
- 中国"入世"后外贸体制的改革

四、中国对外贸易发展现状
- 面临的挑战
- 有利条件

本章复习思考题:

1. 以马克思主义的国际分工理论和社会再生产理论阐明我国发展对外贸易的重要性和必要性。

2. 我国发展对外贸易的基本政策、战略和原则是什么?

3. 我国如何应对加入 WTO 后进行外贸体制的深化改革?

4. 如何正确看待我国外贸发展的前景?

5. 中国出口贸易发展经历了哪几个阶段? 20 世纪 80 年代以来中国出口结构发生了哪些变化?

知识扩充

对外贸易(简称外贸)是从一个国家的角度来看国际贸易,从国民经济的角度来看,一个国家的净出口(出口与进口的差额)是 GDP 重要的组成部分。外贸企业在投资和经营过程中,需要重点关注宏观经济波动、行业稳定性及企业自身经济效益等风险较高的层面。

2009 年欧盟为我国第一大贸易伙伴,中欧双边贸易总值 3640.9 亿美元,下降 14.5%。同期,美国为我国第二大贸易伙伴,中美双边贸易总值为 2982.6 亿美元,下降 10.6%。日本为第三大贸易伙伴的位置,2009 年中日双边贸易总值为 2288.5 亿美元,同比下降 14.2%。

参考文献

1. 陈同仇,薛荣久.国际贸易[M].北京:对外经济贸易大学出版社,1997.

2. 史美麟,周锦奎.国际贸易与国际金融[M].上海:华东理工大学出版社,1997.

3. 杜敏.国际贸易概论[M].北京:对外经济贸易大学出版社,2001.

4. 陈宪,张鸿.国际贸易——理论·政策·案例[M].上海:上海财经大学出版社,2004.

5. 李岳云.国际贸易基础[M].北京:中国农业科技出版社,1994.

6. 于研.国际金融[M].上海:上海财经大学出版社,1999.

7. 黎友焕.国际贸易[M].北京:中国商务出版社,2003.

8. 王俊宜.国际贸易[M].北京:中国发展出版社,2003.

9. 胡波.国际贸易简明教程[M].北京:中国对外经济贸易出版社,2002.

10. 尹翔硕.国际贸易教程[M].上海:复旦大学出版社,1998.

11. 陈彪如.国际经济学[M].上海:华东师范大学出版社,1996.

12. 海闻.国际贸易[M].上海:上海人民出版社,2003.

国际贸易概论